Coleção
Resumos para
CONCURSOS
Organizadores
Frederico Amado | Lucas Pavione

25

Maria Beatriz Ribeiro Gonçalves

Direito Internacional Público e Privado

4ª revista, atualizada e ampliada

2017

EDITORA JusPODIVM
www.editorajuspodivm.com.br

EDITORA
*Jus*PODIVM
www.editorajuspodivm.com.br

Rua Mato Grosso, 164, Ed. Marfina, 1º Andar – Pituba, CEP: 41830-151 – Salvador – Bahia
Tel: (71) 3045.9051
• Contato: https://www.editorajuspodivm.com.br/sac

Capa: Ana Caquetti

ISBN: 978-85-442-1598-2

Apresentação da coleção

A *Coleção Resumos para Concursos* tem por objetivo a preparação do candidato em disciplinas jurídicas e não jurídicas de maneira objetiva e didática, com o uso de linguagem simples para facilitar a compreensão do leitor.

Em todos os volumes foram abordados os temas essenciais de cada disciplina, sintetizados com bastante atenção para permitir ao leitor uma preparação eficaz e rápida.

Ademais, logo no início de cada capítulo foi indicada a legislação básica sobre o tema discutido ("leia a lei"), o que facilita a separação prévia e a consulta dos principais dispositivos legais durante a leitura.

Ao longo do texto são apresentados com destaque os principais julgados e súmulas dos Tribunais Superiores em destaque, especialmente do Supremo Tribunal Federal e do Superior Tribunal de Justiça.

Para chamar atenção aos temas mais cobrados nos concursos públicos, quadros de ATENÇÃO foram inseridos ao longo dos capítulos para destacá-los.

Ao final dos capítulos foram inseridos tópicos-síntese abarcando os principais pontos abordados, permitindo uma visão geral dos temas tratados e a elaboração de mapas mentais.

Enfim, a *Coleção Resumos para Concursos* foi concebida com o propósito de otimizar tempo e estudo dos "concurseiros"!

Bons estudos!

Organizadores
Lucas dos Santos Pavione
Frederico Amado

Sumário

DIREITO INTERNACIONAL PÚBLICO

Capítulo 9
Direito Internacional Econômico 133

Capítulo 10
Direito da Integração e Direito Comunitário 161

Capítulo 11
Domínio Público Internacional e Direito Internacional do Mar

Capítulo 12
Proteção Internacional dos Direitos Humanos

DIREITO INTERNACIONAL PRIVADO

Capítulo 1
Fundamentos do Direito Internacional Privado

Capítulo 2

Capítulo 3

Capítulo 4

Capítulo 5

DIREITO INTERNACIONAL PÚBLICO

Capítulo

1

FUNDAMENTOS DO DIREITO INTERNACIONAL PÚBLICO

Leia a lei:

- *Arts. 1º e 4º da CF.*

1. INTRODUÇÃO

Vivemos em um mundo cada vez mais globalizado. O aumento das relações entre países, o intercâmbio comercial entre nações, a interdependência entre as soberanias e a era da guerra nuclear fizeram necessária uma ordem internacional que tentasse disciplinar tais relações e manter a paz e segurança mundiais. A regulamentação das relações entre os países ocorre através do Direito Internacional Público (DIP).

Sendo uma tentativa de reger as relações entre nações, não há marco exato para o nascimento do Direito Internacional. Hoje a necessidade de relações entre países é premente, mas o intercâmbio entre as nações sempre existiu. Há registros de regras sobre relações internacionais desde a Antiguidade, entre os Hititas, em 1272 a.C. Aponta-se que o Direito Internacional tornou-se ramo autônomo do Direito Público no século XVII, com o tratado de Westfalia (1648) que contou com participação ativa do holandês Hugo Grotius, que então ficou conhecido como o "pai do Direito Internacional".

Podemos distinguir duas fases no Direito Internacional Público: A **fase clássica** (até a segunda guerra mundial), centrada nas relações entre os Estados soberanos, na qual o DIP se ocupava principalmente do Direito à Guerra e das questões relacionadas à colonização; e a **fase**

moderna ou contemporânea (após a segunda guerra mundial), focada na proteção dos direitos humanos e construção de uma sociedade mundial mais justa, em que surgem questões como limitação ao poder soberano dos Estados, regulação do uso da força, Direito Humanitário e o surgimento de Organizações Internacionais temáticas e/ou regionais de criação e aplicação de normas internacionais.

A maioria da doutrina afirma que a terminologia "Direito Internacional" foi criada em 1780 pelo inglês Jeremy Bentham, a fim de distinguir o Direito das relações entre os Estados soberanos do Direito interno nacional de cada país. Também são utilizados os termos "Direitos das gentes" ou "*jus gentium*".

2. A SOCIEDADE INTERNACIONAL

Assim como o direito deriva do convívio social e é necessário para a coexistência harmônica das pessoas, pois regulamenta e modifica a sociedade, o Direito Internacional busca regular a sociedade internacional, trazendo segurança e paz às relações entre seus membros. Pode-se afirmar que **sociedade internacional é o conjunto de sujeitos internacionais em contínua convivência global, relacionando-se e compartilhando interesses comuns e recíprocos através de cooperação, o que demanda certa regulamentação.** Por sujeitos de Direito Internacional compreendem-se não somente os Estados, mas também as Organizações Internacionais, os indivíduos, as organizações não-governamentais (ONG's) e até mesmo as empresas, num rol meramente exemplificativo, pois hoje em dia há vários atores que são significativamente atuantes na seara internacional.

Diversamente do direito interno, que impõe verticalmente obediência aos jurisdicionados através de relação de **sujeição**, o direito internacional é marcado pela **cooperação** e pela prevalência da vontade autônoma. As relações entre os Estados soberanos acontecem horizontalmente, pois geralmente cada nação tem o dever de submissão apenas às regras com as quais concordou voluntariamente. Assim, regra geral (à exceção das normas *jus cogens*), o Direito Internacional Público se baseia no consentimento e vontade livre dos Estados.

A sociedade internacional tem características próprias, derivadas da especial circunstância da soberania e independência de seus membros. Pode-se afirmar que ela é **universal** (abrange todos os sujeitos de direito internacional do mundo inteiro), **heterogênea** (pois os atores que a compõem apresentam diversidades na área econômica, social, política, cultural etc.), **descentralizada** (já que não há um poder soberano central cujo monopólio da força submeta os demais membros), **horizontal** (a relação entre seus membros ocorre no mesmo nível hierárquico) e **de cooperação** (não há subordinação entre seus integrantes, apenas relação de cooperação para consecução de fins comuns e/ou recíprocos).

Vale ressaltar que não se confundem sociedade internacional e comunidade internacional: esta última baseia-se em vínculos espontâneos e de caráter subjetivo (cultural, religioso, fraterno etc.) de identificação entre seus membros, nos quais não existe submissão – nem mesmo pela declaração de vontade – entre os partícipes, mas apenas mero compartilhamento de valores. A maioria da doutrina é firme em defender que, em escala universal, atualmente só é possível a existência de uma **sociedade internacional**.

Nessa toada, impende destacar que a própria Constituição da República Federativa do Brasil (art. 4º) faz menção às relações internacionais desta nação e enumera os seguintes princípios que devem informá-las:

I – independência nacional;

II – prevalência dos direitos humanos;

III – autodeterminação dos povos;

IV – não-intervenção;

V – igualdade entre os Estados;

VI – defesa da paz;

VII – solução pacífica dos conflitos;

VIII – repúdio ao terrorismo e ao racismo;

IX – cooperação entre os povos para o progresso da humanidade;

X – concessão de asilo político.

No parágrafo único do citado artigo, aduz a Constituição que a "República Federativa do Brasil buscará a integração econômica, política, social e cultural dos povos da América Latina, visando à formação de uma comunidade latino-americana de nações."

3. CONCEITO

Apesar das dificuldades inerentes a toda definição e seus critérios, pode-se conceituar o Direito Internacional Público (DIP) como **ramo do Direito que busca regular, através de princípios e normas jurídicas, as questões de interesse global e as relações entre os membros da sociedade internacional.** A visão clássica de que apenas os Estados e Organizações Internacionais seriam sujeitos de DIP está ultrapassada, tendo em vista a crescente complexidade dos relacionamentos que se desdobram no palco global. De fato, são vários os atores que interagem significativamente na dinâmica dos liames internacionais. Segundo a doutrina mais moderna, por sujeitos da sociedade internacional se deve entender Estados, Organizações Internacionais, indivíduos, organizações não-governamentais (ONG's), empresas, entre outros.

4. OBJETO

O principal objeto do Direito Internacional Público é **o relacionamento entre os sujeitos da sociedade internacional**. É este o objeto precípuo que o citado ramo da ciência jurídica busca regulamentar.

Relacionados a este objeto estão vários outros temas que são tratados pelo Direito Internacional, tais como: a delimitação das competências de cada Estado soberano, a limitação do uso da força pelos sujeitos internacionais, a proteção de interesses universais (tais quais os direitos humanos e o meio ambiente) e a instituição de mecanismos de apuração de responsabilidade internacional, entre outros.

5. FUNDAMENTOS DO DIP

Já que todos os Estados são soberanos e não existe poder central nos relacionamentos internacionais, resta perquirir qual seria o motivo ou fundamento de uma ordem jurídica internacional. Sobre tal questão, existem três correntes principais.

As doutrinas **voluntaristas** têm caráter subjetivista, pois afirmam que o motivo da submissão dos Estados à ordem jurídica internacional é a **vontade dos Estados**, expressa em tratados e convenções ou mesmo implícita na aceitação dos costumes internacionais. Logo, caso um Estado não mais consinta com determinada obrigação internacional com a qual anteriormente se comprometeu, não estaria compelido a cumpri-la. Conforme ensinamento de MAZZUOLI (2012, p. 24), "para a doutrina voluntarista o direito internacional público é obrigatório porque os Estados assim o desejam. O seu fundamento encontra suporte na vontade coletiva dos Estados ou no consentimento mútuo destes". A doutrina voluntarista é bastante criticada por dar primazia à mera vontade dos Estados, em detrimento da segurança jurídica e do cumprimento das obrigações internacionais avençadas.

As doutrinas **objetivistas** pregam que a obrigatoriedade das normas de DIP advém de **princípios e regras superiores inerentes à sociedade internacional** que prevaleceriam em relação ao ordenamento jurídico interno ou às vontades Estatais, se aproximando da ideia de direito natural. Para PORTELA (2012, p. 19), na visão objetivista "as normas internacionais seriam obrigatórias por sua importância maior para o bom desenvolvimento das relações internacionais e, nesse sentido, deveriam ser observadas independentemente da vontade dos Estados". A teoria objetivista não é ideal, pois em uma sociedade composta de membros soberanos como a internacional, não é possível desprezar a autonomia da vontade dos Estados.

A terceira corrente, denominada **mista** ou **objetivista temperada**, foi criada por Dionisio Anzilotti e defende que o fundamento maior das normas de DIP seria o **princípio do *pacta sunt servanda***, pelo qual os Estados celebrariam os tratados a depender de sua vontade, mas que uma vez criada a norma de DIP através do consentimento, os Estados teriam a obrigação de obedecê-la de boa-fé. Logo, o Estado se compromete perante a sociedade internacional por sua livre vontade, mas, quando vinculado à obrigação de DIP, deve cumpri-la, sob pena de responsabilidade internacional. Essa doutrina foi consagrada no art. 26 da Convenção de Viena sobre tratados, de 1969, que aduz: "Todo tratado em vigor obriga as partes e deve ser cumprido de boa-fé".

6. O RELACIONAMENTO ENTRE O DIREITO INTERNACIONAL PÚBLICO E O DIREITO INTERNO

Partindo do pressuposto de que cada Estado é soberano para instituir seu ordenamento jurídico interno e livre para decidir se comprometer com os tratados que originam obrigações no Direito

Internacional, fácil constatar a aparente existência de duas ordens jurídicas: o ordenamento jurídico internacional e o ordenamento jurídico interno (ou nacional). Para o Direito Internacional, as normas internacionais devem ser obedecidas independentemente de qualquer procedimento interno estatal. Tal regra está prevista no art. 27 da Convenção de Viena sobre tratados, de 1969, que afirma: "uma parte não pode invocar as disposições de seu direito interno para justificar o inadimplemento de um tratado". O relacionamento entre essas duas ordens, entretanto, suscita diversas questões. As seguintes teorias buscam respondê-las:

6.1. Teoria dualista

Para a doutrina dualista, que teve suas origens em Dionisio Anzilotti e Heinrich Triepel, **há duas ordens jurídicas distintas que não se relacionam nem se interpenetram.** Os sistemas normativos nacional e internacional teriam fundamentos e fontes de produção diferentes, por isso seriam independentes. Assim, a validade de uma norma internacional não dependeria de sua harmonia com a ordem interna e vice-versa. Para que uma norma internacional pudesse viger na ordem interna, deveria haver alguma espécie de "incorporação" desta norma no quadro jurídico interno. A teoria dualista ainda se subdivide em dualista radical e dualista moderada.

6.1.1. Teoria dualista radical

Para a teoria extrema do dualismo, a independência entre os sistemas seria tamanha que, a fim de obter eficácia no ordenamento jurídico interno, haveria a necessidade de edição de uma **lei** nacional para incorporar a norma internacional ao sistema jurídico interno.

6.1.2. Teoria dualista moderada

Já para o dualismo moderado, a recepção da norma internacional pelo ordenamento jurídico interno **dispensa a edição de lei** nacional, embora seja necessário um procedimento interno específico, com participação dos poderes legislativo e executivo. Essa é a teoria que se coaduna com o sistema brasileiro, já que este não permite a validação direta dos tratados internacionais, sendo necessário o procedimento formal de "internalização" com o decreto presidencial do Poder

Executivo após a devida aprovação do Congresso Nacional. Assim, é possível afirmar que o ordenamento brasileiro adota a teoria dualista moderada.

ATENÇÃO

*Importante observar que o STF, além de adotar a **teoria dualista moderada** (já que exige, após a assinatura do tratado internacional e a aprovação pelo Congresso Nacional, que o tratado seja promulgado por decreto presidencial), também utiliza a teoria da **supralegalidade** dos **tratados internacionais de direitos humanos**. Isso significa que caso o tratado internacional verse sobre matéria de direitos humanos, uma vez incorporado ao ordenamento brasileiro pelo procedimento citado, este terá status supralegal, ou seja, ostentará hierarquia superior à lei ordinária, embora ainda abaixo da Constituição e Emendas Constitucionais. **Por conseguinte, o tratado internacional de direitos humanos, uma vez promulgado pelo Presidente de República após os trâmites formais, derrogará toda a legislação ordinária conflitante.***

6.2. Teoria monista

Na visão da teoria monista, que teve origem em Hans Kelsen, **o ordenamento jurídico seria único e constituído de normas nacionais e internacionais.** Os sistemas interno e internacional coexistiriam, sendo interdependentes, o que possibilita que haja conflito entre normas. Sendo assim, em caso de conflito entre uma regra nacional e outra internacional, qual delas prevalecerá? As vertentes da teoria monista se dividem da seguinte forma:

6.2.1. Teoria monista internacionalista

Para a vertente monista internacionalista, em caso de conflito entre uma norma interna e uma norma internacional, **a norma internacional prevalecerá**. É a posição que prevalece nos acordos, tratados e demais documentos internacionais, por dar primazia ao Direito Internacional e permitir seu maior desenvolvimento. A própria Corte Permanente de Justiça, em julgado de 1930, declarou a superioridade das normas internacionais: "É princípio geral reconhecido, do direito internacional, que, nas relações entre potências contratantes de um tratado, as disposições de uma lei interna não podem prevalecer sobre as de um tratado". Após este julgado, as decisões da Corte Internacional de Justiça continuaram a confirmar o entendimento da referida corte antecessora. O supracitado art. 27 da Convenção de Viena sobre tratados de 1969 também ratifica que "uma parte não pode invocar as disposições de seu direito interno para justificar o inadimplemento de um tratado".

Dentro desta ala internacionalista, ainda se vislumbra a **teoria monista internacionalista radical**, preferência de Hans Kelsen, segundo a qual a norma nacional conflitante com a norma internacional deverá ser anulada (declarada inválida); e a **teoria monista internacionalista moderada**, cunhada por Alfred Von Verdross, segundo a qual a norma nacional que se choque com a norma internacional deverá tão somente ser afastada no caso concreto.

6.2.2. Teoria monista nacionalista

Na teoria monista nacionalista, em caso de conflito entre uma norma interna e uma norma internacional, **a norma nacional prevalecerá.** Isso porque as normas e obrigações internacionais decorreriam de compromissos discricionários dos Estados soberanos, e, portanto, deveria ser privilegiado o ordenamento jurídico interno de cada Estado.

6.2.3. Teoria monista mitigada ou dialógica

De acordo com essa vertente mais moderna da teoria monista, relacionada principalmente com o sistema de proteção aos direitos humanos, em caso de conflito entre normas internas e internacionais **deverá prevalecer a norma que ofereça maior grau de proteção aos direitos humanos.** Não importa qual o fundamento de validade da norma, mas sim qual o benefício que esta oferece à proteção da dignidade da pessoa humana. Desta forma, observa-se uma verdadeira hierarquia de valores, com primazia dos direitos humanos (princípio internacional *pro homine*). Assim, segundo MAZZUOLI (2012, p. 79), no que se refere às relações entre os tratados de direitos humanos e as normas domésticas de determinado Estado, é correto falar num "diálogo das fontes" entre essas normas, previsto e autorizado pelos próprios tratados internacionais de direitos humanos, que prezam sempre pela aplicação da norma mais favorável ao ser humano.

7. TÓPICO-SÍNTESE

Tópico-síntese: Fundamentos do Direito Internacional Público	
Conceito	Direito Internacional Público é ramo do Direito que busca regular, através de princípios e normas jurídicas, as questões de interesse global e as relações entre os membros da sociedade internacional.

Tópico-síntese: Fundamentos do Direito Internacional Público	
Objeto	O principal objeto do Direito Internacional Público é o relacionamento entre os sujeitos da sociedade internacional.
Fundamentos	**Doutrina voluntarista/subjetivista**: Têm caráter subjetivista, pois afirmam que o motivo da submissão dos Estados à ordem jurídica internacional é a **vontade dos Estados**, expressa em tratados e convenções ou mesmo implícita na aceitação dos costumes internacionais. **Doutrina objetivista:** pregam que a obrigatoriedade das normas de DIP advém de **princípios e regras superiores inerentes à sociedade internacional** que prevaleceriam em relação ao ordenamento jurídico interno ou às vontades Estatais, se aproximando da ideia de direito natural. **Doutrina mista ou objetivista temperada**: defende que o fundamento maior das normas de DIP seria o princípio do *pacta sunt servanda*, pelo qual os Estados celebrariam os tratados a depender de sua vontade, mas que uma vez criada a norma de DIP através do consentimento, os Estados teriam a obrigação de obedecê-la de boa-fé.
Relacionamento do direito internacional com o direito interno	**Teoria dualista:** há duas ordens jurídicas distintas que não se relacionam nem se interpenetram. **Teoria monista:** o ordenamento jurídico seria único e constituído de normas nacionais e internacionais.
Teoria Dualista	**Teoria dualista radical:** Para a teoria extrema do dualismo, a independência entre os sistemas seria tamanha que, a fim de obter eficácia no ordenamento jurídico interno, haveria a necessidade de edição de uma lei nacional para incorporar a norma internacional ao sistema jurídico interno. **Teoria dualista moderada**: Já para o dualismo moderado, a recepção da norma internacional pelo ordenamento jurídico interno dispensaria a edição de lei nacional, embora seja necessário um procedimento interno específico, com participação dos poderes legislativo e executivo.

Tópico-síntese: Fundamentos do Direito Internacional Público	
Teoria Monista	**Teoria monista internacionalista:** Para a vertente monista internacionalista, em caso de conflito entre uma norma interna e uma norma internacional, a norma internacional prevalecerá. **Teoria monista internacionalista radical**: segundo a qual a norma nacional conflitante com a norma internacional deverá ser anulada (declarada inválida). **Teoria monista internacionalista moderada**: segundo a qual a norma nacional que se choque com a norma internacional deverá tão somente ser afastada no caso concreto. **Teoria monista nacionalista:** Na teoria monista nacionalista, em caso de conflito entre uma norma interna e uma norma internacional, a norma nacional prevalecerá. **Teoria monista mitigada ou dialógica:** Nessa vertente mais moderna da teoria monista, relacionada principalmente com o sistema de proteção aos direitos humanos, temos que em caso de conflito entre normas internas e internacionais deverá prevalecer a norma que ofereça maior grau de proteção aos direitos humanos.

Capítulo

2

FONTES DO DIREITO INTERNACIONAL PÚBLICO

Leia a lei

- *Arts. 1º, 4º e 5º, §2º, 3º e 4º da CF; Estatuto da Corte Internacional de Justiça (CIJ); Convenção de Viena sobre direito dos tratados de 1969.*

1. INTRODUÇÃO

O Direito Internacional Público emana de várias fontes, que podem ser materiais ou formais. As fontes materiais são as circunstâncias, ideias, fatos e necessidades da sociedade global que culminam na elaboração da norma internacional. As fontes formais são os meios através dos quais se expressam as regras internacionais.

No âmbito da regulamentação internacional, o art. 38 do Estatuto da Corte Internacional de Justiça (CIJ) traz o rol principal, porém não exaustivo, das fontes formais de Direito Internacional Público.

As fontes previstas no Estatuto da Corte Internacional de Justiça (CIJ), são as seguintes, nos exatos termos do art. 38 aqui colacionado:

"1. A Corte, cuja função seja decidir conforme o direito internacional as controvérsias que sejam submetidas, deverá aplicar;

a) as **convenções internacionais**, sejam gerais ou particulares, que estabeleçam regras expressamente reconhecidas pelos Estados litigantes;

b) o **costume internacional** como prova de uma prática geralmente aceita como direito;

c) os **princípios gerais do direito** reconhecidos pelas nações civilizadas;

d) as **decisões judiciais e as doutrinas dos publicitários** de maior competência das diversas nações, como meio auxiliar para a determinação das regras de direito, sem prejuízo do disposto no Artigo 59.

2. A presente disposição não restringe a faculdade da Corte para decidir um litígio ***ex aequo et bono***[1], se convier às partes."

Vale ressaltar que existem outras fontes de Direito Internacional não catalogadas, frutos da crescente dinâmica das relações entre os países e demais sujeitos de Direito Internacional.

Como exemplos dessas fontes não previstas no Estatuto da Corte, temos as *"soft law"*, as decisões e atos das organizações internacionais (resoluções e recomendações, por exemplo) e os atos jurídicos unilaterais dos Estados.

As fontes formais podem ainda ser classificadas da seguinte forma:

Fontes formais de DIP	
Em relação à aplicação do direito:	**Fontes primárias ou principais:** determinam qual norma será aplicada no caso concreto em apreço (convenções e tratados internacionais, costume internacional e princípios gerais de direito reconhecidos pelas nações civilizadas); **Fontes secundárias, acessórias ou auxiliares:** são os meios auxiliares para a determinação das regras de direito (decisões judiciárias e doutrina dos juristas qualificados, equidade, decisões das organizações internacionais e atos jurídicos unilaterais).

1 Através de equidade

Fontes formais de DIP	
Em relação à existência de acordo de vontades entre os sujeitos de DIP:	**Fontes convencionais:** aquelas nas quais existe acordo de vontade entre os sujeitos participantes (convenções, acordos e tratados internacionais); **Fontes extraconvencionais:** aquelas que independem de acordo de vontade entre os sujeitos de DIP (costume internacional, princípios gerais de direito reconhecidos pelas nações civilizadas, doutrina e jurisprudência).
Em relação à previsão no art. 38 do Estatuto da CIJ:	**Fontes estatutárias ou catalogadas:** aquelas previstas no rol do art. 38 do Estatuto da CIJ. **Fontes extraestatutárias ou não catalogadas:** não estão previstas no rol do art. 38 do Estatuto da CIJ.

Questão que divide a doutrina é a hierarquia entre as fontes de DIP. Doutrina minoritária afirma a existência de hierarquia entre as fontes de DIP, atribuindo superioridade aos tratados. A doutrina majoritária, contudo, defende que não há hierarquia entre as fontes de Direito Internacional, sendo que a ordem em que tais fontes estão catalogadas no art. 38 da CIJ não significa diferença de graduação entre elas. Assim, já que não há hierarquia entre as fontes de DIP, como visto acima, é possível que se revoguem mutuamente e indistintamente.

2. TRATADOS

Os tratados, convenções e acordos internacionais estão previstos no art. 38 do Estatuto da Corte Internacional de Justiça como "convenções internacionais gerais ou específicas, que estabeleçam regras expressamente reconhecidas pelos Estados litigantes". Tais tratados e convenções podem ser estabelecidos entre Estados, entre Organizações Internacionais, ou entre Estados e Organizações Internacionais.

Tratados são conceituados pela Convenção de Viena de 1969 como: "um acordo internacional, concluído por escrito entre Estados e regido pelo Direito Internacional, quer esteja consignado num instrumento único, quer em dois ou mais instrumentos conexos, e qualquer que seja sua denominação particular".

Ressalte-se que as Organizações Internacionais também possuem capacidade para celebrar tratados internacionais.

3. COSTUME INTERNACIONAL

Previsto no art. 38 do Estatuto da Corte Internacional de Justiça tal qual "costume internacional, como prova de uma prática geral aceita como direito", o costume é a prática geral e reiterada dos sujeitos de Direito Internacional admitida como juridicamente exigível.

Para que tenha valor jurídico, o costume deve apresentar estes dois elementos: o objetivo (prática reiterada de determinado comportamento) e o subjetivo (a crença pelo agente de que tal comportamento é o correto e o exigível). Sem qualquer um desses elementos, o costume internacional não está configurado.

Atentar para os dois elementos do costume:

Elementos do costume internacional	**Elemento objetivo:** prática reiterada, uniforme e geral de determinados atos em situações semelhantes;
	Elemento subjetivo: convicção da justiça e obrigatoriedade daquela prática geral (*opinio juris*, ou *opinio juris sive necessitatis*)

Tendo em vista a inexistência de um órgão central emanador de regras gerais e abstratas, o costume internacional tem grande importância como fonte de direito internacional.

Outrossim, cabe ressaltar a existência da **"teoria do objetor persistente"** (*persistent objector*, que defende a inaplicabilidade da regra costumeira àquele ente que sempre manifestou a rejeição ao costume). Assim, a doutrina do objetor persistente afirma que, se um Estado persistentemente se opõe à aplicação de determinado costume em relação a si, estaria desonerado de cumprir tal norma costumeira diante das relações internacionais.

4. PRINCÍPIOS GERAIS DO DIREITO

Previstos no art. 38 do Estatuto da Corte Internacional de Justiça como "princípios gerais de Direito Internacional, reconhecidos pelas nações civilizadas", os princípios gerais são aquelas normas gerais positivadas na maior parte das nações civilizadas que transmitem os valores mais elevados dos sistemas jurídicos, tais quais: o *pacta sunt servanda*, o princípio da boa-fé, o primado da dignidade da pessoa humana, o devido processo legal, a soberania nacional e as normas de *jus cogens*, entre outros.

5. DECISÕES JUDICIÁRIAS E DOUTRINA

As "decisões judiciais e as doutrinas dos publicitários de maior competência das diversas nações" estão previstos no art. 38 do Estatuto da Corte Internacional de Justiça como fontes acessórias, pois são meios auxiliares para a determinação das regras de direito.

As decisões judiciárias formam a jurisprudência internacional, consistente nas repetidas manifestações das Cortes e Tribunais internacionais no mesmo sentido e acerca da mesma matéria, que envolvam conflitos de Direito Internacional.

A doutrina internacional, por sua vez, consiste em estudos e ensinamentos acerca das normas internacionais, bem como na interpretação teórica do Direito Internacional, ambos feitos por juristas qualificados das diferentes nações.

6. EQUIDADE

O termo "equidade" traduz uma ideia de justiça, igualdade, equivalência. Em direito, decidir com equidade significa aplicar a justiça e igualdade na solução do caso concreto.

O art. 38 do Estatuto da Corte Internacional de Justiça permite a utilização da equidade como fonte de Direito Internacional, ao aduzir: "A presente disposição não restringe a faculdade da Corte para decidir um litígio *ex aequo et bono*, se convier às partes".

Assim, o Estatuto permite que o Tribunal decida uma questão *ex aequo et bono*, se as partes com isto concordarem. Ou seja, que o julgamento pode ser feito com base na equidade, que significa a aplicação da justiça na resolução do caso concreto, quando não houver norma específica para a questão ou caso a norma existente não se adeque eficazmente ao justo deslinde do conflito.

Ressalte-se que, nos exatos dizeres do Estatuto, a equidade só poderá ser aplicada caso haja concordância das partes.

7. ATOS UNILATERAIS DOS ESTADOS

Os atos unilaterais dos Estados soberanos não estão previstos como fonte de Direito Internacional no Estatuto da Corte Internacional de Justiça. Não obstante, são considerados pela doutrina internacional mais moderna como fontes de DIP, já que geram efeitos jurídicos no cenário da sociedade internacional e, no mínimo, criam obrigações para os entes que os editam.

São atos praticados unilateralmente pelos entes estatais, e sendo assim não precisam da aceitação ou manifestação de vontade de qualquer outro sujeito de Direito Internacional para que tenham eficácia.

São exemplos de atos unilaterais dos Estados: denúncia de tratados, reconhecimento de outros Estados e governos, renúncia, declarações unilaterais e ruptura de relações diplomáticas, entre outros.

8. ATOS E DECISÕES DAS ORGANIZAÇÕES INTERNACIONAIS

Os atos e decisões proferidos pelas Organizações Internacionais também não constam do art. 38 do Estatuto da Corte Internacional de Justiça. A ausência é justificável, tendo em vista que o referido rol fora redigido em 1920, quando ainda estava incipiente o desenvolvimento das organizações globais, que se intensificou após 1945 com a criação das Nações Unidas.

Todavia, hoje não se pode negar a eficácia jurídica normativa dos atos emanados das Organizações Internacionais. Para MELLO (1997, p. 300), "negar que essas decisões sejam fontes do DI é não reconhecer o processo de integração da sociedade internacional. Tais decisões podem ser ainda de âmbito restrito, mas nem por isso deixam de constituir norma de conduta, isto é, direito na sua essência, e cujas violações são normalmente passíveis de sanção".

Assim é que tais atos são modernamente considerados fontes de Direito Internacional pela doutrina majoritária.

A título de exemplo, cite-se como atos e decisões das organizações internacionais que são fontes de Direito Internacional: as resoluções da Assembleia-Geral da ONU, as decisões do Conselho de Segurança das Nações Unidas, as recomendações dos diversos órgãos que fazem parte das Organizações e os regulamentos da Organização Mundial de Saúde (OMS), entre outros.

9. *JUS COGENS* E *SOFT LAW*

Normas *jus cogens* e *soft law* são fontes extraestatutárias muito importantes no Direito Internacional.

As chamadas normas *jus cogens* são as normas imperativas de Direito Internacional, que por sua importância não podem ser derrogadas por quaisquer tratados anteriores ou posteriores. A Convenção de Viena sobre Direito dos Tratados assim as conceitua: "normas aceitas e reconhecidas pela comunidade internacional dos Estados como um todo como norma da qual nenhuma derrogação é permitida e que só pode ser modificada por norma ulterior de Direito Internacional geral da mesma natureza".

As normas *jus cogens* não estão arroladas em nenhum documento internacional. São definidas pelo processo histórico e social como normas situadas em plano hierárquico superior frente às demais normas de Direito Internacional, pois traduzem os valores fundamentais que consubstanciam a ordem pública internacional.

São exemplos de normas *jus cogens* aquelas que protegem os direitos humanos, a paz entre as nações e o meio ambiente global.

O "*soft law*" (direito flexível) consiste no conjunto de normas que não ostentam caráter jurídico vinculante, mas orientam condutas no plano do Direito Internacional.

A norma de "*soft law*" traduz uma intenção ou compromisso da parte. Porém, caso descumprido, esse compromisso não pode ser exigido da parte declarante, posto que desprovido de caráter vinculante.

As normas de *soft law* se aproximam de um "programa de ação" e são elaboradas nos mais variados âmbitos do Direito Internacional, tais como: fóruns internacionais de meio ambiente, economia, saúde, etc.; organizações internacionais; associações internacionais e até mesmo pelos próprios Estados.

São exemplos de *soft law*: acordos de cavalheiros (*gentlemen's agreements*); declarações e recomendações das organizações internacionais; declarações conjuntas; códigos de condutas, etc.

10. TÓPICO-SÍNTESE

Tópico-síntese: Fontes do Direito Internacional Público	
Fontes	Fonte é a matéria de onde emana o Direito Internacional Público. As fontes materiais são os pensamentos, ideias, fatos e necessidades da sociedade global que culminam na elaboração da norma internacional. As fontes formais são os meios através dos quais se expressam as regras internacionais.
Tratados	Convenções internacionais gerais ou específicas, que estabeleçam regras expressamente reconhecidas pelos Estados litigantes. Tais tratados e convenções podem ser estabelecidos entre Estados, entre Organizações Internacionais, ou entre Estados e Organizações Internacionais.
Costumes	O costume é a prática geral e reiterada dos sujeitos de Direito Internacional admitida como juridicamente exigível.
Princípios Gerais de Direito	Princípios gerais de Direito Internacional, reconhecidos pelas nações civilizadas. Os princípios gerais são aquelas normas gerais positivadas na maior parte das nações civilizadas que transmitem os valores mais elevados dos sistemas jurídicos, tais quais: o *pacta sunt servanda*, o princípio da boa-fé, o primado da dignidade da pessoa humana, o devido processo legal, a soberania nacional e as normas de *jus cogens*, entre outros.
Jurisprudência e doutrina	As decisões judiciárias formam a jurisprudência internacional, consistente nas repetidas manifestações das Cortes e Tribunais internacionais no mesmo sentido e acerca da mesma matéria, que envolvam conflitos de Direito Internacional. A doutrina internacional, por sua vez, consiste em estudos e ensinamentos acerca das normas internacionais, bem como na interpretação teórica do Direito Internacional, ambos feitos por juristas qualificados das diferentes nações.

Tópico-síntese: Fontes do Direito Internacional Público	
Equidade	Significa a aplicação da justiça na resolução do caso concreto, quando não houver norma específica para a questão ou caso a norma existente não se adeque eficazmente ao justo deslinde do conflito.
Atos unilaterais dos Estados	São atos praticados unilateralmente pelos entes estatais, e sendo assim não precisam da aceitação ou manifestação de vontade de qualquer outro sujeito de Direito Internacional.
Atos e decisões das organizações internacionais	São os atos e decisões praticados pelas organizações internacionais, tais como as resoluções da Assembleia-Geral da ONU, as decisões do Conselho de Segurança das Nações Unidas, as recomendações dos diversos órgãos que fazem parte das Organizações e os regulamentos da Organização Mundial de Saúde (OMS), entre outros.
Jus cogens	Normas aceitas e reconhecidas pela comunidade internacional dos Estados como um todo como norma da qual nenhuma derrogação é permitida e que só pode ser modificada por norma ulterior de Direito Internacional geral da mesma natureza.
Soft law	O "*soft law*" (direito flexível) consiste no conjunto de normas que, apesar de não ostentarem caráter jurídico vinculante, orientam condutas no plano do Direito Internacional.

Capítulo

3

SUJEITOS DE DIREITO INTERNACIONAL PÚBLICO

Leia a lei

- *Estatuto da Corte Internacional de Justiça (CIJ); Convenção de Viena sobre direito dos tratados de 1969; Convenções de Genebra de 1949.*

1. PERSONALIDADE INTERNACIONAL

No Direito Internacional Público, a personalidade internacional de determinado ente significa o reconhecimento de sua existência legal na sociedade internacional global; ou seja, a sua aptidão para a titularidade e exercício dos direitos e obrigações previstos nas normas de Direito Internacional.

Ter personalidade internacional significa ser sujeito de Direito Internacional, ou seja, ter aptidão para exercer direitos e se submeter a deveres no cenário das relações internacionais. Da noção de sujeito nasce a noção de personalidade; todavia, nem todo sujeito internacional dotado de personalidade tem capacidade para o exercício de direitos e deveres na órbita internacional. Outrossim, nem todos os entes que participam da sociedade global são considerados sujeitos de Direito Internacional.

O rol de sujeitos de DIP tem se ampliado (acompanhando o desenvolvimento do Direito Internacional), causando muitas divergências doutrinárias. Para a maioria da doutrina, os sujeitos de DIP são os seguintes:

Sujeito de DIP	Exemplos
Estados	Brasil, França, Estados Unidos da América, México, etc.
Organizações internacionais	ONU, OEA, OMS, etc.
Blocos Regionais	Mercosul, União Europeia, etc.
Santa Sé	Santa Sé / Vaticano
Indivíduos	Pessoas físicas
Empresas transnacionais	Philips, Nestlé, Coca-Cola, Kraft, etc.
Organizações não governamentais	Greenpeace, Anistia Internacional, Cruz Vermelha, etc.
Insurgentes, beligerantes e movimentos de libertação nacional	Movimento de Libertação Nacional Basco (Espanha), IRA (Irlanda) e a Organização para a Libertação da Palestina - OLP (Israel)

Tradicionalmente, apenas os Estados eram considerados sujeitos de Direito Internacional. Modernamente, com o aumento da dinâmica global e da proteção aos direitos humanos, vários outros entes obtiveram o reconhecimento de sua personalidade internacional, pois passaram a titularizar e exercer direitos e obrigações previstas em normas internacionais. As organizações internacionais, bem como os indivíduos, têm reconhecida sua personalidade internacional pela maioria dos estudiosos. Alguns outros entes, tais quais a Santa Sé e a Cruz Vermelha, também são considerados sujeitos de Direito Internacional pela doutrina majoritária.

2. ESTADOS

Os Estados têm personalidade internacional do tipo primária ou originária, pois independem da manifestação de vontade de qualquer outro ente para existirem legalmente perante a sociedade internacional. O Estado será objeto de estudo pormenorizado em capítulo próprio.

Têm personalidade internacional do tipo primária ou originária, pois independem da manifestação de vontade de qualquer outro ente para existirem legalmente perante a sociedade internacional. O Estado será objeto de estudo pormenorizado em capítulo próprio.

3. ORGANIZAÇÕES INTERNACIONAIS

As organizações internacionais (ou organismos internacionais) são entidades criadas voluntariamente por Estados-membros através de tratados. Tais organizações são compostas por Estados ou por estados e outras organizações internacionais. Elas têm atuação estável através de normas, órgãos e institutos próprios a fim de realizar propósitos comuns aos seus participantes.

As organizações internacionais têm personalidade jurídica internacional do tipo derivada, pois sua existência é baseada em prévia criação e reconhecimento por parte dos Estados. Como exemplo de organização internacional, temos a Organização das Nações Unidas (ONU) e a Organização dos Estados Americanos (OEA).

Por sua importância na atualidade das relações internacionais e primazia na defesa dos direitos humanos, serão as organizações também analisadas em capítulo próprio.

4. BLOCOS REGIONAIS

Os blocos regionais são coletividades de Estados reunidos para a realização de fins comuns, com o objetivo de angariar vantagens nos relacionamentos entre nações. São exemplos de blocos regionais o Mercosul e a União Europeia.

Os blocos regionais podem celebrar tratados e participar de relações jurídicas internacionais. Contudo, nem sempre os blocos regionais têm personalidade de Direito Internacional: a existência desta personalidade depende dos interesses dos Estados membros e de previsão nos atos constitutivos do bloco.

5. SANTA SÉ E VATICANO

A Santa Sé é a cúpula do governo da Igreja Católica, chefiada pelo Papa, que tem status de Chefe de Estado. Em decorrência do tratado de Latrão celebrado entre a Itália e a Santa Sé em 1929, ficou reconhecida a personalidade jurídica desta última, conceituada por MIRANDA (2006, p. 212) como a "expressão jurídica internacional da Igreja Católica". A Santa Sé possui capacidade internacional bastante ampla, podendo celebrar tratados internacionais, fazer parte de organizações internacionais e exercer direito de legação (enviar e receber agentes diplomáticos), entre outras funções.

As relações entre a Santa Sé e os Estados são realizadas através das "concordatas", que são os tratados internacionais (geralmente bilaterais) dos quais faz parte a Santa Sé.

A Cidade do Vaticano é o Estado soberano, também chefiado pelo Papa, que abriga a Santa Sé. Assim, o papa é, ao mesmo tempo, chefe da Igreja (Santa Sé) e chefe do Estado do Vaticano.

6. INDIVÍDUOS

O fenômeno da internacionalização dos direitos humanos fez com que o homem se tornasse sujeito de direitos na órbita do Direito Internacional. De fato, modernamente o indivíduo é destinatário de várias normas cujo objetivo é proteger os direitos fundamentais da pessoa humana (normas de Direitos Humanos).

Para os indivíduos também é previsto o direito de petição às Organizações e Cortes Internacionais, tais como os existentes na Convenção Americana dos Direitos Humanos (direito de petição perante a Comissão Interamericana de Direitos Humanos) e na Convenção Europeia dos Direitos do Homem (direito de petição perante a Corte Europeia de Direitos Humanos).

Ademais, o Estatuto de Roma criou o Tribunal Penal Internacional e consagrou a responsabilidade criminal internacional dos indivíduos que incorram nos crimes de sua competência.

Por outro lado, os indivíduos têm capacidade internacional incompleta, pois não podem celebrar acordos e tratados internacionais nem podem fazer parte de organizações internacionais.

Não obstante as previsões acima elencadas, o caráter de sujeito de Direito Internacional dos indivíduos ainda é controverso. O tema não é pacífico, gerando intensos debates doutrinários. Estudiosos tais quais REZEK (2005, p. 152) afirmam que os indivíduos não têm personalidade jurídica de direito internacional, enquanto que outros tais como CANÇADO TRINDADE (2006, p. 186) defendem posição contrária, afirmando que os indivíduos são, portanto, sujeitos de Direito Internacional. Estamos com este último, por entender evidente que atualmente o indivíduo é sujeito de Direito Internacional dotado de personalidade jurídica internacional, o que significa um avanço na proteção da dignidade da pessoa humana.

7. EMPRESAS

A doutrina mais moderna entende que as empresas transnacionais são sujeitos de Direito Internacional, tendo em vista que vários Estados entabulam acordos e contratos com tais empresas. Ademais, várias normas internacionais preveem direitos e deveres para tais empresas. Seu caráter de sujeito de DIP, todavia, ainda é bastante controverso.

As empresas transnacionais, não obstante sejam atores bastante importantes no cenário global, não podem celebrar acordos ou tratados internacionais nem podem fazer parte de organizações internacionais. Também não têm capacidade postulatória perante Tribunais Internacionais.

Sendo assim, a maioria da doutrina não as considera como sujeito de Direito Internacional com personalidade de Direito Internacional.

8. ORGANIZAÇÕES NÃO GOVERNAMENTAIS

As Organizações Não Governamentais (ONG's) são entidades jurídicas privadas com finalidades próprias (políticas, sociais, econômicas, etc.) que participam ativamente dos acontecimentos no cenário global.

Apesar de atuarem ativamente na sociedade internacional, a maioria dos autores de DIP não as considera sujeitos de direito internacional. De fato, apesar da possibilidade de atuação como "observadoras" em algumas organizações internacionais e do direito de petição previsto em alguns sistemas regionais (no sistema interamericano de direitos humanos, podem peticionar perante a Comissão Interamericana de Direitos Humanos), as ONG's não podem celebrar acordos ou tratados internacionais nem podem fazer parte de organizações internacionais.

Como exemplos de Organizações Não Governamentais Internacionais, temos o *Greenpeace*, Anistia Internacional e Cruz Vermelha.

ATENÇÃO

A Cruz Vermelha é entidade de personalidade jurídica de Direito Interno que presta assistência humanitária imparcial internacional. As Convenções de Genebra *são a base do Direito Humanitário Internacional e conferem atribuições assistenciais e protetoras à Cruz Vermelha. Para a maioria da doutrina, sob o ponto de vista técnico-formal, a Cruz Vermelha não é sujeito de Direito Internacional. Todavia, apesar de não ter sido criada por tratado internacional nem poder celebrar acordos ou tratados internacionais com outros entes, a Cruz Vermelha tem grande relevância internacional em matéria de Direito Humanitário, e por isso é qualificada por alguns teóricos como* ***sujeito de Direito Internacional de capacidade limitada.***

9. INSURGENTES, BELIGERANTES E MOVIMENTOS DE LIBERTAÇÃO NACIONAL

Esses três grupos são qualificados como coletividades não-estatais.

Os **insurgentes** são aqueles grupos que confrontam o Estado posto, resultando em conflito armado ou desarmado que não toma grandes proporções. São considerados como tais por outros sujeitos de DIP, principalmente através do reconhecimento discricionário de outros Estados. Na doutrina, não é pacífico o reconhecimento dos insurgentes como sujeitos de Direito Internacional, mas a maioria dos teóricos não os ignora como atores no cenário mundial.

Os **beligerantes** também são grupos que confrontam o Estado posto, todavia o fazem com organização e capacidade suficientes para exercerem poderes similares ao do governo oficial. Os movimentos beligerantes são armados e assumem grande proporção. São considerados como tais por outros sujeitos de DIP, principalmente através do reconhecimento discricionário de outros Estados.

Os efeitos da insurgência e da beligerância nas relações internacionais pressupõem o reconhecimento destes grupos pelos demais Estados soberanos, por ato discricionário.

Caso sejam reconhecidos como tais, os insurgentes e beligerantes podem:

- ostentar status de igualdade com o Estado;
- celebrar tratados em nome próprio com outros Estados soberanos neutros;
- isentar o Estado onde atue o movimento de qualquer responsabilidade internacional pelos atos deste último.

De todo modo, os insurgentes e beligerantes sempre ficam sujeitos às normas de Direito Internacional sobre conflitos bélicos, de acordo com MAZZUOLI (2012, p. 335).

Os **movimentos de libertação nacional** também são bastante conhecidos no cenário mundial. Constituem grupos nacionalistas que buscam a independência política e econômica de um dado território e sua população, a fim de exercer o direito de autodeterminação dos povos. Caso o movimento obtenha o reconhecimento por outros sujeitos de Direito Internacional, terá capacidade de representação do povo em questão, com atribuição para os atos inerentes a esta situação.

São exemplos de movimentos de libertação nacional o Movimento de Libertação Nacional Basco, na Espanha, o IRA, na Irlanda e a Organização para a Libertação da Palestina (OLP), em Israel.

10. TÓPICO-SÍNTESE

Tópico-síntese: Sujeitos de Direito Internacional Público	
Personalidade Internacional	Ter personalidade internacional significa ser sujeito de Direito Internacional, ou seja, ter aptidão para exercer direitos e se submeter a deveres no cenário das relações internacionais.
Estados	Os Estados soberanos são os principais sujeitos de Direito Internacional. São entes jurídicos dotados de personalidade internacional, formados pela reunião de indivíduos estabelecidos de maneira permanente em um território determinado, sob a autoridade de um governo independente.
Organizações internacionais	As organizações internacionais são entidades criadas e compostas voluntariamente por Estados-membros (podem ter participação de outras organizações internacionais) através de tratados; têm atuação estável através de normas, órgãos e institutos próprios, a fim de realizar propósitos comuns aos seus participantes.
Blocos regionais	Os blocos regionais são coletividades de Estados reunidos para a realização de fins comuns, com o objetivo de angariar vantagens nos relacionamentos entre eles. São exemplos de blocos regionais o Mercosul e a União Europeia.
Santa Sé	A Santa Sé é a cúpula do governo da Igreja Católica, chefiada pelo Papa, que tem status de Chefe de Estado. A capacidade internacional da Santa Sé é bastante ampla, sendo que pode celebrar tratados internacionais (concordatas), fazer parte de organizações internacionais, e exercer direito de legação (enviar e receber agentes diplomáticos).

Indivíduos	Modernamente o indivíduo é destinatário de várias normas cujo objetivo é proteger os direitos fundamentais da pessoa humana (normas de Direitos Humanos), sendo, assim, sujeito de direito internacional. Todavia, os indivíduos têm capacidade internacional incompleta, pois não podem celebrar acordos e tratados internacionais nem podem fazer parte de organizações internacionais.
Empresas	As empresas transnacionais, não obstante serem atores bastante importantes no cenário global, não podem celebrar acordos ou tratados internacionais nem podem fazer parte de organizações internacionais. Também não têm capacidade postulatória perante Tribunais Internacionais. Sendo assim, a maioria da doutrina não as considera como sujeito de Direito Internacional com personalidade de Direito Internacional.
Organizações Não Governamentais	As Organizações Não Governamentais (ONG's) são entidades jurídicas privadas com finalidades próprias (políticas, sociais, econômicas, etc.) que participam ativamente dos acontecimentos no cenário global. Apesar de atuarem ativamente na sociedade internacional, a maioria dos autores de DIP não as consideram sujeitos de direito internacional.
Insurgentes, beligerantes e movimentos de libertação nacional	Os insurgentes são aqueles grupos que confrontam o Estado posto, resultando em conflito armado ou desarmado que não toma grandes proporções. São reconhecidos como tais por outros sujeitos de DIP, principalmente através do reconhecimento discricionário de outros Estados. Os beligerantes também são grupos que confrontam o Estado posto, todavia com organização e capacidade suficientes para exercerem poderes similares ao do governo. Os movimentos beligerantes são armados e assumem grande proporção. São reconhecidos como tais por outros sujeitos de DIP, principalmente através do reconhecimento discricionário de outros Estados. Os movimentos de libertação nacional constituem-se de grupos nacionalistas que buscam a independência política e econômica de um dado território e sua população, a fim de exercer o direito de autodeterminação dos povos. Caso o movimento obtenha o reconhecimento por outros sujeitos de Direito Internacional, terá capacidade de representação do povo em questão, com atribuição para os atos inerentes a esta situação.

Capítulo 4

O ESTADO

Leia a lei

- *Arts. 1º, 4º, 102, I, 105, II, c, 108, II, 109, II e 114, I da CF; Convenção Panamericana sobre Direitos e Deveres do Estado de 1933 (Convenção de Montevidéu); Carta da Organização dos Estados Americanos (OEA); Convenções de Viena sobre Relações Diplomáticas de 1961 e sobre Relações Consulares, de 1963.*

1. INTRODUÇÃO

Os Estados são entes jurídicos dotados de personalidade internacional, formados pela reunião de indivíduos estabelecidos de maneira permanente em um território determinado, sob a autoridade de um governo independente. Constituem os mais importantes sujeitos de direito internacional, vez que são os atores primordiais no cenário mundial.

Há na doutrina várias definições do que seja o Estado. A maioria dos estudos tradicionais aponta o Estado como o ente autônomo que reúne os elementos povo, território determinado e governo soberano.

Alguns doutrinadores ainda adicionam o elemento social da "finalidade". Deveras, para MAZZUOLI (2012, p. 353), Estado é um "ente jurídico, dotado de personalidade internacional, formado de uma reunião (comunidade) de indivíduos estabelecidos de maneira permanente em um território determinado, sob a autoridade de um governo independente e com a finalidade precípua de zelar pelo bem comum daqueles que o habitam".

A Convenção Panamericana sobre Direitos e Deveres do Estado de 1933 (Convenção de Montevidéu), por sua vez, estabelece em seus artigos 1º e 3º que "o Estado como pessoa de Direito Internacional deve preencher os seguintes requisitos: a) ter uma população permanente; b) possuir um território definido; c) possuir um governo; d) ter capacidade de entrar em relações com os demais Estados".

Assim, passamos ao estudo pormenorizado desses elementos constitutivos do Estado.

2. ELEMENTOS CONSTITUTIVOS

A existência de um Estado inicia com a reunião de seus elementos constitutivos em um dado momento histórico, tratando-se assim de questão de fato, que não necessita de outras condições jurídicas. Estes elementos são: povo, território e governo soberano.

2.1. Povo

O elemento "povo" significa a comunidade de indivíduos que se encontra sob a autoridade do governo central do Estado, e se identifica como nacionais desse Estado. Observe-se que há um laço político-jurídico que envolve o povo e o Estado, sendo que entre eles existem direitos e deveres recíprocos. O povo, enfim, é formado pelos nacionais de dado Estado, mesmo que estas pessoas residam no exterior.

2.2. Território

O elemento "território" de um dado Estado é a área geográfica específica e delimitada sobre a qual aquele ente exerce sua total soberania.

O princípio da territorialidade tem primazia no Direito Internacional e determina que o Estado deve aplicar às pessoas, aos bens e aos fatos ocorridos em território nacional o seu ordenamento jurídico, salvo algumas exceções. Ressalte-se que a territorialidade compreende a área geográfica terrestre que delimita o Estado, bem como o espaço aéreo sobrejacente e os espaços marítimos estatais.

2.3. Governo soberano

O elemento "governo" se constitui pelo poder político que administra e dirige com autoridade a atividade de consecução das finalidades Estatais. Tal atividade deve ser feita de maneira soberana, ou seja, o governo do Estado deve ser dotado de superioridade e independência em relação às demais instituições existentes em determinada sociedade estatal. A característica da soberania se relaciona com a "capacidade de manter relações com os demais Estados" prevista na Convenção de Montevidéu.

A soberania do governo tem duas faces: a soberania interna é a característica da superioridade do poder do Estado frente aos demais núcleos de poder existentes em determinada sociedade estatal. A soberania externa, por sua vez, é a independência em relação aos demais Estados e outros membros da sociedade internacional, no sentido de não se submeter a qualquer outro poder externo e de existir igualdade jurídica entre todos os Estados mundiais.

Assim, a soberania externa significa a capacidade de manter relações em pé de igualdade com os demais Estados, abarcando o poder de celebrar tratados, o direito de legação (receber e enviar representantes diplomáticos) e até mesmo o direito de declarar guerra.

Parte da doutrina ainda traz como elemento constitutivo específico do Estado a característica da "**soberania**" – já explicada acima – e a questão da "**finalidade**", que seria a motivação social da existência do Estado com o fim de zelar pelo bem comum dos seus habitantes. MAZZUOLI (2012, p. 457) conceitua o item "finalidade" como o elemento social do Estado, aduzindo que "o desenvolvimento da personalidade dos integrantes do seu povo é que deve ser o fim perseguido pelo Estado, que deve sempre buscar o bem comum de cada um dos indivíduos que o compõem".

Todavia, essa é uma questão bastante polêmica, já que a Convenção Panamericana sobre Direitos e Deveres do Estado de 1933 (Convenção de Montevidéu) não arrola a finalidade como elemento constitutivo do Estado. Assim, somos da opinião de que os elementos constitutivos do Estado são apenas aqueles acima listados: povo, território e governo soberano.

3. SURGIMENTO E EXTINÇÃO DOS ESTADOS

Os Estados têm início, como visto, com a reunião de seus elementos constitutivos em um dado momento histórico. Podem surgir das mais diversas formas, entre elas:

Surgimento dos Estados	Ocupação e posse de terras que não estejam sob a soberania de nenhum outro Estado;
	Desmembramento do território com separação de parte da população, surgindo um novo Estado, porém com a subsistência da personalidade internacional do Estado do qual se desmembrou;
	Dissolução total de um Estado;
	Fusão com outro estado, sendo absorvido por este ou gerando um novo terceiro Estado.

Quanto à extinção de um Estado, também pode ocorrer de muitas formas, principalmente as seguintes:

Extinção dos Estados	Anexação total de um Estado a outro, tornando-se parte deste outro;
	Fusão de um Estado com outro (seja forçada ou voluntária), de forma a criar um terceiro Estado;
	Divisão ou desmembramento de um Estado, dando origem a dois ou mais novos Estados e extinguindo o originário;
	Dissolução de um Estado.

4. CLASSIFICAÇÃO

Os Estados podem ser classificados de várias maneiras. A classificação mais importante no Direito Internacional é aquela de acordo com sua estrutura (ou composição), vejamos a seguir:

1. Estados simples ou unitários: são Estados plenamente soberanos no tocante aos negócios externos e aqueles cujo poder decorre somente de uma autoridade central concentrada, sem qualquer divisão de autonomia no tocante às relações internas, embora a administração possa ser descentralizada. São compostos de um todo territorial indivisível, sem repartição de competências internas.	**Estados unitários centralizados:** quando o poder central do Estado é exercido exclusivamente por um único ente.
	Estados unitários descentralizados: quando o poder central unitário é repartido administrativamente entre as províncias.

2. Estados compostos por coordenação: São constituídos pela união de Estados soberanos ou pela associação de Estados que conservam autonomia apenas nos negócios internos, mas que no plano externo são todos representados apenas por um poder central. Podem ser do tipo União Pessoal, União Real, Confederação de Estados e Federação de Estados.	**União Pessoal:** é a reunião acidental e temporária de dois ou mais Estados soberanos sob a autoridade de um único soberano monarca comum.
	União Real: é a reunião temporária de dois ou mais Estados soberanos que delegam a uma única autoridade (que pode ser monarca ou chefe de Estado) a representação internacional dos Estados em prol de interesses comuns, mantendo, porém, a autonomia para assuntos internos.
	Confederação de Estados: é a reunião de Estados plenamente soberanos que mantêm a sua autonomia e personalidades no âmbito do direito internacional, unindo-se apenas para melhor garantir e proteger os interesses comuns.
	Federação de Estados (ou Estado Federado): é o agrupamento permanente de Estados que, mantendo sua soberania interna, cedem a soberania externa e a capacidade internacional ao órgão central (União ou Governo federal), que será a única soberana internacional, competindo-lhe, então, as atribuições internacionais dos Estados Federados.

	Estados vassalos: eram entidades que tinham relativa autonomia, reconhecida pelo estado suserano, que lhe cobrava tributos e exercia a representação do Estado vassalo no âmbito externo.
3. Estados compostos por subordinação: são os Estados cuja autonomia é incompleta. Podem ser Estados vassalos, protetorados ou Estados clientes, todos atualmente inexistentes.	**Protetorados:** consistiam em Estados relativamente dependentes, que conservavam a personalidade internacional, mas em virtude de tratados ou acordos internacionais confiavam a administração de alguns dos seus direitos a Estados mais poderosos, em troca de proteção. Ressalte-se que o Estado protegido mantinha sua personalidade, seu território e a nacionalidade do seu povo.
	Estado cliente (ou quase protetorados): cedia a outro Estado a defesa de certos e determinados negócios e interesses próprios, mantendo, todavia, a sua personalidade internacional.

5. RECONHECIMENTO DE ESTADO E DE GOVERNO

O reconhecimento de um Estado é ato unilateral, político e discricionário de determinado ente de Direito Internacional que aceita outro ente como um novo Estado soberano. Esse ato apenas reconhece e declara uma situação de fato já existente, ou seja, o reconhecimento de Estado não é elemento constitutivo do novo Estado, apesar de gerar vários efeitos jurídicos.

Nessa toada, a Carta da Organização dos Estados Americanos (OEA) traz as seguintes explanações acerca do reconhecimento dos Estados:

> "Art. 13. A existência política do Estado é independente do seu reconhecimento pelos outros Estados. Mesmo antes de ser reconhecido, o Estado tem o direito de defender sua integridade e independência, de promover a sua conservação e prosperidade, e, por conseguinte, de se organizar como melhor entender, de legislar sobre seus interesses, de administrar os seus serviços e de determinar a jurisdição e a competência dos seus tribunais.

> O exercício desses direitos não tem outros limites senão o do exercício dos direitos de outros Estados, conforme o direito internacional.
>
> Art. 14. O reconhecimento significa que o Estado que o outorga aceita a personalidade do novo Estado com todos os direitos e deveres que, para um e outro, determina o direito internacional".

O reconhecimento de Estado tem as seguintes características:

- ato unilateral;
- ato discricionário;
- ato irrevogável;
- ato meramente declaratório;
- ato expresso ou tácito;
- ato incondicionado a qualquer conduta do Estado a ser reconhecido;
- ato individual (feito por um único Estado) ou coletivo (o reconhecimento é feito por vários Estados).

O reconhecimento de governo tem cabimento principalmente nos casos de ruptura revolucionária, quebra da ordem institucional ou política, ou qualquer outro caso de instauração de um novo governo fora dos ditames estabelecidos pela ordem jurídica do país. Também é ato unilateral e gera efeitos jurídicos, no sentido de reconhecer dado governo como o representante internacional de determinado ente Estatal.

O reconhecimento de governo tem as seguintes características:

- ato unilateral;
- ato discricionário;
- ato irrevogável;
- ato meramente declaratório;
- ato individual (feito por um único Estado) ou coletivo (se realizado por vários Estados).

Por envolver situações delicadas de instabilidade institucional que podem se imiscuir em questões da própria soberania do ente Estatal cujo governo se busca reconhecer, há intensa discussão doutrinária acerca da legitimidade do reconhecimento de governo por outros sujeitos da sociedade internacional. Quanto a esse reconhecimento, duas principais doutrinas se formaram:

Doutrina Tobar: Afirma a possibilidade de reconhecimento de governo de um Estado por outros Estados. Todavia, pondera que o reconhecimento do novo governo pelos demais Estados só deveria ser efetuado após a confirmação de que esse novo governo estabelecido no poder conta com a efetiva aprovação popular.
Doutrina Estrada: Afirma a impossibilidade de reconhecimento de governo de um Estado por outros Estados. Alega que essa conduta seria uma desnecessária intervenção em assuntos de soberania interna de cada país. Assim, caso determinado país não concorde com a mudança de governo em dado Estado, não deve emitir qualquer juízo de valor sobre este, mas apenas retirar seus representantes diplomáticos (rompimento das relações diplomáticas).

6. DIREITOS E DEVERES

Os direitos e deveres dos Estados, necessários à manutenção da paz e segurança na sociedade internacional, estão previstos principalmente na Convenção Panamericana sobre Direitos e Deveres do Estado de 1933 (Convenção de Montevidéu), nos seguintes termos.

Os direitos e deveres são os seguintes, entre outros:

Direitos	Direito de existência, defesa e conservação (direito do Estado a existir e manter-se íntegro, independentemente de qualquer reconhecimento da sociedade internacional)
	Direito à autodeterminação
	Direito à igualdade (com os demais Estados)
	Direito à auto-organização e administração
	Direito a não sofrer qualquer tipo de intervenção externa em assuntos internos (corolário da soberania)
	Direito ao exercício do poder soberano sobre as pessoas e bens sob sua jurisdição
Deveres	Dever de respeitar os direitos de outros Estados
	Dever de não intervenção
	Dever de solução pacífica das controvérsias
	Dever de cooperação internacional

7. IMUNIDADES DO ESTADO

O princípio da territorialidade é a regra no Direito Internacional e determina que o Estado deva aplicar às pessoas, bens e fatos ocorridos em território nacional o seu ordenamento jurídico, salvo algumas exceções.

Essas exceções consubstanciam as chamadas "imunidades", que podem se referir à jurisdição ou à execução. A imunidade de **jurisdição** impede que determinados fatos, pessoas ou bens sejam subordinados ao Poder Judiciário do Estado. A imunidade de **execução**, por sua vez, proíbe que contra essas pessoas ou bens sejam tomadas as medidas executórias previstas no ordenamento jurídico do Estado, através de suas autoridades.

Por causa de regras internacionais costumeiras ou escritas, muitos sujeitos de Direito Internacional gozam de imunidades de jurisdição e de execução. Os Estados, as Organizações Internacionais, os Chefes de Estado, os agentes diplomáticos e consulares, entre outros, se beneficiam destas normas de imunidade.

Neste item será dado foco às imunidades do Estado.

7.1. Imunidade de jurisdição

A imunidade de jurisdição significa que o Estado soberano não poderá ter seus atos submetidos ao Poder Judiciário de outro Estado. Assim, diz respeito à impossibilidade do Poder Judiciário de determinado Estado julgar questões referentes a outro Estado, contra a vontade deste.

A noção de que nenhum Estado estrangeiro soberano poderá ser submetido à jurisdição interna de outro Estado tem origem em **regra costumeira** que impunha a total imunidade de jurisdição para todos os atos do Estado estrangeiro, baseada no princípio da **igualdade jurídica entre os Estados** (*par in parem non habet judicium/imperium*).

Nos dias atuais, porém, não mais existe a imunidade de jurisdição absoluta em relação a todos os atos dos Estados. No Brasil, a **aplicação da imunidade de jurisdição vai depender do tipo de ato efetuado pelo Estado: ato de império ou ato de gestão.**

Atos de império (*jure imperium*)	São aqueles em que o Estado estrangeiro age na mais absoluta soberania, como verdadeiro ente de Direito Internacional, **exercendo atos privativos de Estado soberano.**	São exemplos: a concessão de vistos, a admissão de estrangeiros, o envio de representantes diplomáticos e o rompimento de relações diplomáticas, entre outros.
Atos de gestão (*jure gestiones*)	São aqueles em que o Estado atua como simples administrador de interesses estatais, **equiparado a um particular**, sem estar investido de prerrogativas soberanas.	São exemplos de atos de gestão: a contratação de funcionários locais para as missões diplomáticas, a participação em sociedades comerciais no Estado do foro, atuação em ações de indenização por danos causados a pessoas ou bens no território do Estado do foro, etc.

Feita essa diferenciação, temos que nos **atos de império** a **imunidade de jurisdição é absoluta** (STF, ACO 633 AgR/SP). Quando o país estrangeiro atua através de atos privativos de Estado, exercendo suas prerrogativas de soberania, goza de imunidade de jurisdição. Assim, por exemplo, em relação à concessão de visto ou rompimento de relações diplomáticas, o Estado estrangeiro não poderá ser processado perante o Poder Judiciário local.

Importante ressalvar que essa **imunidade jurisdicional não é automática** no sistema jurídico brasileiro: **pode ser afastada, caso o Estado estrangeiro a ela renuncie.**

Logo, em caso de processo judicial contra Estado estrangeiro envolvendo atos de império, o juiz deverá proceder à notificação do Estado para que este declare se aceita ou não ser processado e julgado pelo Poder Judiciário brasileiro (STJ, RO 39/MG; Ag. 1.118.724/RS; RO 57/RJ).

Ressalte-se que essa notificação não se trata de citação nem intimação, sendo uma comunicação processual *sui generis* (STJ, Ag. 1.118.724/RS).

Se o Estado estrangeiro notificado aceitar ser processado pelo nosso Judiciário, o processo terá normal prosseguimento. Caso não aceite, o feito deverá ser extinto sem resolução de mérito.

De outra banda, nos **atos de gestão** praticados pelo Estado estrangeiro **não há imunidade de jurisdição, já que não se trata de atos privativos de Estado, mas sim atos em que o país atua equiparando-se**

a um particular. Por exemplo: a contratação, por Estado estrangeiro, de funcionários locais para a mera prestação de serviços no território nacional não é ato privativo de Estado soberano, mas atividade em que o Estado estrangeiro age em igualdade com o particular.

Assim, se houver processo judicial contra Estado estrangeiro envolvendo atos de gestão, o juiz deverá desde logo apreciar o feito (STF, ACi 9696; RE-AgR 222.368/PE).

ATENÇÃO

*Importante observar que a **diferenciação entre atos de império e atos de gestão** para o cabimento ou não da imunidade absoluta só tem lugar quando se trata de imunidades de Estado soberano para o **processo de conhecimento**. De fato, em matéria de **processo de execução** a jurisprudência atual reconhece a **imunidade absoluta** tanto para atos de império quanto para atos de gestão em relação a Estados, autoridades estrangeiras e organizações internacionais, tudo nos termos dos tratados e convenções internacionais.*

Então, quanto à imunidade de jurisdição (para o processo de conhecimento) temos o seguinte quadro:

Atos privativos de Estado soberano	atos de império	Imunidade absoluta de jurisdição (mas pode ser renunciada pelo Estado estrangeiro)
Atos equiparados ao particular	atos de gestão	Não há imunidade de jurisdição

7.2. Imunidade de execução

A imunidade de execução dos Estados é a prerrogativa que veda a tomada de medidas executórias previstas nas normas de determinado país contra os Estados estrangeiros.

A proibição é baseada no **princípio da inviolabilidade dos bens das missões diplomáticas e consulares**, prevista nas Convenções de Viena sobre Relações Diplomáticas de 1961 (art. 22, §3º) e sobre Relações Consulares, de 1963. Assim, tendo em vista a indisponibilidade desses bens, não poderiam eles ser objeto dos atos de constrição patrimonial previstos no nosso ordenamento, tais como a penhora, arresto, venda em hasta pública, etc.

Desta forma, no processo de execução continua vigendo a imunidade absoluta, de modo que os bens situados no Brasil pertencentes a Estados estrangeiros não podem sofrer qualquer tipo de constrição, estando imunes à execução, seja ela originada por atos de império ou atos de gestão.

Não obstante, como forma de contornar a inconveniência dessa imunidade absoluta para o Brasil, a jurisprudência pátria vem admitindo que negociações diplomáticas permitam que o ente estrangeiro renuncie à imunidade de execução, bem como vem consentindo que os bens de Estados estrangeiros não afetados às atividades diplomáticas e consulares possam ser objeto de execução. Em alguns casos, há decisões determinando a expedição de cartas rogatórias aos Estados estrangeiros para que nestes se proceda ao ato executório.

Todas estas determinações significam o esforço da doutrina e jurisprudência para que não haja impunidade ou injustiça em relação ao tratamento diferenciado dispensado aos Estados estrangeiros. Ressalte-se que, em matéria de execução fiscal, os Tribunais têm reconhecido a imunidade de execução absoluta do Estado estrangeiro.

Na imunidade de execução (para o processo de execução), temos o seguinte quadro:

Em atos de império	Imunidade absoluta de execução (mas pode ser renunciada pelo Estado estrangeiro)
Em atos de gestão	Imunidade absoluta de execução (mas pode ser renunciada pelo Estado estrangeiro)

ATENÇÃO

Não se confundem imunidade de jurisdição e imunidade de execução. Os tipos de imunidade são independentes entre si. *A imunidade de jurisdição diz respeito à impossibilidade de submissão do Estado estrangeiro ao poder judiciário para o julgamento de determinada questão. A imunidade de execução se refere à impossibilidade de constrição de bens do Estado estrangeiro pelas autoridades locais. Assim, o fato de um Estado renunciar à imunidade de jurisdição não significa que renunciou à imunidade de execução a que faz jus. Nessa hipótese, caso o Estado estrangeiro seja condenado, haverá um título executivo judicial que não poderá ser executado. Para abdicar da imunidade executória, nova renúncia do Estado seria necessária. Da mesma forma, ainda que não tenha imunidade de jurisdição em relação aos atos de gestão, o Estado estrangeiro soberano mantém intacta sua imunidade de execução.*

8. COMPETÊNCIA PARA JULGAMENTO

A circunstância de envolver um Estado estrangeiro traz consequências processuais especiais à lide. Além da necessidade de notificação prévia do Estado estrangeiro em caso de processo de conhecimento decorrente de atos de império, a Constituição Federal prevê competências específicas para julgamento da lide nos seguintes casos determinados:

Competência para julgamento		
Estado Estrangeiro X	União Estados Distrito Federal ou Territórios	STF
	Município ou Pessoa residente ou domiciliada no Brasil	Justiça Federal → recurso direto ao STJ
	Pessoas físicas envolvendo relações trabalhistas	Justiça do Trabalho

1. **Estado estrangeiro x União/ Estado/ Distrito Federal/ Territórios:** Supremo Tribunal Federal (STF): CF, art. 102, I, "e".
2. **Estado estrangeiro x Município/ pessoa residente ou domiciliada no Brasil:** Em primeira instância: Justiça Federal (CF, art. 109, II); em recurso ordinário: STJ (CF, art. 105, II, c).
3. **Estado estrangeiro x pessoas físicas que envolvam relações trabalhistas:** Justiça do Trabalho (CF, art. 114, I)

9. TÓPICO-SÍNTESE

Tópico-síntese: O Estado	
Conceito	Entes jurídicos dotados de personalidade internacional, formados pela reunião de indivíduos estabelecidos de maneira permanente em um território determinado, sob a autoridade de um governo independente.
Elementos constitutivos	**Povo:** comunidade de indivíduos que se encontra sob a autoridade do governo central do Estado, e se identifica como nacionais desse Estado.
	Território: a área geográfica específica e delimitada sob a qual aquele ente exerce sua total soberania.
	Governo: poder político que administra e dirige com autoridade e soberania a atividade de consecução das finalidades Estatais.

Tópico-síntese: O Estado	
Formas de aparecimento dos Estados	Ocupação e posse de terras que não estejam sob a soberania de nenhum outro Estado;
	Desmembramento do território com separação de parte da população, surgindo um novo Estado, porém com a subsistência da personalidade internacional do Estado do qual se desmembrou;
	Dissolução total de um Estado;
	Fusão com outro estado, sendo absorvido por este ou gerando um novo terceiro Estado.
Formas de extinção dos Estados	Anexação total de um Estado a outro, tornando-se parte deste outro;
	Fusão de um Estado com outro (seja forçada ou voluntária), de forma a criar um terceiro Estado;
	Divisão ou desmembramento de um Estado, dando origem a dois ou mais novos Estados e extinguindo o originário;
	Dissolução de um Estado.
Classificação	**Estados simples ou unitários:** são Estados plenamente soberanos no tocante aos negócios externos e aqueles cujo poder decorre somente de uma autoridade central concentrada, sem qualquer divisão de autonomia no tocante às relações internas. Podem ter a administração **centralizada** ou **descentralizada.**
	Estados compostos por coordenação: São constituídos pela união de Estados soberanos ou pela associação de Estados que conservam autonomia apenas nos negócios internos, mas que no plano externo são todos representados apenas por um poder central. Podem ser do tipo **União Pessoal, União Real, Confederação de Estados** e **Federação de Estados**.
	Estados compostos por subordinação: são os Estados cuja autonomia é incompleta, pois estão subordinados a outros Estados em maior ou menor grau. Podem ser **Estados vassalos, protetorados** ou **Estados clientes**, todos atualmente inexistentes.

<table>
<tr><th colspan="2">Tópico-síntese: O Estado</th></tr>
<tr><td rowspan="2">Reconhecimento de Estado e de governo</td><td>Reconhecimento de Estado: O reconhecimento de um Estado é ato unilateral, político e discricionário de dado ente de Direito Internacional que aceita outro ente como um novo Estado soberano.

Características: ato unilateral; discricionário; irrevogável; meramente declaratório; expresso ou tácito; incondicionado a qualquer conduta do Estado a ser reconhecido; individual (feito por um único Estado) ou coletivo (o reconhecimento é feito por vários Estados).</td></tr>
<tr><td>Reconhecimento de governo: tem cabimento principalmente nos casos de ruptura revolucionária, quebra da ordem institucional ou política, ou qualquer outro caso de instauração de um novo governo fora dos ditames estabelecidos pela ordem jurídica do país.

Características: ato unilateral; discricionário; irrevogável; meramente declaratório; incondicionado a qualquer conduta do governo a ser reconhecido.</td></tr>
<tr><td rowspan="2">Direitos e deveres dos Estados</td><td>Direitos:
Direito de existência, defesa e conservação (direito do Estado a existir e manter-se íntegro, independentemente de qualquer reconhecimento da sociedade internacional);
Direito à autodeterminação;
Direito à igualdade (com os demais Estados);
Direito à auto-organização e administração;
Direito a não sofrer qualquer tipo de intervenção externa em assuntos internos (corolário da soberania);</td></tr>
<tr><td>Deveres:
Dever de respeitar os direitos de outros Estados;
Dever de não intervenção;
Dever de solução pacífica das controvérsias;
Dever de cooperação internacional.</td></tr>
</table>

<table>
<tr><th colspan="4">Tópico-síntese: O Estado</th></tr>
<tr><td rowspan="2">Imunidades dos Estados</td><td colspan="3">Imunidade de jurisdição: No Brasil, nos atos de império a imunidade de jurisdição é absoluta, mas pode ser afastada caso o Estado estrangeiro a ela renuncie. Nos atos de gestão, não há imunidade de jurisdição.</td></tr>
<tr><td colspan="3">Imunidade de execução: No Brasil, é absoluta tanto nos atos de império como nos atos de gestão. Todavia, a jurisprudência pátria vem admitindo que negociações diplomáticas permitam que o ente estrangeiro renuncie à imunidade de execução, bem como vem consentindo que os bens de Estados estrangeiros não afetados às atividades diplomáticas e consulares possam ser objeto de execução. Há decisões determinando a expedição de cartas rogatórias aos Estados estrangeiros para que nestes se proceda ao ato executório.</td></tr>
<tr><td rowspan="3">Competência para julgamento de Estados estrangeiros</td><td rowspan="3">Estado estrangeiro X</td><td>União
Estados
Distrito Federal
ou
Território</td><td>STF</td></tr>
<tr><td>Município
ou
Pessoa residente ou domiciliada no país</td><td>Justiça Federal → STJ</td></tr>
<tr><td>Pessoas físicas envolvendo relações trabalhistas</td><td>Justiça do Trabalho</td></tr>
</table>

Capítulo

5

ORGANIZAÇÕES INTERNACIONAIS

Leia a lei

- *Arts. 1º, 4º e 5º, §2º, 3º e 4º da CF; Convenção de Viena sobre o Direito dos Tratados de 1969; Convenção de Viena sobre o Direito dos Tratados entre Estados e Organizações Internacionais ou entre Organizações Internacionais de 1986; Decretos nº 27.784/50 e 52.288/63; Carta da ONU; Carta da OEA.*

1. INTRODUÇÃO

O advento das duas grandes guerras do século XX tornou notória a insuficiência dos Estados para o alcance de determinados fins, escancarando a necessidade de criação de novos meios capazes de assegurar a manutenção da paz e a concretização de políticas públicas no âmbito internacional.

Embora as organizações internacionais não sejam um fenômeno originário deste específico contexto histórico, foi após a Segunda Guerra Mundial que estas passaram a galgar um lugar de destaque no cenário global, passando a dividir com os Estados o protagonismo na condução das complexas relações internacionais do pós-guerra.

De fato, numa atmosfera caracterizada pela crescente criação de associações interestatais, o Direito Internacional gradualmente deixa de ser apenas um direito das relações travadas entre Estados para se tornar um direito das relações desenvolvidas no seio dos Estados e também das organizações internacionais, que surgem como legítimos foros de discussão e solução dos mais diversos problemas que afetam a comunidade global contemporânea.

Não é por outro motivo, portanto, que já não é mais possível pensar em um mundo sem estas entidades, superando o antigo dogma de que apenas os Estados seriam os únicos atores capazes de agir na esfera internacional.

Mais do que uma realidade meramente jurídica (pois são sujeitos de Direito Internacional Público), estas entidades são hoje uma autêntica realidade política e social, pois não há conflito armado, econômico ou comercial cuja solução não seja alvo de discussão no âmbito de alguma organização internacional.

2. CONCEITO

A Convenção de Viena sobre o Direito dos Tratados de 1969 e a Convenção de Viena sobre o Direito dos Tratados entre Estados e Organizações Internacionais ou entre Organizações Internacionais de 1986 definem estas instituições no art. 2º, § 1º, alínea i dos seus textos simplesmente como "organização intergovernamental".

Todavia, a definição é imprecisa, pois não apreende o problema em toda a sua complexidade. Para BRAGA (2010, p. 114) é possível definir organização internacional como "uma associação de sujeitos de Direito Internacional, constituída por tratado, dotada de uma constituição e de órgãos comuns, que possui personalidade jurídica internacional própria, isto é, distinta dos seus membros".

Já de acordo com MAZZUOLI (2012, p. 609), a organização internacional poderia ser classificada como "a associação voluntária de sujeitos de Direito Internacional, criada mediante tratado internacional (nominado de convênio constitutivo) e com finalidades predeterminadas, regida pelas normas do Direito Internacional, dotada de personalidade jurídica distinta da dos seus membros, que se realiza em um organismo próprio e estável, dotado de autonomia e especificidade, possuindo ordenamento jurídico interno e órgãos auxiliares, por meio dos quais realiza os propósitos comuns dos seus membros, mediante os poderes próprios que lhes são atribuídos por estes".

Assim, podemos conceituar organização internacional como um ente de Direito Internacional Público criado pela conjunção de vontades de sujeitos de DIP, através de um instrumento convencional, para a consecução de objetivos pré-determinados.

As organizações internacionais são integradas principalmente por Estados, mas a doutrina pontua que organizações internacionais podem criar e serem membros de outras organizações internacionais.

Na condição de entidades dotadas de personalidade jurídica própria, as organizações internacionais possuem autonomia em face dos Estados e organizações que as criaram, detendo a capacidade de se auto-organizarem de acordo com os seus estatutos e na extensão dos poderes a si conferidos pelos seus atos constitutivos. Cada organização internacional terá, evidentemente, estrutura organizacional peculiar às suas finalidades institucionais.

Importante realçar, também, a diferença entre organização interestatal ou intergovernamental (ORGS) e organizações não governamentais (ONG's). As primeiras correspondem às organizações internacionais aqui já definidas. Já as chamadas ONG's, por sua vez, são entidades internacionais privadas, formadas por particulares, com ou sem a interveniência de entidades públicas, para o alcance de finalidades lícitas. A FIFA (atuação na área esportiva), a Anistia Internacional e o Greenpeace são exemplos famosos de entidades desta categoria.

Evidentemente, apenas as organizações intergovernamentais detêm personalidade jurídica de Direito Internacional, com todas as consequências daí advindas. As ONGs não possuem personalidade jurídica de Direito Internacional e por serem sujeitos de Direito Privado devem obedecer às regras próprias do país em que foram constituídas.

3. CARACTERÍSTICAS

A primeira característica relevante das organizações internacionais é que estas são consideradas **sujeitos "derivados"** ou **"secundários"** de Direito Internacional Público, com o intuito de diferenciá-las dos Estados, compreendidos como os entes de Direito Internacional por excelência - sujeitos "primários".

Isto porque a existência das organizações internacionais advém exatamente da conjunção de vontades de entes soberanos, materializadas através de um instrumento convencional.

Daí resulta, também, que as organizações internacionais não são dotadas de soberania, atributo exclusivo dos Estados, mas simplesmente investidas da necessária **autonomia** para o alcance de seus objetivos institucionais. Elas têm, portanto, uma **natureza** eminentemente **"funcional"**, não podendo atuar para além dos limites traçados em seus atos constitutivos.

De uma maneira geral, a doutrina aponta as seguintes características como sendo inerentes às organizações internacionais:

a) são associações de Estados e/ou Organizações Internacionais;

b) são criadas, ordinariamente, por meio de tratados internacionais multilaterais, que as constituem e lhes dão forma, disciplinando sua organização, finalidades, direitos, deveres e prerrogativas dos seus Estados-membros. Tais instrumentos cumpririam para as organizações internacionais o mesmo papel das Constituições em relação aos seus respectivos Estados;

c) possuem capacidade e personalidade jurídica próprias, distinta da dos seus membros;

d) possuem estrutura organizacional própria, dotada de órgãos investidos de funções específicas e com vontade distinta da dos Estados que as compõem;

e) são permanentes, pois de outra forma não teriam a força necessária para se contrapor aos interesses dos seus Estados-membros;

f) gozam de prerrogativas e imunidades necessárias para o fiel cumprimento de suas funções institucionais junto aos Estados nos quais atuam.

ATENÇÃO

Importante observar que as organizações internacionais são compostas, em sua maioria, por Estados. Ressalte-se, porém, que organizações internacionais também podem criar ou ser membros de outras organizações internacionais. Todavia, organizações não governamentais *(ONG's) criadas por entes não estatais* ***não podem integrar organizações internacionais****, podendo, entretanto, participar das atividades das organizações como membros observadores e consultivos, contribuindo com os debates e juntando relatórios e outros documentos, mas sem obter direito a voto.*

4. CLASSIFICAÇÃO

Já com relação à classificação, as organizações internacionais são usualmente discriminadas pela doutrina conforme as suas finalidades, natureza e âmbito territorial.

Quanto às suas finalidades, estas podem ser de fins "gerais" ou "específicos". As "gerais" são aquelas dotadas de um largo espectro de atuação, capazes de intervir nos mais diversos temas de relevância internacional, normalmente ligados à manutenção da paz. Exemplo notório de uma organização de fim geral é a ONU (Organização das Nações Unidas).

As "específicas" são aquelas devotadas à perseguição de objetivos delimitados, normalmente ligados, por exemplo, às áreas econômica, social, comercial, humanitária e até mesmo militar. Seriam exemplos desta modalidade de entidade a OTAN, o FMI e a OCDE.

Com relação ao âmbito de atuação, as organizações internacionais podem ser "universais" ou "regionais", conforme restrinjam ou não o seu alcance a um espaço geográfico definido. A ONU seria um exemplo clássico de organização internacional de cunho universal, ao passo que a OEA (Organização dos Estados Americanos) seria um organismo de natureza regional.

Tais classificações não são excludentes. Nada impede que uma organização de fins específicos tenha âmbito de atuação em todo o mundo, como seria caso, por exemplo, da OIT. Bem como nada obsta que uma entidade de objetivos gerais tenha o campo de atuação circunscrito a um determinado continente ou região, como acontece com a OEA.

A doutrina lembra, ainda, as chamadas organizações "independentes", que são aquelas completamente desvinculadas de qualquer ordem jurídica interna. Em oposição a estas existiriam as organizações "dependentes", assim nomeadas em função de estarem submetidas às normas internacionais e também aos ditames da ordem jurídica interna de determinado Estado.

Por último, também são apontadas as organizações "abertas ilimitadamente", "abertas limitadas" e as "fechadas". As primeiras são as entidades que não fixam nenhum critério discriminatório para fins de ingresso de algum Estado em seus quadros (exemplo da ONU). Já as "abertas limitadas", por seu turno, fixam algum requisito de admissão de novos Estados-membros, como seria o caso da Comunidade dos Países de Língua Portuguesa. Já as organizações "fechadas", como o próprio nome sugere, não admitem o ingresso de qualquer outro membro, sendo compostas apenas por aqueles que participaram de sua fundação.

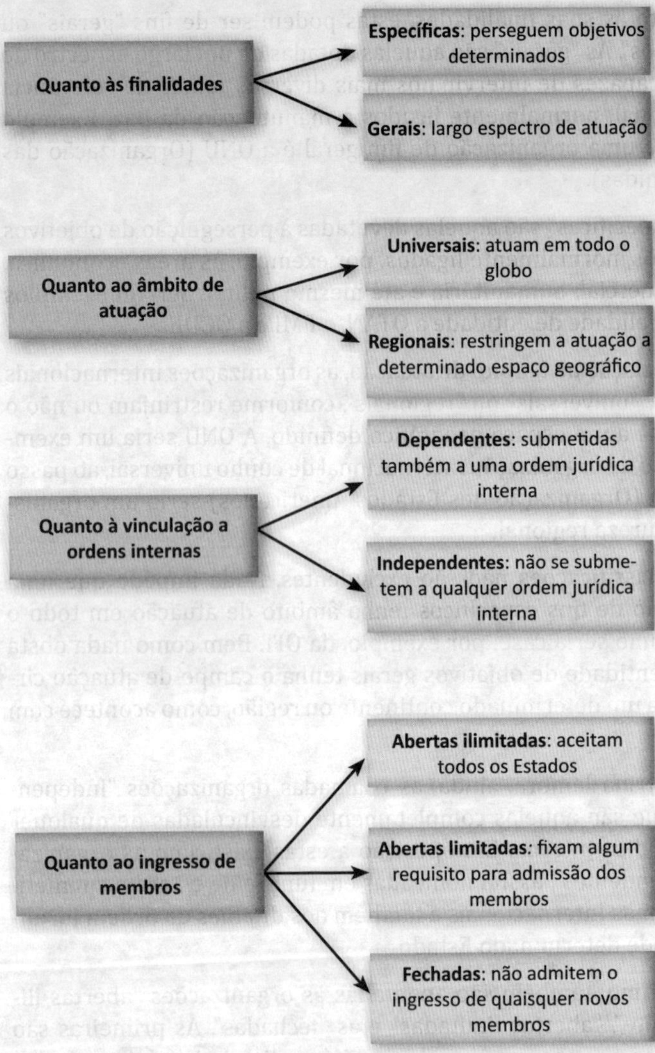

5. IMUNIDADES

No campo das imunidades, pertinente salientar uma importante diferença entre a situação vivenciada pelas organizações internacionais daquela concernente aos Estados.

Enquanto o fundamento das imunidades dos entes "primários" de Direito Internacional Público é baseado na regra consuetudinária de igualdade entre os Estados soberanos (a conhecida *par in parem non habet judicium)*, as imunidades e prerrogativas das **organizações intergovernamentais** têm fundamento em textos escritos, mais especificamente em seus **tratados constitutivos**, que delimitam claramente o alcance destes privilégios.

Ou seja, enquanto que em relação aos Estados existe uma norma principiológica e costumeira quanto a não submissão destes à ordem jurídica interna de seus pares, no âmbito das entidades "derivadas" de Direito Internacional Público há regras claras, escritas, devidamente positivadas e livremente aceitas pelos seus membros ao ingressarem na organização, fixando a sua imunidade em relação à jurisdição local.

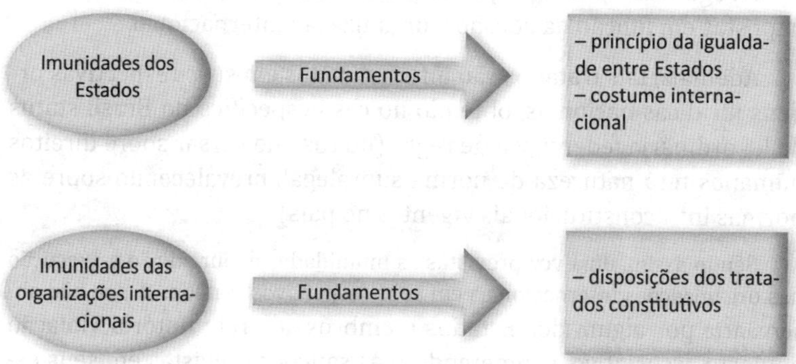

As prerrogativas de imunidade são geralmente concedidas às organizações internacionais para o melhor atendimento de seus fins institucionais, com a máxima independência em face dos diversos governos locais. A ausência de prerrogativas acarretaria na inutilidade da organização intergovernamental, pois sem elas tais entidades não teriam a devida isenção para atuar no território dos diversos Estados membros, muitas vezes se contrapondo aos interesses locais e transitórios dos governantes de plantão.

A jurisprudência anterior era no sentido de que as imunidades de jurisdição e execução previstas para as Organizações Internacionais eram as mesmas atribuídas aos Estados. Sendo assim, as decisões não reconheciam imunidade às organizações internacionais quanto aos seus atos de gestão.

Entretanto, a jurisprudência **atual** do **Supremo Tribunal Federal** é no sentido de que, justamente por ter fundamento nos acordos e tratados internacionais (diferente das imunidades dos Estados que se baseiam na igualdade dos entes soberanos), a **imunidade** das **Organizações Internacionais** deve ser **absoluta**, nos termos previstos nos tratados constitutivos.

Ressalte-se que o ingresso numa organização internacional é voluntário, não se podendo coagir nenhum país a aderir a esta ou àquela associação de entes internacionais.

Daí resulta que, ao manifestar interesse na adesão, o Estado já sabe a que regras irá se submeter, ou seja: quais seus direitos, deveres e prerrogativas, bem como já tem plena consciência das condições a si impostas em função da adesão à organização internacional.

Ademais, tais tratados são internalizados em suas respectivas ordens jurídicas nacionais, obtendo no caso específico do Brasil status de lei ordinária federal, via de regra (no caso de versar sobre direitos humanos terá natureza de norma supralegal, prevalecendo sobre as normas infraconstitucionais vigentes no país).

Sendo assim, uma vez previstas as imunidades de jurisdição e execução das organizações internacionais em seus respectivos tratados, a sua não observância por algum dos Estados membros acarreta notória violação ao pacto associativo, submetendo-o às sanções previstas em seus estatutos, podendo até mesmo chegar à exclusão deste dos quadros da respectiva organização intergovernamental.

Foi exatamente este o fundamento da decisão proferida nos Recursos Extraordinários nº 578.542 e nº 597.368 do STF, ambos de relatoria da Ministra Ellen Gracie.

Nestes recursos, discutia-se a submissão ou não da ONU à jurisdição brasileira em matéria trabalhista, ficando assentado pela Corte Constitucional que não poderia a Justiça do Trabalho condenar a entidade internacional ao pagamento de verbas trabalhistas previstas na legislação nacional, haja vista a existência de regramento próprio desta modalidade de relação jurídica no bojo dos acordos internacionais firmados pela organização com os respectivos Estados-membros.

Estes acordos não apenas disciplinam as relações de trabalho entre o organismo internacional e seus contratantes, bem como expressamente preveem instrumentos próprios de solução dos eventuais conflitos daí advindos, excluindo expressamente a ONU da submissão à jurisdição local do país onde atua.

Ressalte-se que através dos Decretos nº 27.784/50 e nº 52.288/63, o Brasil regulou os privilégios da ONU e de suas agências especializadas, estabelecendo a imunidade de jurisdição e de execução.

Conforme decidido pelo STF, a Justiça brasileira, por qualquer dos seus órgãos especializados, não poderia exercer sua jurisdição sobre tais relações jurídicas, sob pena de incorrer em grave afronta aos acordos internacionais firmados pelo Brasil.

Sendo assim, a nossa Corte Constitucional reconheceu a existência de imunidade absoluta de jurisdição e execução para a ONU, no desempenho de suas funções institucionais no território nacional, de acordo com a previsão do tratado.

Um esclarecimento, contudo, se faz necessário. **Os limites da imunidade concedida à organização intergovernamental serão aqueles expressos no tratado. Ou seja:** em tese, é possível conceber uma organização cujo instrumento constitutivo aceite sua obediência à jurisdição interna dos países signatários.

Com isto, se quer reafirmar o que já foi expressado linhas acima, no sentido de que **os privilégios destas entidades têm fundamento e limite em regras escritas, de maneira que a extensão de suas prerrogativas estará prevista nos acordos firmados entre seus membros e alicerçada no princípio do *pacta sunt servanda*.**

Não existe, portanto, uma imunidade de jurisdição/execução essencial às organizações internacionais: tudo dependerá das previsões existentes no tratado constitutivo.

6. ORGANIZAÇÃO INTERNACIONAL DO TRABALHO (OIT)

6.1. Histórico

A Organização Internacional do Trabalho (OIT) foi uma das primeiras organizações internacionais do mundo que assumiu compromisso com a manutenção da paz universal duradoura e o desenvolvimento social global. Podemos dizer que a criação da OIT em 1919 (com o objetivo específico de promover o trabalho compatível com a dignidade da pessoa humana) foi um precedente para que posteriormente fosse criada a ONU em 1945, com o objetivo de proteção dos direitos humanos.

O custo humano da Revolução Industrial, os horrores da Primeira Guerra Mundial (1914-1918) e as consequentes marcas do conflito demonstraram a necessidade de união das nações em prol da reconstrução da paz mundial e de um mundo mais justo para todos. Nessa toada, a OIT foi criada em 1919, como uma agência específica da Liga das Nações (antecessora da ONU), fazendo parte do Tratado de Versalhes - o qual pôs fim à Primeira Guerra Mundial.

A OIT fundou-se sobre a convicção primordial de que a paz universal e permanente somente pode estar baseada na justiça social e no trabalho compatível com a dignidade da pessoa humana. Possui sede em Genebra, na Suíça.

No final da Segunda Guerra, nasce a Organização das Nações Unidas (ONU), sucedendo a Liga das Nações, com o objetivo de manter a paz através do diálogo entre as nações. A OIT, em 1946, se transforma em sua primeira agência especializada.

Atualmente, a OIT é uma agência especializada do Sistema das Nações Unidas (ONU) e a única que possui uma estrutura **tripartite**, composta de representantes de governos, de organizações de empregadores e de trabalhadores, os quais participam das diversas instâncias da Organização.

Todo e qualquer Estado parte do Sistema das Nações Unidas pode fazer parte da OIT, desde que aceite, integralmente, as obrigações decorrentes da Constituição da Organização Internacional do Trabalho.

Atualmente, 187 nações fazem parte da OIT, que tem sede em Genebra, na Suíça, e possui escritórios em cerca de 40 países no mundo.

6.2. Convenções e Declarações

A OIT é responsável pela formulação e aplicação das normas internacionais do trabalho (convenções e recomendações). As convenções, uma vez ratificadas por decisão soberana de um país, passam a fazer parte de seu ordenamento jurídico. O Brasil está entre os membros fundadores da OIT e participa da Conferência Internacional do Trabalho desde sua primeira reunião.

Na primeira Conferência Internacional do Trabalho, realizada em 1919, a OIT adotou seis convenções.

A primeira delas respondia a uma das principais reivindicações do movimento sindical e operário do final do século XIX e começo do século XX: a limitação da jornada de trabalho a 8 horas diárias e 48 horas semanais. As outras convenções adotadas nessa ocasião referem-se à proteção à maternidade, à luta contra o desemprego, à definição da idade mínima de 14 anos para o trabalho na indústria e à proibição do trabalho noturno de mulheres e menores de 18 anos.

Em 1926, a Conferência Internacional do Trabalho introduziu uma inovação importante com vistas a supervisionar a eficiência da aplicação das normas internacionais. Foi criada uma Comissão de Peritos, composta por juristas independentes, encarregada de examinar os relatórios enviados pelos governos sobre a aplicação de Convenções por eles ratificadas (as "memórias"). A cada ano, esta Comissão apresenta seu próprio relatório à Conferência, com o resultado da análise sobre as memórias de cada Estado. Desde então, seu mandato foi ampliado para incluir memórias sobre convenções e recomendações não ratificadas.

Durante seus primeiros quarenta anos de existência, a OIT concentrou a maior parte de suas energias no desenvolvimento de normas internacionais do trabalho e na garantia de sua aplicação. Entre 1919 e 1939, foram adotadas 67 convenções e 66 recomendações atreladas ao trabalho. A eclosão da Segunda Guerra Mundial interrompeu temporariamente esse processo.

Em agosto de 1940, a localização da Suíça no coração de uma Europa em guerra levou o então Diretor-Geral, John Winant, a mudar temporariamente a sede da Organização de Genebra para Montreal, no Canadá.

Em 1944, os delegados da Conferência Internacional do Trabalho adotaram a **Declaração de Filadélfia** que, como anexo à sua Constituição, constitui, desde então, a carta de princípios e objetivos da OIT. Esta Declaração antecipava em quatro meses a adoção da **Carta das Nações Unidas** (1945) e em quatro anos a **Declaração Universal dos**

Direitos Humanos (1948), para as quais serviu de referência. Reafirmava o princípio de que a paz permanente só pode estar baseada na justiça social e estabelecia quatro ideias fundamentais, que constituem valores e princípios básicos da OIT até hoje:

1. que o trabalho deve ser fonte de dignidade;
2. que o trabalho não é uma mercadoria;
3. que a pobreza, em qualquer lugar, é uma ameaça à prosperidade de todos;
4. que todos os seres humanos têm o direito de perseguir seu bem estar material em condições de liberdade e dignidade, segurança econômica e igualdade de oportunidades.

Em 1969, ano em que comemorava seu 50º aniversário, a OIT recebeu o Prêmio Nobel da Paz por sua atuação entre as classes, pela promoção da justiça para trabalhadores e pela assistência técnica a nações em desenvolvimentos. Ao apresentar o prestigioso prêmio, o Presidente do Comitê do Prêmio Nobel ressaltou que "a OIT tem uma influência perpétua sobre a legislação de todos os países" e deve ser considerada "a consciência social da humanidade".

A OIT desempenhou um papel importante na definição das legislações trabalhistas e na elaboração de políticas econômicas, sociais e trabalhistas durante boa parte do século XX.

Em 1998, a Conferência Internacional do Trabalho, na sua 87ª Sessão, adota a **Declaração dos Direitos e Princípios Fundamentais no Trabalho e seu Seguimento**, que constitui uma reafirmação universal do compromisso dos Estados-Membros da Organização, e da comunidade internacional em geral, de respeitar, promover e aplicar um patamar mínimo de princípios e direitos no trabalho, reconhecidos como fundamentais para o desenvolvimento sustentável e uma globalização equitativa. Esses princípios e direitos são regidos por oito convenções fundamentais que abrangem a liberdade sindical, o reconhecimento efetivo do direito de negociação coletiva, a eliminação de todas as formas de trabalho forçado ou obrigatório, a eliminação efetiva do trabalho infantil e a eliminação da discriminação em matéria de emprego e profissão.

A Declaração associa a esses 4 direitos e princípios 8 convenções, que passam a ser definidas como **fundamentais**. São elas:

As 8 Convenções fundamentais da OIT	
Convenção nº 29	Convenção sobre o Trabalho Forçado, 1930.
Convenção nº 87	Convenção sobre a Liberdade Sindical e a Proteção do Direito Sindical, 1948..
Convenção nº 98	Convenção sobre o Direito de Sindicalização e de Negociação Coletiva, 1949.
Convenção nº 100	Convenção sobre a Igualdade de Remuneração, 1951.
Convenção nº 105	Convenção sobre a Abolição do Trabalho Forçado, 1957.
Convenção nº 111	Convenção sobre a Discriminação (Emprego e Profissão), 1958.
Convenção nº 138	Convenção sobre a Idade Mínima para Admissão a Emprego, 1973.
Convenção nº 182	Convenção sobre a Proibição das Piores Formas de Trabalho Infantil e a Ação Imediata para a sua Eliminação, 1999.

O Brasil ratificou um total de 82 das 189 convenções da OIT. Ratificou todas as convenções fundamentais, salvo a de nº 87.

A citada Declaração também estabelece que todos os Estados Membros da OIT, pelo simples fato de sê-lo e de terem aderido à sua Constituição, são obrigados a respeitar esses direitos e princípios, havendo ou não ratificado as convenções a eles correspondentes.

A Conferência define também a ratificação universal dessas convenções como um objetivo, assenta as bases para um amplo programa de cooperação técnica da OIT com os seus Estados Membros com o objetivo de contribuir à sua efetiva aplicação e define um mecanismo de monitoramento dos avanços realizados.

6.3. Trabalho Decente – Objetivos Estratégicos

A Organização Internacional do Trabalho (OIT) é a agência das Nações Unidas que tem por missão promover oportunidades para que homens e mulheres possam ter acesso a um trabalho decente e produtivo, em condições de liberdade, equidade, segurança e dignidade.

O Trabalho Decente, conceito formalizado pela OIT em 1999, sintetiza a sua missão histórica de promover oportunidades para que homens e mulheres possam ter um trabalho produtivo e de qualidade, em condições de liberdade, equidade, segurança e dignidade humanas, sendo considerado condição fundamental para a superação da pobreza, a redução das desigualdades sociais, a garantia da governabilidade democrática e o desenvolvimento sustentável.

O Trabalho Decente é o ponto de convergência dos quatro objetivos estratégicos da OIT:

1. O respeito aos direitos no trabalho - em especial aqueles definidos como fundamentais pela Declaração Relativa aos Direitos e Princípios Fundamentais no Trabalho e seu seguimento adotada em 1998:

(i) liberdade sindical e reconhecimento efetivo do direito de negociação coletiva;

(ii)eliminação de todas as formas de trabalho forçado;

(iii) abolição efetiva do trabalho infantil;

(iv) eliminação de todas as formas de discriminação em matéria de emprego e ocupação

2. a promoção do emprego produtivo e de qualidade;

3. a extensão da proteção social; e

4. o fortalecimento do diálogo social.

A OIT é a estrutura internacional que torna possível abordar questões e buscar soluções que permitam a melhoria das condições de trabalho no mundo.

Para pôr em prática esse conceito, a OIT oferece assistência técnica a seus membros e parceiros na implementação das normas internacionais do trabalho, bem como implementa programas e projetos nas áreas de emprego, proteção e diálogo social. Além disso, desenvolve pesquisas e estudos e edita publicações sobre os mais diversos temas do mundo do trabalho.

6.4. Funcionamento

Uma das funções mais importantes da OIT é a elaboração, adoção, aplicação e promoção das Normas Internacionais do Trabalho, sob a forma de convenções, recomendações, resoluções e declarações. Todos estes instrumentos são adotados pela Conferência Internacional do Trabalho, órgão máximo de decisão da OIT, que se reúne uma vez por ano. Será composta de quatro representantes de cada um dos Membros, dos quais dois serão Delegados do Governo e os outros dois representarão, respectivamente, os empregados e empregadores.

A Organização Internacional do Trabalho possui um Diretor-Geral, designado pelo Conselho de Administração, responsável, perante este, pelo bom funcionamento da Repartição e pela realização de todos os trabalhos que lhe forem confiados. O Diretor-Geral ou o seu suplente assiste a todas as sessões do Conselho de Administração.

A Organização Internacional do Trabalho tem por funções a centralização e a distribuição de todas as informações referentes à regulamentação internacional da condição dos trabalhadores e do regime do trabalho e, em particular, o estudo das questões que lhe compete submeter às discussões da Conferência para conclusão das convenções internacionais assim como a realização de todos os inquéritos especiais prescritos pela Conferência, ou pelo Conselho de Administração.

O Conselho de Administração da OIT elaborará a ordem do dia das sessões da Conferência, depois de ter examinado todas as propostas feitas pelos Governos de quaisquer dos Membros, por organização representativa ou por qualquer organização de direito internacional público, sobre as matérias a incluir nessa ordem do dia.

As decisões nas Conferências são tomadas por simples maioria dos votos presentes, exceto nos casos em que outra fórmula não for prescrita pela Constituição, por qualquer convenção ou instrumento que confira poderes à Conferência. Nenhuma votação será válida se o número dos votos reunidos for inferior à metade do dos delegados presentes à sessão.

Se a Conferência pronunciar-se pela aceitação de propostas relativas a um assunto na sua ordem do dia, deverá decidir se essas propostas tomarão a forma:

a) de uma convenção internacional;

b) de uma recomendação, quando o assunto tratado, ou um de seus aspectos não permitir a adoção imediata de uma convenção.

Em ambos os casos, para que uma convenção ou uma recomendação seja aceita em votação final pela Conferência, são necessários dois terços dos votos presentes.

As **convenções** da OIT são tratados internacionais que definem padrões mínimos a serem observados por todos os países que as ratificam. A ratificação de uma convenção da OIT por qualquer de seus Estados-Membros é um ato soberano e implica sua incorporação ao sistema jurídico, legislativo, executivo e administrativo do país em questão, tendo, portanto, um caráter vinculante.

As **recomendações**, por sua vez, não têm caráter vinculante em termos legais e jurídicos. Frequentemente uma recomendação complementa uma convenção, propondo princípios reitores mais definidos sobre a forma como esta poderia ser aplicada. Existem também recomendações autônomas, que não estão associadas a nenhuma convenção, e que podem servir como guias para a legislação e as políticas públicas dos Estados-Membros.

As **resoluções** representam pautas destinadas a orientar os Estados-Membros e a própria OIT em matérias específicas, e as **declarações** contribuem para a criação de princípios gerais de direito internacional. Ainda que não tenham o mesmo caráter vinculante das convenções, os Estados-Membros devem responder à OIT quanto às iniciativas e medidas tomadas para promover e implementar os fins e os princípios das declarações.

Tratando-se de uma convenção:

a) será dado a todos os Estados-Membros conhecimento da convenção para fins de ratificação;

b) cada um dos Estados-Membros compromete-se a submeter, dentro do prazo de um ano, a partir do encerramento da sessão da Conferência (ou, quando, em razão de circunstâncias excepcionais, tal não for possível, logo que o seja, sem nunca exceder o prazo de 18 meses após o referido encerramento), a convenção à autoridade ou autoridades em cuja competência entre a matéria, a fim de que estas a transformem em lei ou tomem medidas de outra natureza;

c) os Estados-Membros darão conhecimento ao Diretor-Geral da Organização Internacional do Trabalho das medidas tomadas, em virtude do presente artigo, para submeter a convenção à autoridade ou autoridades competentes, comunicando-lhe, também, todas as informações sobre as mesmas autoridades e sobre as decisões que estas houverem tomado;

d) o Estado-Membro que tiver obtido o consentimento da autoridade, ou autoridades competentes, comunicará ao Diretor-Geral a ratificação formal da convenção e tomará as medidas necessárias para efetivar as disposições da dita convenção;

e) quando a autoridade competente não der seu assentimento a uma convenção, nenhuma obrigação terá o Estado-Membro a não ser a de informar o Diretor-Geral da Organização Internacional do Trabalho – nas épocas que o Conselho de Administração julgar convenientes – sobre a sua legislação e prática observada relativamente ao assunto de que trata a convenção. Deverá, também, precisar nestas informações até que ponto aplicou, ou pretende aplicar, dispositivos da convenção, por intermédio de leis, por meios administrativos, por força de contratos coletivos, ou, ainda, por qualquer outro processo, expondo, outrossim, as dificuldades que impedem ou retardam a ratificação da convenção.

Em se tratando de uma recomendação:

a) será dado conhecimento da recomendação a todos os Estados-Membros, a fim de que estes a considerem, atendendo à sua efetivação por meio de lei nacional ou por outra qualquer forma;

b) cada um dos Estados-Membros compromete-se a submeter, dentro do prazo de um ano a partir do encerramento da sessão da Conferência (ou, quando, em razão de circunstâncias excepcionais, tal não for possível, logo que o seja, sem nunca exceder o prazo de 18 meses após o referido encerramento), a recomendação à autoridade ou autoridades em cuja competência entre a matéria, a fim de que estas a transformem em lei ou tomem medidas de outra natureza;

c) os Estados-Membros darão conhecimento ao Diretor-Geral da Organização Internacional do Trabalho das medidas tomadas, em virtude do presente artigo, para submeter a recomendação à autoridade ou autoridades competentes, comunicando-lhe, também as decisões que estas houverem tomado;

d) além da obrigação de submeter a recomendação à autoridade ou autoridades competentes, o Membro só terá a de informar o Diretor-Geral da Organização Internacional do Trabalho – nas épocas que o Conselho de Administração julgar convenientes – sobre a sua legislação e prática observada relativamente ao assunto de que trata a recomendação. Deverá também informar até que ponto aplicou ou pretende aplicar dispositivos da recomendação, e indicar as modificações destes dispositivos que sejam ou venham a ser necessárias para adotá-los ou aplicá-los.

Todo projeto que, no escrutínio final, não obtiver dois terços dos votos presentes, poderá ser objeto de uma convenção particular entre os Membros da Organização que o desejarem.

Os Estados-Membros comprometem-se a apresentar à Organização Internacional do Trabalho um relatório anual sobre as medidas por eles tomadas para execução das convenções a que aderiram. Esses relatórios serão redigidos na forma indicada pelo Conselho de Administração e deverão conter as informações pedidas por este Conselho.

A OIT conta com um sistema de controle da aplicação das normas composto por vários órgãos e instrumentos, dentre os quais:

a) Comissão de Peritos para a Aplicação das Convenções e das Recomendações (CE-ACR): que examina os relatórios dos governos dos Estados-Membros sobre as convenções por eles ratificadas;

b) Comissão de Aplicação das Normas da Conferência: onde o relatório anual da Comissão de Peritos é examinado por ocasião da Conferência Internacional do Trabalho;

c) Reclamações e Queixas: canal por meio do qual as organizações de empregadores ou de trabalhadores têm o direito de apresentar à OIT reclamações contra qualquer Estado-Membro que, na sua opinião, não tenha assegurado de forma satisfatória o cumprimento de uma convenção ratificada;

d) Comitê de Liberdade Sindical: que examina as queixas relativas às violações dos princípios da liberdade sindical e da negociação coletiva (convenções 87 e 98), ainda que o Estado-Membro acusado de infrações não tenha ratificado tais convenções.

Toda reclamação, dirigida à Organização Internacional do Trabalho, por uma organização profissional de empregados ou de empregadores, e segundo a qual um dos Estados-Membros não tenha assegurado satisfatoriamente a execução de uma convenção a que o dito Estado haja aderido, poderá ser transmitida pelo Conselho de Administração ao Governo em questão e este poderá ser convidado a fazer, sobre a matéria, a declaração que julgar conveniente.

Se nenhuma declaração for enviada pelo Governo em questão, num prazo razoável , ou se a declaração recebida não parecer satisfatória ao Conselho de Administração, este último terá o direito de tornar pública a referida reclamação e, se houver, a resposta dada.

Cada Estado-Membro poderá enviar uma queixa à Organização Internacional do Trabalho contra outro Estado-Membro que, na sua opinião, não houver assegurado satisfatoriamente a execução de uma convenção que um e outro tiverem ratificado.

Se o Conselho de Administração não julgar necessário comunicar a queixa ao Governo em questão, ou, se essa comunicação, havendo sido feita, nenhuma resposta satisfatória tiver sido recebida dentro de um prazo razoável, o Conselho poderá constituir uma comissão de inquérito que terá a missão de estudar a reclamação e apresentar parecer a respeito.

O Conselho também poderá tomar as medidas supramencionadas de ofício ou baseado na queixa de qualquer delegado à Conferência.

A Comissão de Inquérito, após exame aprofundado da queixa, redigirá um relatório do qual constarão não só suas verificações sobre todos os pontos que permitam medir o valor da contestação, como, também, as medidas que recomenda para dar satisfação ao Governo queixoso e os prazos dentro dos quais as mesmas medidas devam ser postas em execução.

O Diretor-Geral da Organização Internacional do Trabalho transmitirá o relatório da Comissão de Inquérito ao Conselho de Administração e a cada Governo interessado no litígio, assegurando a sua publicação.

Cada Governo interessado deverá comunicar ao Diretor-Geral da Organização Internacional do Trabalho, dentro do prazo de três meses, se aceita ou não as recomendações contidas no relatório da Comissão, e, em caso de não aceitação, se deseja que a divergência seja submetida à Corte Internacional de Justiça.

Será inapelável a decisão da Corte Internacional de Justiça sobre uma queixa ou questão que lhe tenha sido submetida.

Quaisquer questões ou dificuldades relativas à interpretação da Constituição da OIT e das convenções ulteriores concluídas pelos Estados-Membros serão submetidas à apreciação da Corte Internacional de Justiça.

A Organização Internacional do Trabalho tem personalidade jurídica, e, precipuamente, capacidade para:

a) adquirir bens, móveis e imóveis, e dispor dos mesmos;

b) contratar;

c) intentar ações.

A Organização Internacional do Trabalho gozará, nos territórios de seus Membros, dos privilégios e das imunidades necessárias a consecução dos seus fins.

Além do sistema de supervisão normativa já descrito, a OIT, por meio de suas atividades de assistência técnica, pesquisa, formação e fortalecimento institucional, apoia seus constituintes nas diversas regiões do mundo com o objetivo de promover e garantir a efetiva aplicação das Normas Internacionais do Trabalho.

6.5. OIT no Brasil

No Brasil, a OIT tem mantido representação desde a década de 1950, com programas e atividades que refletem os objetivos da Organização ao longo de sua história. Além da promoção permanente das Normas Internacionais do Trabalho, do emprego, da melhoria das condições de trabalho e da ampliação da proteção social, a atuação da OIT no Brasil tem se caracterizado, no período recente, pelo apoio ao esforço nacional de promoção do trabalho decente em áreas tão importantes como o combate ao trabalho forçado, ao trabalho infantil e ao tráfico de pessoas para fins de exploração sexual e comercial, à promoção da igualdade de oportunidades e tratamento de gênero e raça no trabalho e à promoção de trabalho decente para os jovens, entre outras.

Ademais, a OIT no Brasil executa projetos de cooperação técnica, com o fim de contribuir com os esforços nacionais para a eliminação do trabalho infantil e do trabalho escravo, o combate à discriminação e a promoção da igualdade, a promoção dos direitos das pessoas com deficiência e vivendo com HIV, a extensão dos mecanismos de proteção social aos trabalhadores da economia informal, a redução dos acidentes e doenças ocupacionais e o fortalecimento dos mecanismos e processos de diálogo social.

Em 4 de maio de 2006, durante a XVI Reunião Regional Americana, em Brasília, o Governo brasileiro lançou oficialmente a Agenda Nacional de Trabalho Decente (ANTD), elaborada em consulta com organizações de empregadores e de trabalhadores. Desde então, as áreas de atuação da OIT no Brasil tem se articulado em torno das três prioridades da Agenda, quais sejam:

1. Gerar Mais e Melhores Empregos, com Igualdade de Oportunidades e de Tratamento;

2. Erradicar o Trabalho Escravo e Eliminar o Trabalho Infantil, em especial em suas piores formas;

3. Fortalecer os Atores Tripartites e o Diálogo Social como um instrumento de governabilidade democrática.

O Brasil é pioneiro no estabelecimento de **agendas subnacionais** de Trabalho Decente. O Estado da Bahia lançou sua agenda em dezembro de 2007 e o Estado de Mato Grosso realizou em abril de 2009 a sua Conferência Estadual pelo Trabalho Decente, com o mesmo objetivo. O caminho que levou à convocação deste processo de consulta nacional teve seu início em junho de 2003, quando o Diretor-Geral da OIT e o Presidente do Brasil assinaram um Memorando de Entendimento que previa o estabelecimento de um programa especial de cooperação técnica para a promoção de uma Agenda Nacional de Trabalho Decente (ANTD) no Brasil, em consulta com as organizações de empregadores e de trabalhadores.

Entre 2003 e 2010, diversas instâncias consultivas e deliberativas sobre o tema foram constituídas, tendo sido possível construir consensos importantes no campo da promoção do trabalho decente no país.

7. ORGANIZAÇÃO DAS NAÇÕES UNIDAS (ONU)

Neste tópico descreveremos de maneira sucinta o perfil daquela que é a mais célebre organização internacional contemporânea, fazendo-o de maneira breve porque o capítulo 12 – Proteção Internacional dos Direitos Humanos – trata do assunto com mais profundidade.

A ONU nasceu ao final da Segunda Guerra Mundial, como uma iniciativa dos países vencedores daquele conflito de buscar meios de garantir a manutenção da paz, evitando a eclosão de novos conflitos armados.

Seu documento constitutivo (Carta da ONU) foi assinado em 26 de junho de 1945, na cidade americana de São Francisco, tendo entrado em vigor em 24 de outubro daquele ano, deliberando a Assembleia Geral por fixar sua sede na cidade de Nova Iorque.

A ONU veio suceder a anterior Liga das Nações (ou Sociedade das Nações), organização internacional global de objetivos semelhantes aos das Nações Unidas.

A organização possui atualmente seis órgãos, assim enumerados: a Assembleia-Geral; o Conselho de Segurança; o Secretariado; o Conselho Econômico e Social; o Conselho de Tutela; e a Corte Internacional de Justiça.

Descrevemos rapidamente cada um deles:

a) **Assembleia-Geral:** é considerada o principal órgão deliberativo das Nações Unidas porque é composta por todos os Estados-membros. Compete a ela deliberar sobre todos os temas relacionados aos fins previstos na Carta da ONU, possuindo competência genérica. Cada país-membro tem direito igualitário a um voto. A Assembleia se reúne em sessões anuais ordinárias, podendo se reunir extraordinariamente em caso de convocação pelo Secretário-Geral. Suas decisões são tomadas por maioria simples de votos, podendo ser exigido quórum qualificado de 2/3 em caso de deliberação acerca de questões "especiais". As questões "especiais" estão exemplificativamente enumeradas na própria Carta da ONU;

b) **Conselho de Segurança:** é o órgão mais importante das Nações Unidas, pois é o único com poderes decisórios dentro da estrutura da organização. Composto por 15 membros, dos quais cinco permanentes e dez rotativos. Os membros permanentes possuem o poder de veto em relação às "questões especiais", chamadas de "não procedimentais". O mandato dos membros rotativos é de dois anos, sendo vedada a reeleição para período imediatamente subsequente;

c) **Secretariado:** é o órgão administrativo das Nações Unidas, dele fazem parte o Secretário-Geral e o corpo burocrático da organização, nomeado por aquele conforme as regras fixadas pela Assembleia-Geral. O Secretário-Geral é nomeado pela Assembleia-Geral, mediante recomendação do Conselho de Segurança, para um mandato de cinco anos, renovável por igual período;

d) **Conselho Econômico e Social:** tem por função apresentar estudos, relatórios e formular recomendações sobre questões de caráter econômico, social, cultural, educacional e outras correlatas. Possui 54 membros eleitos pela Assembleia-Geral para um mandato de três anos, permitida a reeleição e procedendo-se à renovação periódica de 1/3 dos seus membros;

e) **Conselho de Tutela:** está suspenso desde o ano de 1994, pois sua gênese estava ligada ao sistema internacional de tutela engendrado pela Carta da ONU e que tinha por objetivo a promoção do desenvolvimento econômico, político, social e educacional dos territórios não independentes ainda existentes nos primórdios da organização. A meta era exatamente o alcance progressivo da independência destes territórios. Com a independência do último território sob tutela da ONU, o arquipélago de Palau, no Oceano Pacífico, a razão de ser deste órgão restou esvaziada.

f) **Corte Internacional de Justiça (Corte de Haia):** é o órgão judicial por excelência da ONU, estando localizada na cidade holandesa de Haia. A Corte tem competência consultiva e contenciosa, admitindo como partes litigantes apenas

Estados soberanos. Pertinente salientar que a sua competência contenciosa não é obrigatória, sendo necessária a aceitação desta por parte dos Estados litigantes. Tal anuência poderá ser tácita, quando um Estado processa outro perante a Corte e aquele contesta o mérito do pedido, sem questionar o foro; ou expressa, mediante tratado bilateral ou cláusula facultativa de jurisdição. A Corte Internacional de Justiça é composta por 15 juízes eleitos pela Assembleia-Geral e pelo Conselho de Segurança, para um mandato de nove anos, admitida a reeleição e renovando-se a cada três anos 1/3 dos seus membros.

As Nações Unidas possuem atualmente 193 Estados-membros, dos quais 51 são considerados membros originários, haja vista terem aderido à Carta da ONU por ocasião da Conferência de São Francisco em 1945.

8. ORGANIZAÇÃO DOS ESTADOS AMERICANOS (OEA)

A OEA é uma organização internacional regional de fins gerais, cujo tratado constitutivo foi assinado em Bogotá, na Colômbia, em 30 de abril de 1948, tendo entrado em vigor apenas em 13 de dezembro de 1951.

Sua origem está ligada ao desejo de manutenção da paz e independência relacionadas às guerras de libertação das Américas, principalmente da América Latina, ao longo do Século XIX. A OEA foi fruto da evolução gradual da "União Internacional das Repúblicas Americanas", nascida na Conferência Internacional dos Países Americanos, realizada em Washington em 1889.

O seu tratado constitutivo foi modificado quatro vezes, respectivamente pelos Protocolos de Buenos Aires (em 1967), de Cartagena das Índias (em 1985), de Washington (em 1992) e finalmente pelo Protocolo de Manágua em 1993. Interessante pontuar que de todas as cartas regentes da OEA, apenas o documento original de 1948 foi ratificado por todos os países membros, circunstância que faz com que suas regras incidam de maneira assimétrica em relação aos diversos Estados-Membros, na medida em estes só se submetem aos acordos expressamente firmados.

Em linhas gerais, os objetivos da OEA estão ligados à manutenção da paz entre seus integrantes, à promoção da democracia e do desenvolvimento econômico e à proteção da soberania e integridade territorial dos seus países-membros.

Seus órgãos internos são os seguintes: a Assembleia-Geral; a Reunião de Consulta dos Ministros das Relações Exteriores; os Conselhos; a Comissão Jurídica Interamericana; a Comissão Interamericana de Direitos Humanos; e a Secretaria-Geral.

Vejamos sucintamente as linhas gerais de cada um deles:

a) **Assembleia-Geral:** é o órgão máximo da OEA, integrado por todos os Estados-membros, que se fazem representar normalmente pelos seus respectivos Ministros das Relações Exteriores. Suas decisões são tomadas pela maioria absoluta dos seus integrantes, salvo nos casos nos quais se exige o voto de 2/3 dos membros, conforme estabelecido no art. 59 da Carta da OEA. As atribuições da Assembleia-Geral estão descritas no art. 54 da Carta da organização;

b) **Reunião de Consulta dos Ministros das Relações Exteriores:** é convocada em casos excepcionais, com a finalidade de deliberar sobre questões urgentes e de interesse geral dos Estados-membros. Qualquer dos integrantes da organização pode solicitar a reunião, servindo esta como Órgão de Consulta (art. 61) no âmbito do Tratado Interamericano de Assistência Recíproca (TIAR);

c) **Conselhos:** atualmente existem duas modalidades de "Conselhos" previstas na Carta da OEA, são elas o Conselho Permanente e o Conselho Interamericano de Desenvolvimento Integral. Estes conselhos são formados por todos os integrantes da organização, detendo cada um deles direito a voto único. As atribuições destes órgãos estão previstas na Carta da OEA e estão normalmente ligadas à realização de estudos e apresentação de propostas junto à Assembleia-Geral em temas de interessa da organização;

d) **Comissão Jurídica Interamericana:** é, a teor das atribuições a si conferidas pelo art. 99 da Carta da OEA, o órgão de assessoramento jurídico por excelência da entidade, tendo por objetivo realizar estudos e formular propostas em matéria jurídica junto aos demais órgãos da OEA. A Comissão pode, também, propor mudanças aos seus integrantes, no sentido de uniformizar suas respectivas legislações a respeito de certos temas. A Comissão é composta de 11 juristas originários dos países integrantes da organização, eleitos a partir de listas tríplices de candidatos apresentadas pelos Estados-membros, para um mandato de quatro anos. A escolha dos membros da Comissão é feita pela Assembleia-Geral;

e) **Comissão Interamericana de Direitos Humanos:** foi criada em 1959, pela 5ª Reunião de Ministros das Relações Exteriores, realizada em Santiago, no Chile. A Comissão é simultaneamente órgão da OEA e da Convenção Americana sobre Direitos Humanos, servindo de foro de promoção e proteção dos direitos humanos dos cidadãos do continente americano. Atua por intermédio da condução de procedimentos de responsabilização internacional dos países-membros em caso de violação dos direitos humanos em seus respectivos territórios;

f) **Secretaria-Geral:** é órgão permanente da OEA, sediada na cidade de Washington, nos Estados Unidos, com escritórios de representação nas mais diversas localidades. A Secretaria-Geral desempenha as funções de cunho eminentemente administrativo da entidade, dando apoio aos demais órgãos no desempenho de suas atribuições (art. 112 da Carta da OEA). A Secretaria é chefiada por um Secretário-Geral, que é eleito pela Assembleia-Geral para um período de cinco anos, com direito a uma única reeleição, não podendo ser sucedido por pessoa da mesma nacionalidade.

Originalmente, a OEA foi fundada por 21 Estados, possuindo atualmente 35 países-membros.

9. TÓPICO-SÍNTESE

Tópico-síntese: Organizações Internacionais	
Conceito	Ente de Direito Internacional Público criado pela conjunção de vontades de sujeitos de DIP, através de um instrumento convencional, para a consecução de objetivos pré-determinados.

Tópico-síntese: Organizações Internacionais	
Características	– Sujeitos "derivados" ou "secundários" de Direito Internacional Público; – São associações de Estados e/ou Organizações Internacionais; – São criadas, ordinariamente, por meio de tratados internacionais multilaterais, que as constituem e lhes dão forma, disciplinando sua organização, finalidades, direitos, deveres e prerrogativas dos seus Estados-membros. Tais instrumentos cumpririam para as organizações internacionais o mesmo papel das Constituições em relação aos seus respectivos Estados; – Possuem capacidade e personalidade jurídica próprias, distinta da dos seus membros; – Possuem estrutura organizacional própria, dotadas de órgãos investidos de funções específicas e com vontade distinta da dos Estados que as compõem; – São permanentes, pois de outra forma não teriam a força necessária para se contrapor aos interesses dos seus Estados-membros; – Gozam de prerrogativas e imunidades necessárias para o fiel cumprimento de suas funções institucionais junto aos Estados nos quais atuam.
Classificação	Quanto às finalidades: **Específicas:** perseguem objetivos determinados **Gerais:** largo espectro de atuação
	Quanto ao âmbito de atuação: **Universais:** atuam em todo o globo **Regionais:** restringem atuação a determinado espaço geográfico
	Quanto à vinculação a ordens internas: **Dependentes:** submetidas também a uma ordem jurídica interna, além das regras de Direito Internacional
	Independentes: não se submetem a qualquer ordem jurídica interna, apenas às regras de Direito Internacional
	Quanto ao ingresso de membros **Abertas ilimitadas:** aceitam todos os Estados **Abertas limitadas:** fixam algum requisito para admissão dos membros **Fechadas:** não admitem o ingresso de quaisquer novos membros

Tópico-síntese: Organizações Internacionais	
Imunidades	As organizações internacionais gozam das imunidades que **estejam previstas em seus tratados constitutivos**. Geralmente, há previsão de imunidade absoluta, tendo em vista a necessária independência das instâncias internas para o atendimento aos fins institucionais.
OIT	A Organização Internacional do Trabalho foi criada em 1919, como uma agência da Liga das Nações (antecessora da ONU), fazendo parte do Tratado de Versalhes - o qual pôs fim à Primeira Guerra Mundial. A OIT tem o objetivo de promover oportunidades para que homens e mulheres possam ter acesso a um trabalho decente e produtivo, em condições de liberdade, equidade, segurança e dignidade. Fundou-se sobre a convicção primordial de que a paz universal e permanente somente pode estar baseada na justiça social. Desde então, atua primordialmente garantindo o **trabalho decente** em 187 países. A OIT é uma agência especializada do Sistema das Nações Unidas (ONU) e a única que possui uma estrutura tripartite, composta de representantes de governos, de organizações de empregadores e de trabalhadores, os quais participam das diversas instâncias da Organização.
ONU	A Organização das Nações Unidas nasceu ao final da Segunda Guerra Mundial, como uma iniciativa dos países vencedores daquele conflito de buscar meios de garantir a manutenção da paz, evitando a eclosão de novos conflitos armados. Seu documento constitutivo (Carta da ONU) foi assinado em 26 de junho de 1945, na cidade americana de São Francisco. Possui atualmente seis órgãos, assim enumerados: a Assembleia-Geral; o Conselho de Segurança; o Secretariado; o Conselho Econômico e Social; o Conselho de Tutela; e a Corte Internacional de Justiça. A ONU possui 193 Estados membros.
OEA	A Organização dos Estados Americanos é uma entidade internacional regional de fins gerais, cujo tratado constitutivo foi assinado em Bogotá, na Colômbia, em 30 de abril de 1948, tendo entrado em vigor apenas em 13 de dezembro de 1951.
	Em linhas gerais, os objetivos da OEA estão ligados à manutenção da paz entre seus integrantes, à promoção da democracia e do desenvolvimento econômico e à proteção da soberania e integridade territorial dos seus países-membros. Seus órgãos internos são os seguintes: a Assembleia-Geral; a Reunião de Consulta dos Ministros das Relações Exteriores; os Conselhos; a Comissão Jurídica Interamericana; a Comissão Interamericana de Direitos Humanos; e a Secretaria-Geral. **A OEA possui 35 Estados membros**

Capítulo

6

DIREITO DOS TRATADOS

Leia a lei

- *Arts. 1º, 4º, 5º §2º, §3º e§ 4º, 49, I, 84, VIII da CF; art. 98 do CTN; Convenção de Viena sobre Direito dos Tratados, de 1969; Convenção de Viena sobre o Direito dos Tratados entre Estados e Organizações Internacionais ou entre Organizações Internacionais de 1986.*

1. INTRODUÇÃO

Matéria bastante relevante em Direito Internacional é a questão dos tratados. De fato, a grande maioria das relações no cenário internacional se desenvolve através de compromissos entre os entes travados em acordos, convenções e tratados internacionais.

Assim, pode-se dizer que **os tratados internacionais são a principal fonte de Direito Internacional Público**, regulamentando as mais variadas matérias de interesse da sociedade global.

O direito dos tratados se desenvolveu com base em princípios costumeiros bem consolidados e, principalmente a partir do século XX, também em normas escritas, especialmente a Convenção de Viena sobre Direito dos Tratados, de 1969, ratificada pelo Brasil em 2009.

Dentre os princípios gerais consuetudinários, destacam-se o princípio do livre consentimento, a regra lógica do *pacta sunt servanda* ("os acordos devem ser cumpridos") e o princípio da boa-fé, todos presentes tanto no costume internacional quanto no artigo 26 da Convenção de Viena sobre Direito dos Tratados.

As normas do Direito dos Tratados buscam regulamentar a criação dos tratados, seus requisitos, a classificação e terminologia utilizada na matéria e a incorporação do acordo ao direito interno brasileiro, entre outras questões.

2. CONCEITO

Tratado internacional é um acordo resultante da convergência das vontades de duas ou mais pessoas jurídicas de direito internacional público, formalizado num texto escrito, regido pelo Direito Internacional e com a finalidade de produzir efeitos jurídicos no plano global. Em outras palavras, o tratado é o meio pelo qual sujeitos de direito internacional – principalmente os Estados soberanos e as organizações internacionais – estipulam direitos e obrigações entre si.

De acordo com a Convenção de Viena sobre Direito dos Tratados, de 1969 (art. 2, I, a) tratado significa um **acordo internacional** concluído **por escrito** entre **Estados** e **regidos pelo Direito Internacional**, quer conste de um instrumento único, quer de dois ou mais instrumentos conexos, **qualquer que seja sua denominação específica**.

Atualmente, segundo previsão da Convenção de Viena sobre o Direito dos Tratados entre Estados e Organizações Internacionais ou entre Organizações Internacionais de 1986, que veio complementar a anterior Convenção de Viena de 1969, os tratados internacionais também podem ser concluídos entre Estados e Organizações Internacionais ou entre Organizações Internacionais entre si.

Sendo assim, os elementos dos tratados internacionais são:

- acordo de vontades livres;
- forma escrita;
- conclusão entre dois ou mais Estados ou Organizações Internacionais, ou entre Estados e Organizações Internacionais;
- regulamentação pelo Direito Internacional Público;
- obrigatoriedade de cumprimento (*pacta sunt servanda*).

3. TERMINOLOGIA

A prática internacional registra o uso livre e aleatório dos diversos sinônimos da palavra "tratado" – convenção, acordo, protocolo etc. A rigor, do ponto de vista jurídico, a denominação dada ao ajuste não tem qualquer influência em seu conteúdo. A própria Convenção de Viena sobre Direito dos Tratados de 1969 prevê que, para o conceito de tratado, não importa qual seja a sua denominação específica.

De qualquer forma, existe o costume de se atribuir nomes específicos a certos tipos de tratados, como por exemplo:

Tratado: ajuste mais solene e de maior importância, pois cria situações jurídicas. Ex.: tratados de paz.

Convenção: ajuste de caráter amplo, que cria normas gerais.

Declaração: documento que cria princípios gerais, mas não cria compromissos de Direito Internacional.

Ato ou ata: documento que cria obrigações, mas gera apenas efeitos morais.

Compromisso: acordo relativo a submissão à arbitragem.

Estatuto: documento que cria cortes internacionais.

Pacto: atos solenes de importância política.

Carta ou Constituição: ajuste utilizado para constituir organizações internacionais.

Concordatas: tratados de caráter religioso concluídos pela Santa Sé.

Protocolo: designa a ata de uma conferência ou um acordo menos formal resultante de conferência diplomática.

Acordo: ajuste de cunho econômico, financeiro ou cultural.

Acordo executivo: expressão americana criada para denominar o ajuste concluído sob autoridade do Chefe do Poder Executivo.

Acordo de cavalheiros: compromisso pessoal entre estadistas, fundado na moral.

Acordo por troca de notas: ajuste através de troca de notas diplomáticas para assuntos administrativos ou alterações de tratados.

4. CLASSIFICAÇÃO

Os tratados podem ser classificados de diversas maneiras. As mais utilizadas são as seguintes:

- **Quanto ao número de partes:**
  - **Tratados bilaterais**: tem apenas duas partes
  - **Tratados multilaterais ou coletivos**: tem multiplicidade de partes

- **Quanto às fases do procedimento:**
  - **Tratados unifásicos ou de forma simplificada**: exigem apenas a fase da assinatura para a conclusão do acordo.
  - **Tratados bifásicos ou *stricto sensu***: exigem duas fases para a conclusão do acordo: a primeira fase, de negociação e assinatura; e a segunda fase, de ratificação.

- **Quanto do procedimento:**
  - **Tratados formais**: exigem a participação do Poder Legislativo.
  - **Tratados informais**: não exigem a aprovação do legislativo.

- **Quanto à natureza das normas:**
  - **Tratados contratuais**: criam obrigações e deveres recíprocos.
  - **Tratados normativos** ou **Tratados-lei**: criam normas gerais de Direito Internacional Público, objetivamente válidas, sem previsão de contraprestação específica por parte dos Estados.

Quanto à execução temporal:

- **Tratados transitórios ou de vigência estática**: aqueles cuja execução é imediata, esgotando seus efeitos instantaneamente desde logo. Criam situações jurídicas definitivas; ex. tratados de cessão territorial ou definição de fronteiras.
- **Tratados permanentes ou de vigência dinâmica**: aqueles cuja execução é diferida, protraindo-se no tempo, por prazo certo ou indefinido. Criam relações jurídicas obrigacionais dinâmicas, a vincular as partes por prazo certo ou indefinido; ex. Convenções da OIT, acordos comerciais, tratados de extradição.

Quanto à possibilidade de adesão posterior:

- **Tratados abertos**: permitem a posterior adesão de outros sujeitos. Podem ser limitados (quantitativamente, em relação a determinado número de entes ou qualitativamente, em relação a sujeitos específicos) ou ilimitados, aceitando a adesão de qualquer ente.
- **Tratados fechados**: não permitem a posterior adesão de outros sujeitos.

5. ETAPAS DO PROCESSO DE ELABORAÇÃO

A Convenção de Viena sobre Direito dos Tratados de 1969 impôs alguns requisitos para a conclusão de tratados internacionais. Nesse sentido, são requisitos para a validade do tratado:

- capacidade das partes
- habilitação dos agentes (capacidade de representação)
- objeto lícito e possível
- livre consentimento

A entrada em vigor de um tratado no âmbito internacional é um procedimento solene e complexo e percorre as seguintes e sucessivas etapas:

5.1. Negociações preliminares

Entabuladas pelos Chefes de Estado ou de Governo, Ministros de Relações Exteriores e chefes de missões diplomáticas, que são autorizados pela Convenção de Viena de 1969 a negociar tratados.

De acordo com a CF (art. 84, VIII), compete privativamente ao Presidente da República "celebrar tratados, convenções e atos internacionais, sujeitos a referendo do Congresso Nacional"; todavia, tal competência pode ser delegada. A delegação é feita através da carta de plenos poderes, que capacita o plenipotenciário para a negociação.

Concluída a negociação internacional e finalizado o texto do tratado, passa-se à assinatura.

5.2. Celebração/assinatura

A assinatura é um aceite formal e precário do texto do tratado, cujos efeitos são: autenticar o texto, atestar a concordância dos negociadores e dar início ao prazo para ratificação.

A assinatura do tratado pelo Estado não é suficiente para confirmar o vínculo obrigacional no plano internacional, ou seja: é um ato sem efeitos jurídicos vinculantes, salvo disposição em contrário. Assim, a mera assinatura do tratado não gera vínculo obrigacional no plano do direito internacional. A exigibilidade do tratado dependerá de outros atos posteriores.

5.3. Aprovação parlamentar

É ato interno do país signatário. No Brasil, a Constituição Federal (art. 49, I) prevê ser competência exclusiva do Congresso Nacional "resolver definitivamente sobre tratados, acordos ou atos internacionais que acarretem encargos ou compromissos gravosos ao patrimônio nacional". Destarte, todo tratado internacional deve ser aprovado pelo Congresso Nacional, e só então poderá ser posteriormente ratificado pelo Presidente da República.

5.4. Ratificação

É o ato jurídico externo de Estado através do qual o Chefe do Estado confirma o tratado firmado, e declara a aceitação definitiva do que foi convencionado, engajando definitivamente o país ao conteúdo do compromisso firmado.

É ato discricionário, irretratável, expresso e irretroativo. O Estado se vincula ao tratado no plano internacional com a troca dos instrumentos ou depósito da carta de ratificação, assinada pelo Chefe de Estado.

5.5. Promulgação

Ato jurídico interno mediante o qual o Chefe de Estado confere executoriedade interna ao tratado no plano nacional e declara sua conformidade com o processo legislativo. A promulgação é feita mediante Decreto do Presidente da República, devidamente publicado no Diário Oficial.

5.6. Publicação

A publicação do tratado na Imprensa Oficial é requisito para sua aplicação no âmbito interno. Tanto o Decreto Legislativo que aprova o tratado quanto o Decreto do Presidente da República que o promulga devem ser publicados no Diário Oficial da União.

5.7. Registro

O tratado deve ser registrado na sede da ONU e posteriormente publicado pelo Secretário-Geral da ONU. Tal procedimento é necessário para que os termos do ajuste possam ser invocados perante os membros e órgãos das Nações Unidas.

Parte da doutrina defende que o registro é ato necessário para a entrada em vigor do tratado, mas a maioria dos estudiosos entende que os tratados não precisam ser registrados na ONU para que entrem em vigor, funcionando tal registro apenas para catalogação e publicação. Confirmando a última posição, a Convenção de Viena sobre Direito dos Tratados de 1969 determina que "após sua entrada em vigor, os tratados serão remetidos ao Secretariado das Nações Unidas para fins de registro ou de classificação e catalogação, conforme o caso, bem como de publicação".

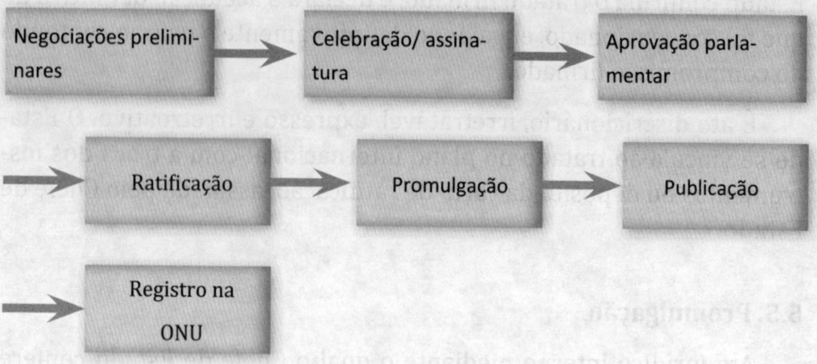

6. INCORPORAÇÃO AO DIREITO INTERNO BRASILEIRO

Uma vez concluído todo o procedimento de elaboração do tratado, este deve ser incorporado ao direito interno brasileiro.

É o Decreto de execução do Presidente da República, editado após a aprovação parlamentar mediante o Decreto Legislativo, que promulga e concede executoriedade interna ao tratado internacional.

Para a doutrina majoritária, com relação aos tratados internacionais comuns, o Brasil passou a acolher a **concepção dualista moderada,** que exige a edição de decreto de execução para que o conteúdo do acordo passe a irradiar seus efeitos no território nacional.

7. INTERPRETAÇÃO

A Convenção de Viena sobre Direito dos Tratados de 1969 tratou expressamente da interpretação dos tratados internacionais, privilegiando a "boa-fé, segundo o sentido comum atribuível aos termos do tratado em seu contexto e à luz de seu objetivo e finalidade" (artigos 31 a 33).

De acordo com a citada Convenção, o tratado é formado pelo conjunto do preâmbulo, texto e anexos. Assim, o intérprete deve se utilizar dessas formas autênticas de expressão das partes para extrair os significados e limites das suas intenções. Caso não sejam suficientes para a interpretação almejada, devem ser utilizados: os costumes internacionais, as práticas seguidas pelas partes, os demais acordos entabulados entre elas, os trabalhos preparatórios do tratado e as circunstâncias de sua conclusão e as regras de Direito Internacional aplicáveis ao caso.

Ademais, poderão ser utilizados todos os demais métodos interpretativos de direito oriundos das diversas origens, tais como interpretação doutrinária, jurisdicional e autêntica, entre outras.

Sobre a interpretação decorrente das diversas traduções de um mesmo tratado, a Convenção determina que "quando um tratado foi autenticado em duas ou mais línguas, seu texto faz igualmente fé em cada uma delas, a não ser que o tratado disponha ou as partes concordem que, em caso de divergência, prevaleça um texto determinado. Presume-se que os termos do tratado têm o mesmo sentido nos diversos textos autênticos". Em último caso, adotar-se-á o sentido que, tendo em conta o objeto e a finalidade do tratado, melhor conciliar os textos.

8. RESERVAS

De acordo com a Convenção de Viena sobre Direito dos Tratados de 1969 (art. 2, §1º, "d") a reserva é uma declaração unilateral, qualquer que seja sua redação ou denominação, feita por um Estado ao assinar, ratificar, aceitar ou aprovar um tratado, ou a ele aderir, com o objetivo de excluir ou modificar o efeito jurídico de certas disposições do tratado em sua aplicação a esse Estado.

Em outras palavras, a reserva é o ato unilateral por meio do qual o Estado se subtrai ao cumprimento de determinadas cláusulas do tratado, apesar de a ele aderir. Assim, a reserva (também chamada de salvaguarda) é a declaração de um Estado contratante de que não se submeterá, ou se submeterá de acordo com sua interpretação, a determinada disposição existente no tratado.

ATENÇÃO

*Verifica-se que a reserva pode ser **exclusiva**, retirando a parte contratante de todos os efeitos de determinada cláusula, ou **interpretativa**, de modo a limitar a interpretação da aplicação de determinadas cláusulas do tratado em relação à parte (o Estado declara a forma como dada cláusula deve ser aplicada em relação a ele).*

Ressalte-se que reserva não depende da aceitação posterior dos demais contratantes.

Ocorre que nem todos os tratados admitem reservas. Parte da doutrina entende que os tratados bilaterais não podem admitir reservas, pela própria natureza recíproca do ajuste bilateral. Todavia, a maior parte da doutrina, baseada nas regras da Convenção de Viena sobre Direito dos Tratados (art. 21), afirma que as reservas são geralmente admissíveis, a não ser que sejam expressamente proibidas pelo tratado ou incompatíveis com a finalidade e objeto do instrumento (art. 19).

Em caso de omissão, entende-se que a reserva é admissível, desde que compatível com os fins e objetivos do tratado.

A reserva declarada por um Estado não modifica as disposições do tratado quanto às demais partes do ajuste, em suas relações entre si. Assim, num mesmo tratado internacional, pode haver multiplicidade de regimes jurídicos.

9. DENÚNCIA

A denúncia é uma das modalidades de extinção dos tratados previstas pela doutrina de direito internacional. É ato unilateral cujos efeitos jurídicos *ex nunc* desvinculam o Estado do acordo internacional, encerrando o compromisso com o tratado denunciado.

Através do ato de denúncia, o Estado manifesta a sua vontade de deixar de ser parte no tratado internacional.

Ressalte-se que, no ordenamento jurídico brasileiro, a denúncia é ato discricionário de Chefe de Estado (Chefe do Poder Executivo) que não necessita de autorização prévia do Poder Legislativo (CF, art. 84, VII).

ATENÇÃO

Apesar de ser essa a posição majoritária da doutrina, e de não haver determinação legal que imponha a autorização prévia do Legislativo como requisito para a denúncia de tratado internacional, o assunto está atualmente em debate no STF (Cf. ADI 1625/DF, rel. orig. Min. Maurício Corrêa – Info. 529 de junho 2009). Há entendimentos no sentido de que o procedimento correto, na esteira da tendência mundial, seria que houvesse a necessidade de autorização prévia do Poder Legislativo também para a denúncia do tratado internacional, de acordo com o princípio da simetria das formas.

Regra geral, os tratados somente podem ser denunciados quando houver explicitamente essa possibilidade, a não ser em casos de tratados de prazo indeterminado. A Convenção de Viena (art. 56), contudo, admite a denúncia quando ela é prevista implicitamente "pela natureza do tratado", determinando ainda que o prazo entre a apresentação da denúncia e a data em que o Estado efetivamente se desobriga é de 12 meses (o chamado "prazo de acomodação" ou "pré-aviso"). Ainda que já tenha apresentado a denúncia, durante este prazo de pré-aviso o Estado continua integralmente vinculado às disposições do tratado, para resguardar a segurança jurídica das partes.

Os tratados de vigência estática, por sua natureza, não permitem a denúncia unilateral, pois criam situações jurídicas definitivas. Da mesma forma, também não admitem denúncia unilateral os tratados de vigência dinâmica que contenham cláusula temporal, ou seja, que proíbam em seu texto a denúncia por certo e determinado período de tempo. Assim ocorre nas convenções internacionais do trabalho, que normalmente fixam prazo de dez anos para sua vigência, estabelecendo vedação à denúncia neste período.

Já os tratados de vigência dinâmica com prazo indefinido comportam a denúncia unilateral, uma vez que nenhum tratado é perpétuo.

Caso o tratado seja apenas bilateral, a denúncia de um Estado extingue o vínculo obrigacional. Nos tratados multilaterais, a denúncia de um Estado não extingue o vínculo entre as demais partes, somente desobrigando a parte que se retira do tratado.

10. HIERARQUIA DOS TRATADOS NO ORDENAMENTO JURÍDICO BRASILEIRO

Uma vez incorporados ao ordenamento interno brasileiro, os tratados internacionais têm, geralmente, hierarquia de lei ordinária. Todavia, a depender da matéria tratada no acordo, pode haver as seguintes situações especiais:

10.1. Hierarquia dos tratados sobre direitos humanos

Diferentemente dos tratados internacionais tradicionais, os quais versam sobre direitos e deveres recíprocos para benefício mútuo dos Estados participantes, os tratados relativos a direitos humanos são celebrados através de intermediação de organizações internacionais e dizem respeito à proteção dos direitos fundamentais do ser humano.

Buscam a efetivação global dos direitos essenciais à dignidade da pessoa humana, em escala universal. Por sua importância ímpar na proteção da humanidade, os Tratados de Direitos Humanos têm status elevado no ordenamento jurídico brasileiro: a natureza de tratado de direitos humanos gera diferenças quanto à hierarquia em relação às demais normas de direito interno.

De fato, a Emenda Constitucional nº 45/2004 introduziu o §3º no art. 5º da CF, nestes termos: "Os tratados e convenções internacionais sobre direitos humanos que forem aprovados, em cada Casa do Congresso Nacional, em dois turnos, por três quintos dos votos dos respectivos membros, serão equivalentes às emendas constitucionais".

Assim, os tratados internacionais sobre direitos humanos aprovados pelo procedimento de Emenda Constitucional passaram a gozar de primazia hierárquica em relação às demais leis, já que ostentam status de Emenda Constitucional.

Em relação aos tratados internacionais de direitos humanos aprovados pelo procedimento simples, houve evolução na jurisprudência e restou pacificado que têm status supralegal – superior, portanto, às leis ordinárias; porém inferior às normas constitucionais.

Desde 2008 (STF HC nº 88240) foi abandonado o entendimento de que os tratados de direitos humanos internalizados, mesmo que anteriores à EC nº 45/2004, equivalem à lei ordinária.

Assim, todos os tratados internacionais sobre direitos humanos internalizados pelo procedimento comum gozam de **status supralegal** em relação às demais leis do ordenamento brasileiro, derrogando, por conseguinte, toda a legislação ordinária conflitante.

Atualmente, temos as seguintes situações:

1 – se o tratado internacional de direitos humanos, ao ser internalizado no ordenamento nacional, for aprovado pelo mesmo processo mais complexo das emendas constitucionais (aprovação pelas duas Casas do Congresso Nacional, em dois turnos de votação, por três quintos dos membros da casa – terá status de **Emenda Constitucional** (EC nº 45/2004);

2 – se o tratado internacional de direitos humanos, ao ser internalizado no ordenamento nacional, não for aprovado pelo procedimento mais complexo das Emendas Constitucionais, terá status de norma **supralegal,** situação extensível àqueles tratados que entraram em vigor no ordenamento brasileiro antes de 2004.

10.2. Hierarquia dos tratados sobre direito tributário

Em relação aos tratados de direito tributário, o art. 98 do Código Tributário Nacional (CTN) se inclina pela tese da supralegalidade, ao prever que "**os tratados e as convenções internacionais revogam ou modificam a legislação tributária interna, e serão observados pela que lhes sobrevenha**".

Não obstante essa previsão, o entendimento clássico das Cortes Superiores sempre foi no sentido de que os tratados de direito tributário, assim como os demais tratados gerais, uma vez internalizados equivaleriam à lei ordinária.

Atualmente, tal entendimento está em modificação e a jurisprudência vem reconhecendo, em reiteradas decisões, o caráter **supralegal** dos tratados internacionais em matéria tributária. A virada na jurisprudência se deve, provavelmente, à necessidade de se conferir segurança jurídica às relações internacionais, que não podem ficar à mercê das constantes modificações realizadas pelo legislador brasileiro.

11. TÓPICO-SÍNTESE

Tópico-síntese: Direito dos Tratados	
Conceito	**Tratado:** Acordo internacional concluído por escrito entre Estados e regidos pelo Direito Internacional, quer conste de um instrumento único, quer de dois ou mais instrumentos conexos, qualquer que seja sua denominação específica.
Terminologia	A Convenção de Viena sobre Direito dos Tratados de 1969 aduz que para o conceito de tratado não importa qual seja a sua denominação específica. Não obstante, há preferência por determinadas terminologias nos seguintes casos: **Tratado:** ajuste mais solene e de maior importância, por criar situações jurídicas. Ex.: tratados de paz. Convenção: ajuste de caráter amplo, que cria normas gerais. **Declaração:** documento que cria princípios gerais, mas não cria compromissos de Direito Internacional. **Ato ou ata:** cria obrigações, mas gera apenas efeitos morais. **Compromisso**: acordo relativo a submissão à arbitragem. **Estatuto:** cria cortes internacionais. **Pacto:** atos solenes de importância política.

<table>
<tr><th colspan="2">Tópico-síntese: Direito dos Tratados</th></tr>
<tr><td rowspan="2">Terminologia</td><td>Carta ou Constituição: ajuste utilizado para constituir organizações internacionais.
Concordatas: tratados de caráter religioso concluídos pela Santa Sé.</td></tr>
<tr><td>Protocolo: designa a ata de uma conferência ou um acordo menos formal resultante de conferência diplomática.
Acordo: tratados de cunho econômico, financeiro e cultural.
Acordo executivo: expressão americana criada para o ajuste concluído sob autoridade do Chefe do Poder Executivo.
Acordo de cavalheiros: compromisso pessoal entre estadistas, fundado apenas na moral.
Acordo por troca de notas: ajuste através de troca de notas diplomáticas para assuntos administrativos ou alterações de tratados.</td></tr>
<tr><td rowspan="4">Classificação</td><td>Quanto ao número de partes:
Tratados bilaterais: tem apenas duas partes
Tratados multilaterais ou coletivos: tem multiplicidade de partes</td></tr>
<tr><td>Quanto às fases do procedimento:
Tratados unifásicos ou de forma simplificada: exigem apenas a fase da assinatura para a conclusão do acordo.
Tratados bifásicos ou stricto sensu: exigem duas fases para a conclusão do acordo: a primeira fase, de negociação e assinatura; e a segunda fase, de ratificação.</td></tr>
<tr><td>Quanto ao procedimento:
Tratados formais: exigem a participação do Poder Legislativo
Tratados informais: não exigem a aprovação do legislativo</td></tr>
<tr><td>Quanto à natureza das normas:
Tratados contratuais: criam obrigações e deveres recíprocos
Tratados normativos ou Tratados-lei: criam normas gerais de Direito Internacional Público, objetivamente válidas, sem previsão de contraprestação específica por parte dos Estados.
Quanto à execução temporal:
Tratados transitórios ou de vigência estática: aqueles cuja execução é imediata, esgotando seus efeitos instantaneamente desde logo. Criam situações jurídicas definitivas; ex. tratados de cessão territorial ou definição de fronteiras.
Tratados permanentes ou de vigência dinâmica: aqueles cuja execução é diferida, protraindo-se no tempo, por prazo certo ou indefinido. Criam relações jurídicas obrigacionais dinâmicas, a vincular as partes por prazo certo ou indefinido; ex. Convenções da OIT, acordos comerciais, tratados de extradição.</td></tr>
</table>

Tópico-síntese: Direito dos Tratados	
Classificação	**Tratados permanentes ou de vigência dinâmica:** aqueles cuja execução é diferida, protraindo-se no tempo, por prazo certo ou indefinido. Criam relações jurídicas obrigacionais dinâmicas, a vincular as partes por prazo certo ou indefinido; ex. Convenções da OIT, acordos comerciais, tratados de extradição.
	Quanto à possibilidade de adesão posterior: **Tratados abertos:** permitem a posterior adesão de ou tros sujeitos. Podem ser limitados (quantitativamente, em relação a determinado número de entes ou qualitativamente, em relação a sujeitos específicos) ou ilimitados, aceitando a adesão de qualquer ente. **Tratados fechados: não permitem a posterior adesão de outros sujeitos.**
Etapas do processo de elaboração	**1. Negociações preliminares:** Entabuladas pelos Chefes de Estado ou de Governo, Ministros de Relações Exteriores e chefes de missões diplomáticas, que são autorizados pela Convenção de Viena de 1969 a negociar tratados.
	2. Celebração/assinatura: A assinatura é um aceite formal e precário do texto do tratado, cujos efeitos são: autenticar o texto; atestar a concordância dos negociadores; e dar início ao prazo para ratificação. Com a assinatura o Estado ainda não confirma o vínculo obrigacional no plano internacional, ou seja, é um ato sem efeitos jurídicos vinculantes, salvo disposição em contrário.
	3. Aprovação parlamentar: É ato interno do país signatário. No Brasil, a CF (art. 49, I) prevê ser competência exclusiva do Congresso Nacional "resolver definitivamente sobre tratados, acordos ou atos internacionais que acarretem encargos ou compromissos gravosos ao patrimônio nacional".
	4. Ratificação: é o ato jurídico externo de Estado através do qual o Chefe do Estado confirma o tratado firmado, e declara a aceitação definitiva do que foi convencionado, engajando o país definitivamente ao conteúdo do compromisso firmado.
	5. Promulgação: Ato jurídico interno mediante o qual o Chefe de Estado confere executoriedade interna ao tratado no plano nacional e declara sua conformidade com o processo legislativo. Feita mediante Decreto do Presidente da República, devidamente publicado no Diário Oficial.
	6. Publicação: O tratado deve ser publicado na Imprensa Oficial, como requisito para sua aplicação no âmbito interno. Tanto o Decreto Legislativo que aprova o tratado quanto o Decreto do Presidente da República que o promulga devem ser publicados no Diário Oficial da União.

Tópico-síntese: Direito dos Tratados	
Etapas do processo de elaboração	**7. Registro:** O tratado deve ser registrado na sede da ONU e posteriormente publicado pelo Secretário-Geral da ONU. Tal procedimento é necessário para que os termos do ajuste possam ser invocados perante os membros e órgãos das Nações Unidas.
Incorporação ao direito interno brasileiro	É o Decreto de execução do Presidente da República, editado após a aprovação parlamentar mediante o Decreto Legislativo, que promulga e concede executoriedade interna ao tratado internacional. Para a doutrina majoritária, com relação aos tratados internacionais comuns, o Brasil passou a acolher a **concepção dualista moderada,** que exige a edição de decreto de execução para que o conteúdo do acordo passe a irradiar seus efeitos no território nacional.
Interpretação	A Convenção tratou expressamente da interpretação dos tratados internacionais, privilegiando a "boa fé, segundo o sentido comum atribuível aos termos do tratado em seu contexto e à luz de seu objetivo e finalidade" (artigos 31 a 33).
Reserva	A reserva é uma declaração unilateral, qualquer que seja sua redação ou denominação, feita por um Estado ao assinar, ratificar, aceitar ou aprovar um tratado, ou a ele aderir, com o objetivo de excluir ou modificar o efeito jurídico de certas disposições do tratado em sua aplicação a esse Estado.
Denúncia	É ato unilateral cujos efeitos jurídicos *ex nunc* desvinculam o Estado do acordo internacional, encerrando o compromisso com o tratado denunciado.
Hierarquia dos tratados	**Tratados em geral:** Uma vez incorporados ao ordenamento interno brasileiro, os tratados internacionais têm, comumente, hierarquia de lei ordinária.
	Tratados de direitos humanos: 1) se o tratado internacional de direitos humanos, ao ser internalizado no ordenamento nacional, for aprovado pelo mesmo processo mais complexo das emendas constitucionais (aprovação pelas duas Casas do Congresso Nacional, em dois turnos de votação, por três quintos dos membros da casa) terá **status de Emenda Constitucional** (EC nº 45/2004); 2) se o tratado internacional de direitos humanos, ao ser internalizado no ordenamento nacional, não for aprovado pelo procedimento mais complexo das Emendas Constitucionais, terá **status de norma supralegal,** situação extensível àqueles tratados que entraram em vigor no ordenamento brasileiro antes de 2004.
	Tratados em matéria tributária: Em relação aos tratados de direito tributário, o art. 98 do Código Tributário Nacional (CTN) se inclina pela tese da **supralegalidade**, ao aduzir: "**Os tratados e as convenções internacionais revogam ou modificam a legislação tributária interna, e serão observados pela que lhes sobrevenha**".

Capítulo

7

DIREITO DIPLOMÁTICO E CONSULAR

Leia a lei

- *Arts. 12, 52, 84 e 87 da CF/88; Convenção de Viena sobre Relações Diplomáticas de 1961 (Decreto nº 56.435, de 1965); Convenção de Viena sobre Relações Consulares, de 1963 (Decreto nº 61.078, de 1967).*

1. INTRODUÇÃO

Tendo em vista a importância das representações de Estados estrangeiros no território nacional de outros Estados para o funcionamento e desenvolvimento das relações internacionais, desenvolveu-se o direito diplomático e consular, autorizando algumas prerrogativas aos citados órgãos representativos.

É a teoria do interesse da função que explica a concessão das benesses para que os agentes possam exercer dignamente suas incumbências, inclusive amparados pelas Convenções de Viena sobre Relações Diplomáticas de 1961 e Relações Consulares, de 1963 (preâmbulos), que reconhecem que "a finalidade de tais privilégios e imunidades não é beneficiar indivíduos, mas, sim, a de garantir o eficaz desempenho das funções" das missões diplomáticas e repartições consulares.

Assim, as imunidades são aplicadas apenas em território exterior, de modo que não protegem a atividade diplomática e consular em relação ao ordenamento jurídico dos Estados de origem.

Ressalte-se que as imunidades alcançam tanto as pessoas dos agentes quanto seus bens e os locais onde se exerce a atividade diplomática ou consular.

Chefes e ex-chefes de Estado, bem como certas autoridades estatais, também podem ser beneficiados com os privilégios.

Havia uma visão clássica de que o local da missão diplomática ou repartição consular seria considerada uma extensão do território do Estado estrangeiro localizada no território do Estado que os recebe. Todavia, a teoria da extraterritorialidade, que justificava a existência dos privilégios e imunidades pelo fato de serem consideradas as embaixadas e consulados parte do território do Estado de origem, não logrou êxito. Modernamente, entende-se que os imóveis que abrigam **embaixadas** e **consulados** fazem **parte do território nacional**, porém são **albergados** pelas **imunidades** e **privilégios** necessários à execução das funções diplomáticas e consulares.

Apesar dos privilégios concedidos às representações dos Estados estrangeiros, as **embaixadas** e **consulados** estão **obrigados** a **respeitar** as **normas locais**.

A Convenção de Viena sobre Relações Diplomáticas, promulgada no Brasil pelo Decreto nº 56.435/1965, tem força de lei ordinária. Reforçando o dever de respeitar as normas locais, a própria Convenção (art. 41) traz a previsão da necessidade de observância das leis locais ("sem prejuízo de seus privilégios e imunidades deverão respeitar as leis e os regulamentos do Estado acreditado").

A Convenção de Viena sobre Relações Consulares (art. 55) traz previsão parecida, afirmando que os beneficiários consulares das imunidades devem respeitar o ordenamento jurídico do Estado receptor, sem prejuízo daqueles privilégios.

Em direito internacional, a atividade diplomática é regida pela Convenção de Viena sobre Relações Diplomáticas de 1961 e a atividade consular, por sua vez, é regulada pela Convenção de Viena sobre Relações Consulares, de 1963.

2. AGENTES DIPLOMÁTICOS

Os agentes diplomáticos (ou diplomatas) são funcionários estatais que atuam internamente, nos Ministérios e demais órgãos governamentais nacionais ligados ao planejamento e consecução da política externa, ou externamente, nas chamadas missões diplomáticas (ou embaixadas). Uma vez enviados ao exterior, os agentes diplomáticos são os funcionários de um Estado responsáveis pela representação dos interesses deste em outro Estado soberano.

O Estado que envia os representantes a outro território nacional é chamado Estado acreditante. De outra banda, o Estado que recebe os representantes enviados é chamado de Estado acreditado. A possibilidade de envio e recebimento recíproco de representantes diplomáticos é o chamado "direito de legação" dos Estados. O direito de legação pode ser ativo (para o envio de diplomatas) ou passivo (para o recebimento de diplomatas). O direito de legação existe somente entre os Estados que mantêm relações diplomáticas.

Os diplomatas são os chefes das missões diplomáticas. A eles cabe a representação do país de origem no que se refere ao trato de **assuntos estatais** (afetos às decisões políticas de soberania) de interesse do país acreditante.

Já o cônsul possui atribuição para tratar de **assuntos de interesse privado**, seja dos nacionais do Estado que representa ou de nacionais do território do país que o recebe, a fim de travar relações com o país de origem do consulado. São de competência do cônsul atividades tais como a concessão de vistos, o reconhecimento da nacionalidade originária de cidadão residente no exterior, a emissão de certidões e documentos oficiais, entre outras.

O modo de escolha dos membros da carreira diplomática e do pessoal das missões é assunto interno de cada país. No Brasil, as duas funções são exercidas por membros da carreira diplomática, de acordo com as regras estabelecidas na Constituição Federal. De fato, o art. 12, §3º da Constituição Federal aduz que o cargo de membro da carreira diplomática é privativo de brasileiro nato. Já o art. 52, IV da Constituição estabelece que compete privativamente ao Senado Federal aprovar previamente, mediante voto secreto, após arguição em sessão secreta, a escolha dos chefes de missão diplomática de caráter permanente. Aprovado o nome no Senado, o Presidente da República edita então decreto nomeando o chefe da missão diplomática.

A Convenção de Viena sobre Relações Diplomáticas de 1961 traz rol exemplificativo das funções exercidas pelos diplomatas (art. 3º). São elas:

a) representar o Estado acreditante perante o Estado acreditado;

b) proteger no Estado acreditado os interesses do Estado acreditante e de seus nacionais, dentro dos limites permitidos pelo direito internacional;

c) negociar com o Governo do Estado acreditado;

d) inteirar-se por todos os meios lícitos das condições existentes e da evolução dos acontecimentos no Estado acreditado e informar a esse respeito o Governo do Estado acreditante;

e) promover relações amistosas e desenvolver as relações econômicas, culturais e científicas entre o Estado acreditante e o Estado acreditado;

f) exercer funções consulares, caso seja necessário (na ausência de repartição consular).

Atenção

Além da nomeação pelo Chefe do Estado acreditante, o chefe da missão diplomática (diplomata) precisa ser aceito pelas autoridades competentes do Estado acreditado. Somente após o ato de aquiescência (chamado de agrément) *do Estado que recebe o diplomata é que poderá haver o início das funções representativas. O* ***"agrément" é ato discricionário*** *do Estado receptor, ou seja, o país não está obrigado a informar ao Estado acreditante as razões da negação do "agrément" (art. 4º da Convenção de Viena sobre Relações Diplomáticas de 1961), em face do princípio da soberania dos Estados e do caráter recíproco das relações diplomáticas.*

3. PRIVILÉGIOS E IMUNIDADES DIPLOMÁTICOS

Tendo em vista o caráter representativo de Estado soberano da função exercida pelos diplomatas, tais agentes são dotados de privilégios e imunidades.

Como já referido acima, é a teoria do interesse da função que explica a concessão das imunidades para que os diplomatas possam exercer dignamente suas incumbências. A Convenção de Viena sobre Relações Diplomáticas de 1961 afirma que "a finalidade de tais privilégios e imunidades não é beneficiar indivíduos, mas, sim, a de garantir o eficaz desempenho das funções das missões diplomáticas, em seu caráter de representantes dos Estados".

Os diplomatas gozam de imunidade penal, cível e administrativa com relação à jurisdição do Estado acreditado. A imunidade de jurisdição abrange todos os agentes diplomáticos bem como os membros de sua família que com eles vivam, desde que não sejam nacionais do Estado acreditado.

A imunidade penal é bastante ampla, só admitindo exceções caso o agente diplomático cometa crimes contra a humanidade, de guerra, de genocídio e de agressão (crimes internacionais).

A imunidade cível e administrativa, embora plenamente aplicável, admite relativização quando o agente diplomático figure nos seguintes casos (Convenção de Viena sobre Relações Diplomáticas, art. 31):

a) ação sobre imóvel privado situado no território do Estado acreditado, salvo se o agente diplomático o possuir por conta do Estado acreditante para os fins da missão;

b) ação sucessória na qual o agente diplomático figure, a título privado e não em nome do Estado, como executor testamentário, administrador, herdeiro ou legatário;

c) ação referente a qualquer profissão liberal ou atividade comercial exercida pelo agente diplomático no Estado acreditado fora de suas funções oficiais;

d) reconvenção proposta em resposta a ação ajuizada pelo agente diplomático.

Se por um lado a imunidade de jurisdição apresenta as exceções acima citadas, por outro lado a imunidade de execução dos bens da missão e dos diplomatas é absoluta, pois não poderão ser objeto de qualquer medida executória.

Assim sendo, tendo em vista a atual jurisprudência pátria, não se pode executar bens de Estado estrangeiro ou de organizações internacionais relacionados à missão diplomática, tendo vista a absoluta imunidade de execução a que fazem jus.

Os agentes, locais e bens das missões diplomáticas gozam de inviolabilidade. Assim, as autoridades estatais locais não podem adentrar nos imóveis funcionais ou residenciais dos diplomatas, nem nos veículos oficiais das missões. Os documentos, arquivos, comunicações, bagagens oficiais e pessoais dos agentes diplomáticos também são protegidos de qualquer ingerência por parte das autoridades locais.

Os diplomatas não estão compelidos a depor como testemunha.

Quanto à possibilidade de renúncia acerca das imunidades, a Convenção de Viena sobre Relações Diplomáticas (art. 32) prevê que "o Estado acreditante pode renunciar à imunidade de jurisdição dos seus agentes diplomáticos e das pessoas que gozem de imunidade nos termos do artigo 37. A renúncia à imunidade de jurisdição no tocante às ações cíveis ou administrativas não implica renúncia à imunidade quanto às medidas de execução da sentença, para as quais nova renúncia é necessária".

Ressalte-se que a prerrogativa de renúncia às imunidades é privativa do Estado acreditante, ou seja: a renúncia não pode ser feita pelo agente diplomático, mas sim pelo Estado soberano, conforme disposição da Convenção de Viena sobre Relações Diplomáticas (art. 32.1). Ademais, tal renúncia deve ser realizada de forma expressa.

4. AGENTES CONSULARES

Os agentes consulares (ou cônsules) também são representantes extraterritoriais dos interesses do Estado estrangeiro. Todavia, atuam primordialmente na gestão de **interesses privados** em matérias afetas ao Estado acreditante.

Segundo a Convenção de Viena sobre Relações Consulares, de 1963, o agente consular tem atribuição para tratar de assuntos de interesse privado, sejam eles dos nacionais do Estado que representa (compatriotas) ou de nacionais do território em que esteja o consulado, interessados em travar relações com o país de origem do cônsul.

O Estado que envia o agente consular é o Estado "de envio" e aquele que o recebe é chamado de Estado "receptor" ou "de acolhimento".

A Convenção de Viena sobre Relações Consulares de 1963 enumera exemplificativamente algumas das funções exercidas pelos cônsules (art. 5º). São elas:

a) proteger, no Estado receptor, os interesses do Estado que envia e de seus nacionais, pessoas físicas ou jurídicas, dentro dos limites permitidos pelo direito internacional;

b) fomentar o desenvolvimento das relações comerciais, econômicas, culturais e científicas entre o Estado que envia e o Estado receptor e promover ainda relações amistosas entre eles, de conformidade com as disposições da presente Convenção;

c) informar-se, por todos os meios lícitos, das condições e da evolução da vida comercial, econômica, cultural e científica do Estado receptor, informar a respeito o governo do Estado que envia e fornecer dados às pessoas interessadas;

d) expedir passaporte e documentos de viagem aos nacionais do Estado que envia, bem como visto e documentos apropriados às pessoas que desejarem viajar para o referido Estado;

e) prestar ajuda e assistência aos nacionais, pessoas físicas ou jurídicas, do Estado que envia;

f) agir na qualidade de notário e oficial de registro civil, exercer funções similares, assim como outras de caráter administrativo, sempre que não contrariem as leis e regulamentos do Estado receptor;

g) resguardar, de acordo com as leis e regulamentos do Estado receptor, os interesses dos nacionais do Estado que envia (pessoas físicas ou jurídicas) nos casos de sucessão por morte verificada no território do Estado receptor;

h) resguardar, nos limites fixados pelas leis e regulamentos do Estado receptor, os interesses dos menores e dos incapazes, nacionais do país que envia, particularmente quando para eles for requerida a instituição de tutela ou curatela;

i) representar os nacionais do país que envia e tomar as medidas convenientes para sua representação perante os tribunais e outras autoridades do Estado receptor, de conformidade com a prática e os procedimentos em vigor neste último, visando conseguir, de acordo com as leis e regulamentos do mesmo, a adoção de medidas provisórias para a salvaguarda dos direitos e interesses destes nacionais, quando, por estarem ausentes ou por qualquer outra causa, não possam os mesmos defendê-los em tempo útil;

j) comunicar decisões judiciais e extrajudiciais e executar comissões rogatórias de conformidade com os acordos internacionais em vigor, ou, em sua falta, de qualquer outra maneira compatível com as leis e regulamentos do Estado receptor;

k) exercer, de conformidade com as leis e regulamentos do Estado que envia, os direitos de controle e de inspeção sobre as embarcações que tenham a nacionalidade do Estado que envia, e sobre as aeronaves nele matriculadas, bem como sobre suas tripulações;

l) prestar assistência às embarcações e aeronaves a que se refere a alínea k do presente artigo e também às tripulações; receber as declarações sobre as viagens dessas embarcações, examinar e visar os documentos de bordo e, sem prejuízo dos poderes das autoridades do Estado receptor, abrir inquéritos sobre os incidentes ocorridos durante a travessia e resolver todo tipo de litígio que possa surgir entre o capitão, os oficiais e os marinheiros, sempre que autorizado pelas leis e regulamentos do Estado que envia;

m) exercer todas as demais funções confiadas à repartição consular pelo Estado que envia, as quais não sejam proibidas pelas leis e regulamentos do Estado receptor, ou às quais este não se oponha, ou ainda as que lhe sejam atribuídas pelos acordos internacionais em vigor entre o Estado que envia e o Estado receptor.

Segundo o art. 14 da Convenção de Viena sobre Relações Consulares, assim que o chefe da repartição consular for admitido, o Estado receptor **notificará** imediatamente às autoridades competentes sobre a jurisdição consular e deverá tomar as medidas necessárias a fim de que o chefe da repartição consular possa cumprir os deveres de seu cargo e beneficiar-se do tratamento previsto pelas disposições da Convenção.

Isto para que o consulado possa efetivamente exercer as funções que lhes foram atribuídas, tais como a defesa dos interesses e prestação de assistência aos nacionais do Estado que envia, entre outras. Outrossim, a Convenção prevê que (Art. 36):

a) os funcionários consulares terão liberdade de se comunicar com os nacionais do Estado que envia e visitá-los. Os nacionais do Estado que envia terão a mesma liberdade de se comunicarem com os funcionários consulares e de visitá-los;

b) se o interessado lhes solicitar, as autoridades competentes do Estado receptor deverão, sem tardar, informar à repartição consular competente quando, em sua jurisdição, um nacional do Estado que envia for preso, encarcerado, posto em prisão preventiva ou detido de qualquer outra maneira;

c) os funcionários consulares terão direito de visitar o nacional do Estado que envia, o qual estiver detido, encarcerado ou preso preventivamente, conversar e corresponder-se com ele, e providenciar sua defesa perante os tribunais.

Frise-se que o estabelecimento de relações diplomáticas entre Estados implicará, salvo expressa indicação em contrário, no estabelecimento das relações consulares.

De outra banda, o rompimento das relações diplomáticas não acarretará, automaticamente, a extinção das relações consulares (art. 2ª da Convenção de Viena sobre Relações Consulares). A função consular, assim, é independente das relações diplomáticas.

ATENÇÃO

***Além da nomeação pelo Estado que envia, através da carta-patente**, o chefe da repartição consular (cônsul) também precisa ser aceito pelas autoridades competentes do Estado receptor. Essa dupla aceitação é necessária, tendo em vista a soberania dos Estados e o caráter bilateral das relações consulares. Somente após o ato de aquiescência (chamado de **exequatur**) do Estado que recebe o cônsul é que poderá haver o início das funções pelo chefe da repartição consular. O "**exequatur**" é **ato discricionário** do Estado receptor, ou seja, o país não está obrigado a informar ao Estado que envia as razões da negativa (art. 12 da Convenção de Viena sobre Relações Consulares de 1963).*

5. PRIVILÉGIOS E IMUNIDADES CONSULARES

Em face de a função consular ser relacionada a assuntos privados, os privilégios e imunidades dos agentes consulares são mais restritos do que as benesses conferidas aos agentes diplomáticos. De fato, já se explicou que é a teoria do **interesse da função** que explica a concessão das benesses diplomáticas e consulares.

A Convenção de Viena sobre Relações Consulares de 1963 prevê em seu preâmbulo que "a finalidade de tais privilégios e imunidades não é beneficiar indivíduos, mas assegurar o eficaz desempenho das funções das repartições consulares, em nome de seus respectivos Estados".

De acordo com o art. 43 da Convenção de Viena sobre Relações Consulares, a imunidade conferida aos **cônsules e empregados**

consulares é de **caráter funcional**, ou seja, existe apenas nos limites do exercício das suas funções. Assim, os privilégios e imunidades atribuídos ao cônsul e demais funcionários só abrangem os atos estritamente relacionados com o exercício da função consular representativa.

Os cônsules também desfrutam de imunidades penais, cíveis e administrativas.

Quanto à seara penal, os funcionários consulares gozam de imunidade em relação aos atos praticados no exercício da função (art. 42 da Convenção de Viena sobre Relações Consulares). Em relação aos atos extraoficiais, não poderão ser detidos ou presos preventivamente, exceto em caso de crime grave e em decorrência de decisão de autoridade judiciária competente.

Nestes casos, instaurado o processo penal, o funcionário deverá comparecer perante as autoridades competentes, tendo inclusive a obrigação de depor como testemunha, se for o caso.

Todavia, as diligências serão conduzidas com as deferências devidas à sua posição oficial e de maneira que menor perturbe o exercício das funções na repartição consular.

Os funcionários consulares têm imunidade de jurisdição em relação aos atos funcionais também na área cível e administrativa. Tal imunidade, porém, não existirá nas seguintes hipóteses (art. 43 da Convenção de Viena sobre Relações Consulares):

a) Nas ações cíveis que resultem de contrato que o funcionário ou empregado consular não tiver realizado implícita ou explicitamente como agente do Estado que envia; ou

b) Nas ações cíveis que sejam propostas por terceiro como consequência de danos causados por acidente de veículo, navio ou aeronave, ocorrido no Estado receptor.

6. QUADRO COMPARATIVO

Como dito acima, as imunidades diplomáticas e consulares têm algumas diferenças, sendo que as prerrogativas diplomáticas são mais amplas que as consulares.

Segue quadro comparativo para maior compreensão do tema:

Prerrogativa	Diplomática	Consular
Imunidade penal	**Absoluta:** não podem ser processados pelo Estado acreditado. **Exceção:** caso o agente tenha cometido crimes internacionais (crimes contra a humanidade; genocídio; de guerra e de agressão).	**Relativa:** podem ser presos ou detidos em caso de crime grave ou em razão de decisão de autoridade judicial competente.
Imunidade cível e administrativa	**Relativa:** não está abrangida pela imunidade a ação: a) sobre imóvel privado situado no território do Estado acreditado, salvo se o agente diplomático o possuir por conta do Estado acreditante para os fins da missão; b) sucessória na qual o agente diplomático figure, a título privado e não em nome do Estado, como executor testamentário, administrador, herdeiro ou legatário; c) referente a qualquer profissão liberal ou atividade comercial exercida pelo agente diplomático no Estado acreditado fora de suas funções oficiais; d) reconvenções.	**Relativa:** prevista somente para atos realizados no exercício de suas funções. A imunidade jurisdicional não será aplicada em: a) ações que resultem de contrato nas quais o funcionário não atuou como agente do Estado acreditante; b) ações propostas por terceiros decorrentes de danos causados em acidentes de veículos, naves ou aeronaves.
Imunidade tributária	Isenção fiscal sobre direitos e/ou emolumentos que receba pela prática de atos oficiais, bem como sobre atos aduaneiros de entrada de objetos destinados ao uso oficial da embaixada. **Exceções:** tributos indiretos; impostos e taxas sobre imóveis particulares não empregados em nome da missão; causas sucessórias a título pessoal; tarifas de serviços públicos; impostos sobre o capital referentes a investimentos em empresas no Estado acreditado; direitos de registro, hipoteca, custas judiciais e imposto do selo.	Isenção fiscal **Exceções:** tributos indiretos; impostos e taxas sobre imóveis particulares não empregados em nome da missão; impostos sucessórios; impostos e taxas sobre rendimentos privados e de capital; impostos e taxas sobre remunerações por serviços prestados a título particular; direitos de registro, hipoteca, custas judiciais e imposto do selo.

Prerrogativa	Diplomática	Consular
Inviolabilidade pessoal	**Absoluta**	**Relativa**
Inviolabilidade residencial	Absoluta inviolabilidade do Chefe da missão diplomática	Não há inviolabilidade da residência dos agentes consulares; apenas do Chefe do Consulado (Cônsul)
Inviolabilidade do local da representação	Os locais de missão diplomática não poderão ser objeto de busca, requisição, embargo ou medida de execução.	Inviolabilidade somente em relação às instalações consulares utilizadas exclusivamente para as atividades do consulado.
Inviolabilidade das comunicações	**Absoluta**	**Absoluta**
Inviolabilidade dos arquivos e documentos	**Absoluta**	**Absoluta**
Inviolabilidade da bagagem	**Absoluta**	**Relativa:** a bagagem consular poderá ser aberta, por um representante autorizado do Estado acreditante, se as autoridades competentes do Estado receptor tiverem sérios motivos para crer que a mala contém outros objetos.
Depor como testemunha	Não está obrigado a depor como testemunha.	Estão obrigados a depor como testemunha, desde que não seja acerca dos atos vinculados às suas funções nem sobre as leis do Estado acreditante, na qualidade de peritos.

7. TÓPICO-SÍNTESE

Tópico-síntese: Direito diplomático e consular	
Conceito	É a teoria do interesse da função que explica a concessão das benesses para que os agentes diplomáticos e consulares possam exercer dignamente suas incumbências, inclusive amparados pelas Convenções de Viena sobre Relações Diplomáticas de 1961 e Relações Consulares, de 1963 (preâmbulos), que reconhecem que "a finalidade de tais privilégios e imunidades não é beneficiar indivíduos, mas, sim, a de garantir o eficaz desempenho das funções" das missões diplomáticas e repartições consulares.
Agentes diplomáticos	Os agentes diplomáticos (ou diplomatas) são funcionários estatais que atuam internamente, nos Ministérios e demais órgãos governamentais nacionais ligados ao planejamento e consecução da política externa, ou externamente, nas chamadas missões diplomáticas (ou embaixadas). Uma vez enviados ao exterior, os agentes diplomáticos são os funcionários de um Estado responsáveis pela representação dos interesses deste em outro Estado soberano.
Funções primordiais dos agentes diplomáticos	Funções dos agentes diplomáticos: a) representar o Estado acreditante perante o Estado acreditado; b) proteger no Estado acreditado os interesses do Estado acreditante e de seus nacionais, dentro dos limites permitidos pelo direito internacional; c) negociar com o Governo do Estado acreditado; d) inteirar-se por todos os meios lícitos das condições existentes e da evolução dos acontecimentos no Estado acreditado e informar a esse respeito o Governo do Estado acreditante; e) promover relações amistosas e desenvolver as relações econômicas, culturais e científicas entre o Estado acreditante e o Estado acreditado; f) exercer funções consulares, caso seja necessário (na ausência de repartição consular).
Privilégios e imunidades diplomáticos	- A imunidade de jurisdição abrange todos os agentes diplomáticos bem como os membros de sua família que com eles vivam, desde que não sejam nacionais do Estado acreditado. - Os agentes diplomáticos têm imunidade penal absoluta, com exceção do cometimento de crimes internacionais (contra a humanidade, de guerra, de genocídio e de agressão). A imunidade cível e administrativa, embora plenamente aplicável, admite relativização nos seguintes casos:

Tópico-síntese: Direito diplomático e consular	
Privilégios e imunidades diplomáticos	a) ação sobre imóvel privado situado no território do Estado acreditado, salvo se o agente diplomático o possuir por conta do Estado acreditante para os fins da missão; b) ação sucessória na qual o agente diplomático figure, a título privado e não em nome do Estado, como executor testamentário, administrador, herdeiro ou legatário; c) ação referente a qualquer profissão liberal ou atividade comercial exercida pelo agente diplomático no Estado acreditado fora de suas funções oficiais.
	- Os agentes, locais e bens das missões diplomáticas gozam de inviolabilidade. Assim, as autoridades estatais locais não podem adentrar nos imóveis funcionais ou residenciais dos diplomatas, nem nos veículos oficiais das missões. Os documentos, arquivos, comunicações, bagagens oficiais e pessoais dos agentes diplomáticos também são protegidos. - Os diplomatas não estão compelidos a depor como testemunha.
Agentes consulares	Segundo a Convenção de Viena sobre Relações Consulares, de 1963, o agente consular tem atribuição para tratar de assuntos de interesse privado, sejam eles dos nacionais do Estado que representa (compatriotas) ou de nacionais do território em que esteja o consulado, interessados em travar relações com o país de origem do cônsul.
Funções primordiais dos agentes consulares	a) proteger, no Estado receptor, os interesses do Estado que envia e de seus nacionais, pessoas físicas ou jurídicas, dentro dos limites permitidos pelo direito internacional; b) fomentar o desenvolvimento das relações comerciais, econômicas, culturais e científicas entre o Estado que envia e o Estado receptor e promover ainda relações amistosas entre eles, de conformidade com as disposições da presente Convenção; c) informar-se, por todos os meios lícitos, das condições e da evolução da vida comercial, econômica, cultural e científica do Estado receptor, informar a respeito o governo do Estado que envia e fornecer dados às pessoas interessadas; d) expedir passaporte e documentos de viagem aos nacionais do Estado que envia, bem como visto e documentos apropriados às pessoas que desejarem viajar para o referido Estado; e) prestar ajuda e assistência aos nacionais, pessoas físicas ou jurídicas, do Estado que envia; f) agir na qualidade de notário e oficial de registro civil, exercer funções similares, assim como outras de caráter administrativo, sempre que não contrariem as leis e regulamentos do Estado receptor;

Tópico-síntese: Direito diplomático e consular	
Funções primordiais dos agentes consulares	g) resguardar, de acordo com as leis e regulamentos do Estado receptor, os interesses dos nacionais do Estado que envia (pessoas físicas ou jurídicas) nos casos de sucessão por morte verificada no território do Estado receptor; h) resguardar, nos limites fixados pelas leis e regulamentos do Estado receptor, os interesses dos menores e dos incapazes, nacionais do país que envia, particularmente quando para eles for requerida a instituição de tutela ou curatela; i) representar os nacionais do país que envia e tomar as medidas convenientes para sua representação perante os tribunais e outras autoridades do Estado receptor, de conformidade com a prática e os procedimentos em vigor neste último, visando conseguir, de acordo com as leis e regulamentos do mesmo, a adoção de medidas provisórias para a salvaguarda dos direitos e interesses destes nacionais, quando, por estarem ausentes ou por qualquer outra causa, não possam os mesmos defendê-los em tempo útil; j) comunicar decisões judiciais e extrajudiciais e executar comissões rogatórias de conformidade com os acordos internacionais em vigor, ou, em sua falta, de qualquer outra maneira compatível com as leis e regulamentos do Estado receptor; k) exercer, de conformidade com as leis e regulamentos do Estado que envia, os direitos de controle e de inspeção sobre as embarcações que tenham a nacionalidade do Estado que envia, e sobre as aeronaves nele matriculadas, bem como sobre suas tripulações; l) prestar assistência às embarcações e aeronaves a que se refere a alínea k do presente artigo e também às tripulações; receber as declarações sobre as viagens dessas embarcações examinar e visar os documentos de bordo e, sem prejuízo dos poderes das autoridades do Estado receptor, abrir inquéritos sobre os incidentes ocorridos durante a travessia e resolver todo tipo de litígio que possa surgir entre o capitão, os oficiais e os marinheiros, sempre que autorizado pelas leis e regulamentos do Estado que envia; m) exercer todas as demais funções confiadas à repartição consular pelo Estado que envia, as quais não sejam proibidas pelas leis e regulamentos do Estado receptor, ou às quais este não se oponha, ou ainda as que lhe sejam atribuídas pelos acordos internacionais em vigor entre o Estado que envia e o Estado receptor.

Tópico-síntese: Direito diplomático e consular	
Privilégios e imunidades consulares	A Convenção de Viena sobre Relações Consulares de 1963 aduz, no preâmbulo, que "a finalidade de tais privilégios e imunidades não é beneficiar indivíduos, mas assegurar o eficaz desempenho das funções das repartições consulares, em nome de seus respectivos Estado". De acordo com o art. 43 da Convenção de Viena sobre Relações Consulares, a imunidade conferida aos cônsules e empregados consulares é de caráter funcional, ou seja, existe apenas nos limites do exercício das suas funções. Assim, os privilégios e imunidades atribuídos ao cônsul e demais funcionários só abrangem os atos estritamente relacionados com o exercício da função consular representativa. Os cônsules também desfrutam de imunidades penais, cíveis e administrativas. Quanto à seara penal, os funcionários consulares gozam de imunidade absoluta em relação aos atos praticados no exercício da função. Em relação aos atos extraoficiais, é relativa: não poderão ser detidos ou presos preventivamente, exceto em caso de crime grave e em decorrência de decisão de autoridade judiciária competente. Os funcionários consulares têm imunidade de jurisdição em relação aos atos funcionais também na área cível e administrativa, com as seguintes exceções: a) Nas ações cíveis que resultem de contrato que o funcionário ou empregado consular não tiver realizado implícita ou explicitamente como agente do Estado que envia; ou b) Nas ações cíveis que sejam propostas por terceiro como consequência de danos causados por acidente de veículo, navio ou aeronave, ocorrido no Estado receptor.

Capítulo

8

RESPONSABILIDADE INTERNACIONAL

Leia a lei

- *Carta das Nações Unidas de 1945; Convenção de Viena sobre os Direitos dos Tratados de 1969.*

1. INTRODUÇÃO

É princípio basilar de direito que aquele que causar dano a outrem deverá ser responsabilizado, indenizando tais lesões. O Direito Internacional não foge à regra: também busca proteger os bens jurídicos de agressões, prevendo reprimenda para a prática de atos que causem danos.

Ocorre que, tendo em vista a inexistência de poder jurídico superior nos relacionamentos entre Estados, a regulamentação da responsabilidade internacional ainda é assunto delicado e matéria incipiente, regulamentada principalmente pelo costume internacional e alguns tratados, nos termos que estudaremos a seguir.

2. CONCEITO

Responsabilidade internacional é instituto que pretende responsabilizar o Estado ou organização internacional pela prática de ato ilícito internacional que cause dano a outro ente de DIP, impondo a reparação dos prejuízos sofridos por este.

Através da responsabilidade internacional dos Estados e organizações internacionais, busca-se impor o **dever geral** dos Estados e organizações de **não causar danos** a outros sujeitos e de se conduzir de acordo com as **obrigações** decorrentes dos **compromissos** efetuados no plano internacional.

A responsabilidade internacional é una: não reconhece distinção entre ilícitos civis e penais, pois tem caráter institucional, aplicando-se apenas a Estados e organizações internacionais.

Não obstante, é possível que determinado fato previsto como crime no ordenamento nacional também gere a responsabilidade internacional do Estado, caso estejam presentes nestas circunstâncias os elementos da responsabilidade internacional do Estado (ato ilícito, dano e nexo de causalidade ou imputabilidade do Estado). Neste caso, o Estado será responsabilizado internacionalmente e deverá reparar as lesões causadas, mas sem que haja procedimento criminal.

A responsabilidade penal propriamente dita, com previsão de punição dos "crimes internacionais" através da aplicação de penas, não é matéria de responsabilidade internacional dos Estados, mas sim do Direito Internacional Penal, aplicável aos indivíduos através dos Tribunais Penais Internacionais. Nesses casos, a responsabilidade pelo cometimento de "crimes internacionais" é de caráter individual.

3. CARACTERÍSTICAS

As principais características da responsabilidade internacional são:

- **unicidade:** não se diferencia responsabilidade por atos cíveis ou criminais;
- **caráter patrimonial:** impõe o retorno à situação anterior ou a reparação patrimonial do dano, não havendo previsão de sanção penal ou castigo repressivo;
- **caráter institucional:** aplica-se apenas a Estados e organizações internacionais e não a indivíduos;
- **finalidade reparatória:** busca reparar ou indenizar o dano sofrido pelo ente, não tendo função punitiva;
- **finalidade cominatória:** busca impor aos Estados e organizações internacionais os deveres gerais de não causar dano a outrem e de cumprir os tratados.

4. CLASSIFICAÇÃO

A responsabilidade internacional ainda pode ser **classificada** em:

Quanto à conduta que gera o dano	Decorrente de **ato comissivo** (decorrente de ação)
	Decorrente de **ato omissivo** (gerado por omissão)
Quanto à licitude da conduta que gera o dano	Decorrente de **atos ilícitos**
	Decorrente de **atos lícitos**
Quanto ao tipo de dano causado	Decorrente de **danos patrimoniais**
	Decorrente de **danos morais**
Quanto às normas que preveem a responsabilidade	Decorrente do desrespeito a normas previstas em **tratados** (convencional)
	Decorrente do desrespeito a normas previstas como **costume internacional** (delituosa)
Quanto à conduta dos agentes estatais	Decorrente de **conduta direta** dos agentes estatais (quando eles mesmos praticam a ação)
	Decorrente de **conduta indireta** dos agentes estatais (quando a ação for cometida por particulares em consequência da falha do controle do Estado ou quando o dano advier de entes cuja representação internacional é feita pelo Estado).

Em 2001, a Comissão de Direito Internacional da Organização das Nações Unidas (CDI-ONU) aprovou o texto do projeto de artigos relacionados a uma "convenção internacional sobre a responsabilidade internacional do Estado" (*draft articles*), que ainda aguarda a análise pela Assembleia-Geral da ONU. Caso seja aprovada pela ONU e ratificada pela sociedade global, tal convenção será um grande passo rumo à pacificação das relações internacionais.

5. ELEMENTOS DA RESPONSABILIDADE INTERNACIONAL

São três os requisitos para a configuração da responsabilidade internacional do Estado ou organização internacional:

1. Ato ilícito (ou lícito, nas hipóteses de responsabilidade objetiva);

2. Dano

3. Imputabilidade ou nexo de causalidade

Responsabilidade internacional do Estado ou Organização Internacional

O **ato ilícito** é a ação ou omissão que viola norma convencional ou costumeira de Direito Internacional, gerando danos a entes de DIP.

Vale ressaltar que em determinadas hipóteses o **ato lícito**, que não viola normas de DIP, também pode gerar responsabilidade internacional. São casos excepcionais de eventos lícitos que, por sua própria natureza, causem elevados riscos de lesões a toda comunidade global. Nesses casos, extraordinariamente, a responsabilidade do ente será objetiva. Como exemplo, temos a questão de atividades nucleares, da poluição do meio ambiente por petróleo e do lançamento de objetos espaciais, entre outras hipóteses.

Assim, estará configurada a responsabilidade objetiva do Estado se houver dano e nexo causal, mesmo em se tratando de atividades não proibidas pelo Direito Internacional.

ATENÇÃO

De acordo com o art. 27 da Convenção de Viena sobre os Direitos dos Tratados de 1969, "uma parte não pode invocar as disposições de seu direito interno para justificar o descumprimento de um tratado". Ou seja, ***independentemente de constituírem ou não violação à legislação nacional, os atos ou omissões que violem normas internacionais e causem danos a outros entes gerarão responsabilidade internacional do agente agressor*** *(Estados ou organismos internacionais).*

O **dano** é o prejuízo patrimonial ou moral causado por um Estado ou organização internacional a outro sujeito de Direito Internacional. A lesão pode ter sido efetivada diretamente pelo Estado ou por quem lhe faça as vezes, ou mesmo por um particular em decorrência da falha preventiva ou repressiva Estatal. Em todo caso, a ocorrência do dano é elemento da responsabilidade internacional e permite ao lesionado que exija reparação ou indenização do mal causado.

O Direito Internacional reconhece três formas de reparação do dano causado:

Restituição	É o retorno ao estado anterior (*status quo*). Também denominado *"restitutio in integrum"*, implica a volta ao estado anterior a lesão, quando possível
Indenização	Também chamada de compensação. É o pagamento de certa quantia a título de ressarcimento pelos danos causados, quando não for possível o retorno ao estado anterior
Satisfação	Declaração de cunho moral e pedido formal de desculpas

A **imputabilidade** do agente é o **nexo de causalidade** entre o dano ocasionado e o Estado ou organização internacional. De fato, para que se possa imputar a responsabilidade, é preciso que a lesão tenha decorrido direta ou indiretamente da conduta comissiva ou omissiva do agente. Então, a imputabilidade é a possibilidade de que o ato danoso seja atribuível ao agressor (Estado ou organização internacional, através do liame que os relacione).

O Estado responde internacionalmente pelos atos oficiais dos órgãos estatais decorrentes do Poder Executivo, Judiciário ou Legislativo e pelas condutas dos particulares que estejam imbuídos de funções estatais. O Estado responde também pelos atos executados pelas unidades de poder decorrentes da divisão do Estado (estados federados, municípios, províncias, distritos, etc.).

Em termos de responsabilidade internacional, o Estado soberano se apresenta como um único bloco, independentemente das divisões administrativas acaso existentes ou do Poder Federativo que emanou o ato.

A princípio, o Estado não é responsável pelos atos particulares dos seus nacionais. Todavia, pode vir a ser responsabilizado pelo dano causado nessas condições caso seja demonstrada a falha do Estado na prevenção ou repressão da conduta ilícita do particular, ou a negligência na apuração e repressão do ocorrido.

6. TEORIAS ACERCA DA NATUREZA JURÍDICA

Há intenso debate doutrinário acerca da natureza jurídica da responsabilidade internacional. Existem três correntes que analisam o tipo de responsabilidade do Estado e organizações internacionais pelos danos decorrentes de atos ilícitos:

a)	**Teoria subjetiva (ou da culpa):** a responsabilidade internacional depende da ocorrência de culpa ou dolo na conduta do sujeito de DIP;
b)	**Teoria objetiva (ou do risco):** a responsabilidade internacional independe de qualquer elemento subjetivo do sujeito de DIP;
c)	**Teoria mista:** nos atos comissivos, a responsabilidade internacional é objetiva, prescindindo de elementos subjetivos; já nos atos omissivos, a responsabilidade internacional somente seria imputada se houvesse culpa na omissão.

A teoria mais utilizada nas decisões gerais de Direito Internacional é a **teoria subjetiva (ou da culpa)**, que exige a ocorrência de dolo ou culpa na conduta do sujeito de DIP para que seja imputada a responsabilidade internacional.

De outra banda, a **teoria da responsabilidade objetiva (ou do risco)** vem sendo utilizada nos casos de responsabilidade por **atos lícitos** que pela própria natureza da atividade causem maiores riscos à sociedade mundial, tais quais atividades nucleares, poluição ambiental e lançamento de objetos espaciais, entre outras hipóteses.

Ressalte-se que a responsabilidade **objetiva** tem **caráter excepcional** em Direito Internacional. Assim, para sua configuração é necessária a coexistência de dois fatores:

1) A previsão em convenção ou tratado internacional
+
2) Desenvolvimento de atividade de risco

Atualmente existem vários tratados internacionais prevendo a responsabilidade objetiva dos Estados nas áreas de meio ambiente, atividades nucleares e lançamento de objetos espaciais, dentre outras.

7. EXCLUDENTES DE RESPONSABILIDADE INTERNACIONAL

Geralmente, a prática de atos que não obedeçam às normas de Direito Internacional, gerando danos, origina a responsabilidade internacional dos sujeitos de Direito Internacional. Todavia, existem algumas circunstâncias capazes de excluir ou minorar a responsabilidade por esses atos. A legítima defesa, as contramedidas, as represálias e a prescrição liberatória são alguns deles.

A Carta das Nações Unidas de 1945 (Art. 51) traz a previsão da legítima defesa, nos seguintes termos: "Artigo 51. Nada na presente Carta prejudicará o direito inerente de legítima defesa individual ou coletiva no caso de ocorrer um ataque armado contra um Membro das Nações Unidas, até que o Conselho de Segurança tenha tomado as medidas necessárias para a manutenção da paz e da segurança internacionais. As medidas tomadas pelos Membros no exercício desse direito de legítima defesa serão comunicadas imediatamente ao Conselho de Segurança e não deverão, de modo algum, atingir a autoridade e a responsabilidade que a presente Carta atribui ao Conselho para levar a efeito, em qualquer tempo, a ação que julgar necessária à manutenção ou ao restabelecimento da paz e da segurança internacionais."

Os atos em **legítima defesa**, apesar de constituírem condutas contrárias aos estritos ditames das normas internacionais, não configuram responsabilidade internacional do Estado agente desde que haja anterior agressão injusta por parte de outro ente e proporcionalidade na reação.

As **contramedidas** também são atos ilícitos em si mesmos, mas que no caso concreto não geram responsabilidade internacional, pois se justificam como único meio de combater outros atos igualmente ilícitos praticados por outro Estado. Tendo em vista essa particularidade, as contramedidas não geram responsabilidade internacional, desde que sejam proporcionais e precedidas de agressões ilícitas por parte de outro ente.

As **represálias** também são contra-ataques de um Estado em relação a atos ilícitos cometidos por outro ente. São condutas ilícitas em si mesmas, mas não geram responsabilidade internacional do Estado, pois são suficientemente justificadas por atos anteriores contrários ao Direito Internacional. Atualmente, há o entendimento que represálias que não cheguem ao uso da força podem ser praticadas legitimamente, mas aquelas que envolvem força armada só podem ser efetuadas nos termos da legítima defesa. Exemplo: confisco de bens de outro Estado.

As **contramedidas** são atos ilícitos em si mesmos, mas que no caso concreto não geram responsabilidade internacional, pois se justificam como único meio de reagir a outros atos igualmente ilícitos praticados por outro Estado. Tendo em vista essa particularidade, as contramedidas não geram responsabilidade internacional, desde que sejam proporcionais e precedidas de atos contrários ao interesse do agente que as pratica. Exemplo: suspensão do cumprimento de um tratado internacional com outro Estado, tendo em vista o ato ilícito praticado por este.

A **prescrição liberatória** é a extinção do direito do Estado lesado à indenização pelo ato ilícito, que decorre da anuência com a situação por um longo período de tempo. A aceitação dos fatos ilícitos pelo

Estado prejudicado, através da inércia ao através do tempo, exclui a responsabilidade internacional do Estado agressor.

A **culpa do Estado** lesado, que causou ou contribuiu para a causação do dano, também é mencionada pela doutrina como excludente ou minorante da responsabilidade internacional.

Ressalte-se mais uma vez que, independentemente de estarem abrigados pela legislação nacional, os atos ou omissões que violem normas internacionais gerarão responsabilidade internacional do agente agressor (Estados ou organismos internacionais).

O art. 27 da Convenção de Viena sobre os Direitos dos Tratados de 1969, prevê que "uma parte não pode invocar as disposições de seu direito interno para justificar o descumprimento de um tratado". Ou seja, a **permissão** da **legislação nacional não** é **excludente** de **responsabilidade internacional.**

8. INTERFERÊNCIAS DE OUTROS ESTADOS

8.1. Proteção diplomática e cláusula Calvo

A proteção diplomática se relaciona com a responsabilidade internacional, pois é o instituto através do qual determinado Estado decide acolher a pretensão de reparação apresentada por um nacional seu que haja sofrido dano em decorrência de ato de outro Estado (endosso), apresentando contra este Estado um pedido de indenização.

O ato de acolhimento da pretensão do nacional pelo Estado que oferece a proteção diplomática é chamado de "endosso". O endosso exige algumas condições cumulativas:

1) **Nacionalidade efetiva da pessoa lesada:** Para que possa obter a proteção diplomática do Estado, a pessoa requerente deve ser de nacionalidade efetiva deste Estado ou de coletividade representada por ele;

2) **Esgotamento prévio dos recursos internos:** Antes de acolhido o endosso, a pessoa requerente deve ter esgotado os recursos internos oferecidos pelo país reclamado;

3) **Conduta lícita da pessoa lesada:** O requerente do endosso deve ter procedido de forma lícita para fazer jus à proteção

diplomática. Assim, se a atitude do requerente afrontou normas do ordenamento jurídico interno ou internacional, não é possível obter o endosso.

A proteção diplomática é ato discricionário do Estado soberano e por isso não pode ser objeto de renúncia pelo nacional beneficiado.

De qualquer forma, ao longo do desenvolvimento do Direito Internacional e das relações entre os países, foi criada a chamada "Cláusula Calvo" através da qual toda pessoa física ou jurídica estrangeira que pretenda negociar com determinado Estado deve antecipadamente renunciar à proteção diplomática, declarando desde logo que não requererá o endosso nas questões decorrentes dos contratos.

Essa doutrina pretendia proteger os interesses dos Estados em desenvolvimento, que buscavam investimentos estrangeiros e queriam evitar a interferência diplomática na execução dos contratos internacionais. Foi objeto de críticas doutrinárias generalizadas por significar a renúncia a um direito que não pertence às pessoas particulares, mas sim ao Estado, único ente capaz de conferir ou negar a proteção diplomática, inclusive independentemente de pedido do interessado.

8.2. Doutrina Drago

A doutrina Drago também se relaciona com o tema de interferências entre Estados, pois é a teoria formulada para defender a proibição da intervenção armada por determinado Estado para compelir outro ao pagamento de suas dívidas financeiras.

Tal doutrina não desconhece a obrigação geral dos Estados de cumprir com seus compromissos e não causar dano a outros entes, sob pena de responsabilização internacional. Todavia, condena a cobrança das dívidas oficiais através de força armada, até por que tal conduta levaria à ruína das nações mais pobres e se tornaria ameaça permanente a paz e segurança mundiais.

Atualmente, a regra geral é a proibição do uso da força armada, inclusive para fins de cobranças financeiras.

9. TÓPICO-SÍNTESE

Tópico-síntese: Responsabilidade internacional	
Conceito	Responsabilidade internacional é instituto que pretende responsabilizar o Estado ou organização internacional pela prática de um ato ilícito internacional que cause dano a outro ente de DIP, impondo a reparação dos prejuízos sofridos por este.
Características principais	– **unicidade:** não se diferenciam responsabilidade por atos cíveis ou criminais; – **caráter patrimonial:** impõe o retorno à situação anterior ou a reparação patrimonial do dano, não havendo previsão de sanção penal ou castigo repressivo; – **caráter institucional:** aplica-se apenas a Estados e Organizações Internacionais e não a indivíduos; – **finalidade reparatória:** busca reparar ou indenizar o dano sofrido pelo ente, e não servir como meio de punição; – **finalidade cominatória:** busca impor aos Estados e Organizações Internacionais os deveres gerais de não causar dano a outrem e de cumprir os tratados.
Classificação	**a) Quanto à conduta que gera o dano:** Decorrente de ato comissivo (decorrente de ação) Decorrente de ato omissivo (gerado por omissão) **b) Quanto à licitude da conduta que gera o dano:** Decorrente de atos ilícitos Decorrente de atos lícitos **c) Quanto ao tipo de dano causado:** Decorrente de danos patrimoniais Decorrente de danos morais **d) Quanto às normas que preveem a responsabilidade:** Decorrente do desrespeito a normas previstas em tratados (convencional) Decorrente do desrespeito a normas previstas como costume internacional (delituosa) **e) Quanto à conduta dos agentes estatais:** Decorrente de conduta direta dos agentes estatais (quando eles mesmos praticam a ação) Decorrente de conduta indireta dos agentes estatais (quando a ação for cometida por particulares em consequência da falha do controle do Estado ou quando o dano advier de entes cuja representação internacional é feita pelo Estado).
Elementos da responsabilidade internacional	São três os requisitos da configuração da responsabilidade internacional do Estado ou Organização Internacional:
	1. **Ato ilícito** (ou lícito, em determinados casos): é a ação ou omissão que viola norma convencional ou costumeira de Direito Internacional, gerando danos a entes de DIP.

Tópico-síntese: Responsabilidade internacional	
Elementos da responsabilidade internacional	**2. Dano:** é o prejuízo patrimonial ou moral causado por um Estado ou Organização Internacional a outro sujeito de Direito Internacional.
	3. Imputabilidade ou nexo de causalidade: é a possibilidade de que o ato danoso seja atribuível ao agressor (Estado ou Organização Internacional), através do liame que os relacione.
Teorias acerca da natureza jurídica da responsabilidade internacional	**Teoria subjetiva (ou da culpa):** a responsabilidade internacional depende da ocorrência de culpa ou dolo na conduta do sujeito de DIP;
	Teoria objetiva (ou do risco): a responsabilidade internacional independe de qualquer elemento subjetivo do sujeito de DIP;
	Teoria mista: nos atos comissivos, a responsabilidade internacional é objetiva, prescindindo de elementos subjetivos; já nos atos omissivos, a responsabilidade internacional somente seria imputada se houvesse culpa na omissão.
	A teoria mais utilizada nas decisões gerais de Direito Internacional é a teoria subjetiva (ou da culpa), que exige a ocorrência de dolo ou culpa na conduta do sujeito de DIP para que seja imputada a responsabilidade internacional. De outra banda, a teoria da responsabilidade objetiva (ou do risco) vem sendo utilizada nos casos de responsabilidade por atos lícitos que pela própria natureza da atividade causem maiores riscos à sociedade mundial, tais quais atividades nucleares, poluição ambiental e lançamento de objetos espaciais, entre outras hipóteses.
Excludentes de responsabilidade internacional	**Legítima defesa:** os atos em legítima defesa, apesar de constituírem condutas contrárias aos estritos ditames das normas internacionais, não configuram responsabilidade internacional do Estado agente desde que haja anterior agressão injusta por parte de outro ente e proporcionalidade na reação.
	Contramedidas: também são atos ilícitos em si mesmos, mas que no caso concreto não geram responsabilidade internacional, pois se justificam como único meio de combater outros atos igualmente ilícitos praticados por outro Estado. Tendo em vista essa particularidade, as contramedidas não geram responsabilidade internacional, desde que sejam proporcionais e precedidas de agressões ilícitas por parte de outro ente.
	Represálias: também são contra-ataques de um Estado em relação a atos ilícitos cometidos por outro ente. São condutas

Tópico-síntese: Responsabilidade internacional	
Excludentes de responsabilidade internacional	ilícitas em si mesmas, mas não geram responsabilidade internacional do Estado, pois são suficientemente justificadas por atos anteriores contrários ao Direito Internacional. Atualmente, há o entendimento que represálias que não cheguem ao uso da força podem ser praticadas legitimamente, mas aquelas que envolvem força armada só podem ser efetuadas nos termos da legítima defesa.
	Prescrição liberatória: é a extinção do direito do Estado lesado à indenização pelo ato ilícito, que decorre da anuência com a situação por um longo período de tempo. A aceitação dos fatos ilícitos pelo Estado prejudicado, através da inércia ao através do tempo, exclui a responsabilidade internacional do Estado agressor.
	Culpa do Estado lesado: A culpa do Estado agredido, que causou ou contribuiu para a causação do dano, também é mencionada pela doutrina como excludente ou minorante da responsabilidade internacional.
Interferência de outros Estados	**Proteção diplomática:** se relaciona com a responsabilidade internacional, pois é o instituto através do qual determinado Estado decide acolher (endosso) a pretensão de reparação apresentada por um nacional seu que haja sofrido dano em decorrência de ato de outro Estado, apresentando contra este Estado um pedido de indenização. Requisitos: nacionalidade efetiva da pessoa lesada; esgotamento prévio dos recursos internos; conduta lícita da pessoa lesada.
	Cláusula Calvo: Cláusula contratual de contratos internacionais através da qual toda pessoa física ou jurídica estrangeira que pretenda negociar com determinado Estado deve antecipadamente renunciar à proteção diplomática, declarando desde logo que não requererá o endosso nas questões decorrentes dos contratos.
	Doutrina Drago: teoria formulada para defender a proibição da intervenção armada por determinado Estado para compelir outro ao pagamento de suas dívidas financeiras. Tal doutrina não desconhece a obrigação geral dos Estados de cumprir com seus compromissos e não causar dano a outros entes, sob pena de responsabilização internacional. Todavia, condena a cobrança coercitiva e através de força armada das dívidas oficiais, até por que tal conduta levaria à ruína das nações mais pobres e se tornaria ameaça permanente a paz e segurança mundiais.

Capítulo

9

DIREITO INTERNACIONAL ECONÔMICO

Leia a lei

- *Arts. 1º, 4º e 5º, §2º, 3º e 4º da CF; Convenção de Viena sobre o Direito dos Tratados de 1969; Convenção de Viena sobre o Direito dos Tratados entre Estados e Organizações Internacionais ou entre Organizações Internacionais de 1986; Decretos nº 27.784/50 e 52.288/63; Carta da ONU; Carta da OEA.*

1. INTRODUÇÃO

Ainda durante a Segunda Guerra Mundial (1944) foi realizada a Conferência de Bretton Woods, em New Hampshire (EUA), com o objetivo de guiar a economia mundial na era pós-guerra, estabelecendo os primeiros contornos de uma nova ordem econômica. Durante a Conferência foram celebrados vários acordos entre os Estados Aliados participantes e foram criados o **Fundo Monetário Internacional (FMI)** e **o Banco Internacional para a Reconstrução e Desenvolvimento (BIRD) ou Banco Mundial**. Também estava prevista a criação da **Organização Internacional do Comércio (OIC)**, formando então o que se convencionou chamar de "tripé de Bretton Woods" ou "sistema de Bretton Woods".

O FMI tem como propósito garantir a estabilidade cambial e a realização de empréstimo a países que se encontram com dificuldade nos balanços de pagamento, objetivando estimular a expansão do comércio internacional. Já o BIRD é responsável pela promoção do desenvolvimento das nações e reconstrução dos países arrasados pela Segunda Guerra Mundial.

A Carta de Havana, assinada em 1947 na Conferência de Havana, criou a Organização Internacional do Comércio (OIC). Contudo, diante da ausência de ratificação pelo Congresso dos Estados Unidos, a organização nunca entrou em funcionamento. Diante desta situação, naquele mesmo ano, 23 países firmaram um acordo, e com base na política comercial delineada na Carta de Havana, constituíram o GATT (*General Agreement on Tariffs and Trade* – Acordo Geral de Tarifas e Comércio), que tinha por objetivo estimular o comércio internacional através da redução tarifária. O GATT, todavia, não era uma organização internacional como o FMI e o BIRD: tratava-se de um acordo provisório até que a OIC fosse estabelecida. Como de fato isto nunca veio a ocorrer, o GATT ganhou sobrevida e passou a regulamentar as relações comerciais internacionais ao lado do FMI e do BIRD, sem possuir, contudo, natureza institucional.

Apenas em 1995, através do Acordo de Marrakesh, foi instituída a Organização Mundial do Comércio (OMC), vindo a substituir o GATT, e com estrutura institucional passou a regulamentar o comércio internacional. Não obstante, o GATT ainda é vigente, agora atualizado por acordos econômicos internacionais e pelo Acordo de Marrakesh.

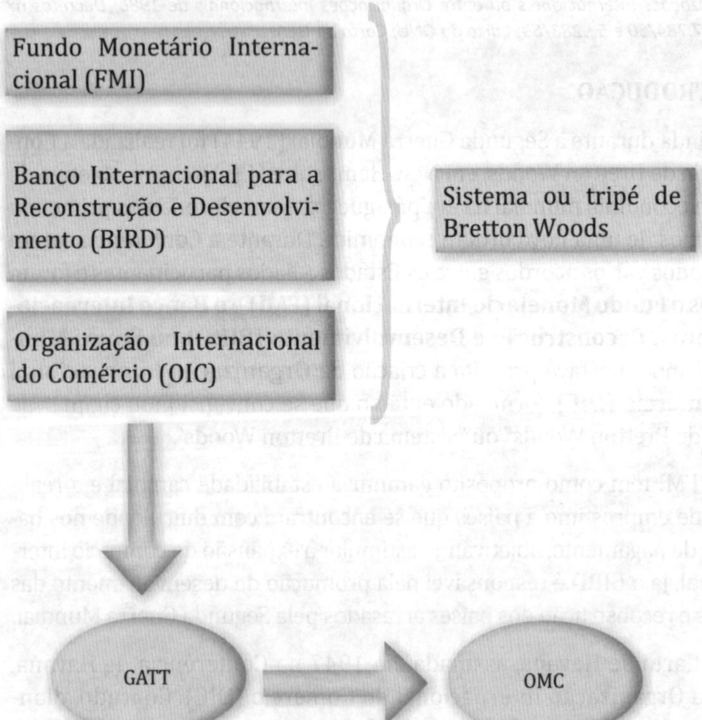

2. CONCEITO

Não há consenso na doutrina acerca da definição do que seria o Direito Internacional Econômico. O motivo se deve, dentre outros fatores, ao grande conteúdo econômico de suas normas, dificultando os estudiosos na tarefa de delimitar o seu conteúdo jurídico.

No entanto, de modo geral, chega-se ao seguinte conceito: Direito Internacional Econômico (DIE), ramo do Direito Internacional Público, é um conjunto de normas e princípios que busca regular, em uma escala macro, as relações econômicas internacionais, através dos princípios da liberdade e lealdade, e mantê-las em consonância com os fins estabelecidos pela ordem econômica mundial.

Contudo, o DIE não possui um conteúdo estático ante a dinamicidade de suas normas. As relações comerciais de que tratam estão sempre em mutação, adaptando-se aos casos específicos e às flutuações da economia mundial.

3. CARACTERÍSTICAS

As principais características do Direito Internacional Econômico são:

a)	**Direito quadro** (*droit cadre*): pois tem por objeto complexas relações econômicas internacionais, que se encontram em constante mutação, impedindo a regulamentação pormenorizada;
b)	**Ponderação do voto ou votação por peso** (*weighted vote*): a maioria das organizações internacionais econômicas não adota o princípio da igualdade entre Estados do Direito Internacional, criando critérios de acordo com o poderio econômico de cada Estado. Apenas na OMC vige o princípio da igualdade onde cada Estado tem direito a um voto;
c)	**Dualidade das normas**: as normas que compõe o DIE são aplicadas de forma distinta para os países industrializados e para os países em desenvolvimento;
d)	**Cláusula de salvaguarda**: o DIE quando aplica suas normas econômicas leva em consideração a instabilidade da situação econômica de cada país, que está em constante dinamismo. Dessa forma, a depender do caso, determinado país pode ficar isento de alguma obrigação estipulada nos acordos de modo a garantir a desejável manutenção dos tratados.

4. FUNDO MONETÁRIO INTERNACIONAL (FMI)

4.1. Conceito

O Fundo Monetário Internacional é uma organização internacional de cunho econômico e financeiro composta por 188 países que tem por objetivos a estabilidade financeira e econômica do mundo, através da promoção da cooperação monetária, do favorecimento do comércio internacional, da promoção do emprego e do desenvolvimento sustentável dos países e da redução da pobreza mundial.

O Fundo é composto de contribuições financeiras de seus membros através da integralização de cotas, que levam em consideração o poderio econômico de cada país, cujo valor corresponde ao peso do voto que cada Estado membro possui.

Para atingir seu objetivo, o FMI utiliza-se dos seguintes instrumentos:

Fornecimento de empréstimos temporários aos países que se encontram em dificuldades em equilibrar suas balanças de pagamentos (balança comercial);
Assistência técnica na implantação de políticas econômicas e nas ações governamentais, inclusive com a imposição de condições e monitoramento da taxa de câmbio e da balança de pagamento do país assistido;
Supervisão cambial;
Monitoramento da economia mundial para prevenção e solução de crises.

4.2. Estrutura institucional

O Fundo Monetário Internacional é composto dos seguintes órgãos: Conselho ou Assembleia dos Governadores, Diretoria Executiva e Diretor Geral.

a) **Conselho de Governadores**: é a instância decisória máxima do Fundo, composta por um representante titular e um suplente de cada Estado membro, geralmente ministros da economia ou presidentes dos bancos centrais. Este órgão tem o propósito de estabelecer as diretrizes gerais do Fundo. O peso do voto de cada governador é decidido pelo valor da cota integralizada pelo Estado que representa. Os Estados Unidos é o único país cujo governador tem o poder de veto.

Em suas atribuições a Assembleia dos Governadores é auxiliada pelo Comitê Financeiro e Monetário e pelo Comitê Conjunto FMI – Banco Mundial para o Desenvolvimento.

b) **Diretoria Executiva**: logo abaixo do Conselho de Governadores, este órgão atua em nível operacional auxiliado pelo Comitê Interino e pelo Comitê de Desenvolvimento, que o auxiliam em assuntos administrativos relativos ao sistema financeiro mundial e a realização de empréstimos aos países em desenvolvimento, respectivamente.

O órgão é composto por 24 membros, sendo oito deles representantes dos maiores cotistas (EUA, Alemanha, Japão, França, Reino Unido, Arábia Saudita, China e Rússia), e os demais eleitos para um mandato de dois anos e representam o voto de um grupo de países.

c) **Diretor Geral**: é o representante máximo da Diretoria Executiva e eleito pelo Conselho de Governadores.

5. BANCO MUNDIAL (BIRD)

5.1. Conceito

Assim como o FMI, o Banco Internacional para a Reconstrução e Desenvolvimento – BIRD foi constituído na Conferência de Bretton Woods. Trata-se de uma instituição financeira supranacional inicialmente instituída com o propósito de reconstruir os países europeus arrasados pela Segunda Guerra Mundial. Atualmente, o BIRD faz parte do Grupo Banco Mundial e estimula o desenvolvimento econômico e social de países de várias partes do mundo, através de empréstimos financeiros e projetos de assistência à expansão de economias em desenvolvimento.

O ideal de reconstrução do Banco ainda subsiste, através de intervenções financeiras em países que sofreram com desastres naturais ou conflitos armados.

O BIRD é constituído pela subscrição de capital dos 188 Estados membros, cujas cotas se equivalem ao porte da economia interna de cada país. Apenas os membros do FMI podem fazer parte do BIRD.

Assim como é no FMI, a tomada de decisões é realizada através do voto ponderado, na medida em que o peso do voto de cada país integrante equivale ao montante do capital subscrito por cada um, determinando sua representatividade. Os Estados Unidos é seu maior acionista.

O BIRD obtém grande parte dos seus recursos no mercado internacional de capitais, com a venda de títulos que possuem cotação "*triple A*" desde 1959.

5.2. Estrutura institucional:

O BIRD é composto dos seguintes órgãos: Conselho de Governadores, Diretoria Executiva e Presidência.

a) **Conselho de Governadores**: é a instância decisória máxima do Banco, composta por um representante titular de cada Estado membro, geralmente ministros da economia ou presidentes dos bancos centrais. Este órgão possui a atribuição de decidir sobre orçamento, empréstimos, gastos com operações e estratégias de assistência. O peso do voto de cada governador é decidido pelo valor do capital subscrito pelo Estado que representa.

b) **Diretoria Executiva**: este órgão atua em nível operacional e administrativo, exercendo todos os poderes delegados pelo Conselho de Governadores.

   O órgão é composto por 24 membros, sendo cinco deles representantes dos maiores acionistas (EUA, Alemanha, Japão, França, Reino Unido), e os demais indicados pelo Conselho de Governadores.

c) **Presidência**: é o representante máximo da Diretoria Executiva, eleito pelo Conselho de Governadores, mas seguindo um protocolo informal estabelecido em Bretton Woods, a função sempre recai a um representante dos Estados Unidos, principal cotista do Banco.

6. ORGANIZAÇÃO MUNDIAL DO COMÉRCIO (OMC)

6.1. Histórico

Durante os debates na Conferência de Bretton Woods, que tinha como propósito delimitar os contornos da nova ordem econômica para o mundo pós-Segunda Guerra, já se vislumbrava a necessidade de instituir mecanismos que possibilitassem acordos multilaterais de redução de tarifas.

Com o escopo de viabilizar esse objetivo, foi instituído pela Carta de Havana, em 1947, a Organização Internacional do Comércio (OIC). No entanto, o documento nunca entrou em vigor, frustrando a criação da instituição, pois, dentre outros fatores, o Congresso Americano não ratificou a Carta, alegando que a criação da OIC afetaria a soberania dos Estados Unidos.

O impasse foi resolvido naquele mesmo ano, pela assinatura por 23 países (incluindo os Estados Unidos) de um acordo, que baseado na política comercial delineada na Carta de Havana, constituiu o GATT (*General Agreement on Tariffs and Trade* – Acordo Geral de Tarifas e Comércio), que vigeria provisoriamente como acordo multilateral para a redução de tarifas comerciais e combate ao protecionismo dos Estados.

No entanto, ao contrário da OIT, o GATT não possuía natureza institucional. Tratava-se de acordo provisório até que fosse finalmente criada a OIC. Como isto nunca veio a ocorrer, o GATT ganhou sobrevida, regulando até hoje muitas relações comerciais internacionais.

O GATT, desde então, serviu de base para as diversas Rodadas de Negociações de acordos que se sucederam. Foram oito rodadas, até a criação da Organização Mundial do Comércio (OMC) através do Acordo de Marrakesh ("GATT 1994").

Conforme foi dito, através do Acordo de Marrakesh ("GATT 1994"), instituiu-se a Organização Mundial do Comércio (OMC), conferindo natureza institucional aos acordos firmados no GATT.

6.2. Conceito

A Organização Mundial do Comércio (OMC) é um organismo internacional, cujo propósito é a regulamentação do comércio internacional, visando à redução de tarifas e ao combate ao protecionismo, promovendo a expansão da produção e do comércio internacional de bens e serviços.

6.3. Objetivos

Em consonância com o próprio conceito, os **objetivos** da OMC são: promover o livre comércio internacional, estimular a expansão da produção industrial e comercial mundiais (inclusive dos países em desenvolvimento), buscar o pleno emprego, evitar o protecionismo dos Estados, fomentar o desenvolvimento sustentável e ensejar um comércio internacional mais justo e participativo, para, enfim, melhorar a qualidade de vida em escala mundial.

Para atingir seus objetivos a OMC tem como principais funções:

Facilitar a aplicação dos acordos comerciais multilaterais, garantindo que seus objetivos sejam colimados;
Servir de foro para a negociação entre seus membros no que respeita às suas relações comerciais multilaterais;
Zelar pela interpretação das normas que regem a resolução de litígios;
Verificar as políticas comerciais nacionais;
Cooperar e atuar conjuntamente com as demais organizações mundiais de desenvolvimento econômico.

6.4. Princípios

As ações da OMC são regidas pelos seguintes princípios:

a) **Princípio da igualdade, não discriminação ou da nação mais favorecida:** os países integrantes da OMC devem estender os benefícios concedidos a determinado país a todos os demais membros. Portanto, não se permite que um país descrimine outro concedendo vantagens comerciais especiais apenas para certos Estados.

b) **Princípio do tratamento nacional:** os produtos advindos de outros países devem receber o mesmo tratamento comercial/fiscal do seu equivalente nacional. Busca-se com esse princípio assegurar igualdade de concorrência dentro do mercado interno de cada país, afastando o protecionismo.

c) **Princípio da transparência ou proteção por meio de tarifa:** A OMC não proíbe que o país proteja determinados setores econômicos nacionais, no entanto exige que tal conduta seja feita de forma transparente, ou seja, através de tarifa. A proteção por meio de tarifa é considerada o meio mais claro de se aferir o grau de proteção dispensado ao setor e também é o que provoca o menor grau de distorção no comércio internacional.

d) **Princípio do compromisso único (*single undertaking*):** os acordos comerciais devem ser aderidos em sua inteireza, sendo proibido ao país escolher as cláusulas que lhes sejam mais benéficas;

d) **Princípio da redutibilidade progressiva das tarifas:** como o próprio nome sugere, os países membros da OMC devem se comprometer em reduzir progressivamente as tarifas, bem como suas defesas comerciais (estimular medidas *antidumping*);

e) **Princípio do tratamento especial e diferenciado para países em desenvolvimento:** É a chamada "Cláusula de Salvaguarda". Os países em desenvolvimento possuem tratamento diferenciado, levando-se em conta sua situação de maior sensibilidade às mudanças econômicas;

f) **Princípio do *In Dubio Pro Mitius ou In Dubio Mitius:*** as regras de comércio internacional no âmbito da OMC devem ser interpretadas de modo restrito.

6.5. Acordo geral sobre tarifas e comércio – GATT

O GATT (*General Agreement on Tariffs and Trade* – Acordo Geral de Tarifas e Comércio) é um acordo multilateral de comércio internacional para a redução de tarifas comerciais e combate ao protecionismo dos Estados.

Durante aproximadamente meio século o GATT foi o único acordo multilateral responsável por regulamentar as relações comerciais internacionais, sem possuir, no entanto, natureza institucional.

O GATT dispôs em seu estatuto de criação (art. XXVIII), que os Estados membros poderão utilizar de "rodadas de negociações", para discutir a redução de tarifas e a abertura de mercados.

Rodadas de negociações são reuniões realizadas entre os países que compõe a OMC, visando à expansão do livre comércio através da redução de barreiras tarifárias e não tarifárias. Normalmente a rodada começa em determinada cidade, cujo nome batiza a rodada, e pode se estender por outras cidades ao redor do mundo (por exemplo: a Rodada de Doha teve início na cidade de Doha, capital do Catar, e as negociações subsequentes, dentro desta mesma rodada, tiverem lugar em Cancun, Genebra, Paris, Hong Kong e Potsdan).

Ao longo da história, foram realizadas oito rodadas de negociações: Genebra (1947); Annecy (1949); Torquay (1950/1951); Genebra (1955/1956); Dillon (1960/1961); Kennedy (1964/1967); Tóquio (1973/1979) e Uruguai (1986/1994). Atualmente vigem os acordos estabelecidos na Rodada de Doha (2001), porém esta se deu quando a OMC já estava constituída.

As primeiras cinco rodadas trataram apenas de um único tema: a redução tarifária. A Rodada de Kennedy, além de abordar a redução de tarifas, trouxe o acordo *antidumping*.

A Rodada de Tóquio foi a primeira tentativa significante de combater as barreiras não tarifárias. Nessa rodada de negociações, além da redução tarifária, ficaram estabelecidos regramentos contra a imposição de barreiras não tarifárias pelos Países membros, como por exemplo, o subsídio governamental a determinados setores da economia, prática de dumping, barreiras técnicas, etc.

A Rodada do Uruguai foi marcada por uma intensa negociação visando estender o sistema comercial para novas áreas como a de serviços, propriedade intelectual, agrícola e têxtil. No entanto, houve uma discordância em alguns aspectos das negociações relativas à agricultura entre os Estados Unidos e a União Europeia. Apenas em 1994, na cidade de Marrakesh, no Marrocos, foi realizada ata final das negociações incorporando a Rodada do Uruguai.

Durante as negociações dessa rodada, foram aperfeiçoados os instrumentos contra as barreiras não tarifárias e foram estabelecidos: maior redução de tarifas, o Acordo Geral sobre o Comércio de Serviços (AGCS), o Acordo Sobre o Direito de Propriedade Intelectual (TRIP), um novo Sistema de Resolução de Controvérsias, e é claro: a criação da OMC, através do Acordo de Marrakesh.

A OMC veio substituir o GATT, que não passava de um acordo provisório sem personalidade jurídica. Não obstante, todos os acordos que compunham o GATT ainda estão vigentes, agora atualizados com os novos acordos e incorporados à OMC. O GATT somente era aplicável ao comércio de bens, enquanto que a OMC passou a contemplar o comércio de serviços - com a instituição do Acordo Geral Sobre

Comércio de Serviços (GATS) e a propriedade intelectual - através do Acordo Sobre o Direito de Propriedade Intelectual (TRIP).

Em Doha, foi lançada a primeira rodada de negociações no âmbito da OMC, cujo início ocorreu em novembro de 2001 com final previsto para 2006. Todavia, os países não entraram em consenso e a agenda de negociações ainda se arrasta até os dias atuais. Chamada de "a Rodada de Doha para o Desenvolvimento", as negociações têm como objetivo principal a redução de subsídios aos produtos agropecuários e de outras práticas anticompetitivas praticadas principalmente pelos EUA e União Europeia, em detrimento dos países em desenvolvimentos ricos em produtos agropecuários.

O impasse cinge-se à resistência dos países desenvolvidos em cortar os subsídios agrícolas, bem como à não disposição dos países em desenvolvimento em abrir totalmente seus mercados aos produtos industrializados dos EUA e União Europeia.

Recentemente, em dezembro de 2013, ocorreu o primeiro acordo no âmbito da Rodada de Doha, chamado de "Acordo de Bali", que compreende três pilares: agricultura, com um compromisso de reduzir os subsídios às exportações; a ajuda ao desenvolvimento, que prevê uma isenção crescente das tarifas alfandegárias para produtos procedentes dos países menos desenvolvidos, e a facilitação de intercâmbios, que pretende reduzir a burocracia nas fronteiras.

6.6. Estrutura institucional da OMC

a) **Conferência Ministerial:** é o órgão de cúpula da Organização Mundial do Comércio, composto pelos representantes de cada País membro (geralmente ministros das relações exteriores e equivalentes) que se reúnem a cada dois anos. É responsável por definir a pauta com os temas a serem abordados nas rodadas de negociação.

b) **Conselho Geral:** órgão permanente com poder decisório, também formado pelos representantes dos Estados partes. É o órgão executivo de maior expressão na OMC. Por ser instância permanente, é responsável por zelar pelo cumprimento dos acordos multilaterais, administrar as atividades diárias da OMC e executar as decisões tomadas pela Conferência de Ministros.

Durante os intervalos das reuniões da Conferência Ministerial, o Conselho Geral desempenhará as funções da Conferência.

Sob a orientação do Conselho Geral funcionam os seguintes órgãos: Órgão de Solução de Controvérsias (OSC), Conselho para o Comércio de Bens (CCB), Conselho para o Comércio de Serviços (CCS) e Conselho para os Aspectos dos Direitos de Propriedade Intelectual Relacionados com o Comércio (Conselho de TRIPS). Estes Conselhos podem criar suas próprias regras procedimentais sujeitas à aprovação do Conselho Geral, e poderão instituir Comitês para auxiliá-los em sua função de supervisionar os acordos multilaterais de comércio.

b.1) Órgão de Solução de Controvérsias (OSC): é a instância máxima para a solução de litígios dentro da OMC. É composto por todos os membros da OMC que se reúnem normalmente uma vez por mês. Neste órgão são estabelecidas as disputas, como quando certo país adota determinada postura comercial considerada pela OMC ou por um grupo de países como violação às regras de comércio, por exemplo.

A requerimento das partes envolvidas na disputa, o OSC pode instituir Painéis ou Grupo Especial, que funcionam como uma primeira instância jurisdicional. O Painel analisará a questão posta e emitirá um Relatório que será apreciado pela OSC, para ter validade.

Caso uma das partes discorde do Relatório emitido pelo Painel poderá recorrer ao Órgão de Apelação, que é um órgão permanente da OMC composto por sete juízes, e está subordinado ao Órgão de Solução de Controvérsias, cuja atribuição é garantir a correta aplicação das regras da OMC pelos Painéis.

Cabe também ao OSC acompanhar a implementação das decisões e autorizar a aplicação da Retaliação prevista caso haja descumprimento.

b.2) Conselho para o Comércio de Bens (CCB): responsável por supervisionar os acordos comerciais multilaterais relativos a sua área de atuação (acesso ao mercado de produtos agropecuários, medidas fitossanitárias, barreiras técnicas ao comércio, subsídios, medidas antidumping, etc.). Os acordos sob a influência deste Conselho são aqueles que compõem o "GATT 1994" do Anexo 1A. Todos os países membros, através de seus representantes, podem participar desse Conselho.

b.3) **Conselho para o Comércio de Serviços (CCS):** responsável por supervisionar o funcionamento do Acordo Geral sobre o Comércio de Serviços (GATS) do Anexo 1B. Este Conselho também é aberto a todos os membros da OMC.

b.4) **Conselho para os Aspectos dos Direitos de Propriedade Intelectual Relacionados com o Comércio (Conselho da TRIPS):** responsável por supervisionar os Acordos sobre os Aspectos dos Direitos de Propriedade Intelectual relacionados com o Comércio (TRIPS) do Anexo 1C. A exemplo dos demais, este Conselho também está aberto à participação de todos os membros da OMC.

c) **Órgão de Revisão de política Comercial (ORPC):** constituído juntamente com a OMC, tem por função a elaboração periódica de relatórios acerca da política comercial adotada por cada país membro da OMC, em comparação com os ditames estabelecidos nos acordos multilaterais. Tem por objetivo dar maior transparência e uma visão global das práticas comerciais adotadas pelos membros e garantir a adesão dos países a regras, disciplinas, princípios e compromissos assumidos nos acordos.

d) **Secretariado da OMC:** Trata-se de um órgão administrativo, presidido por um Diretor Geral nomeado pela Conferência Ministerial, e composto por 629 funcionários de várias nacionalidades, em sua maioria economistas, advogados e outros profissionais ligados à política comercial. Este órgão é responsável por prestar apoio técnico e operacional aos Conselhos e Comitês, monitorar e analisar a evolução do comércio mundial e prestar suporte técnico a países em desenvolvimento. Cabe também ao Secretariado fornecer apoio jurídico no procedimento de solução de controvérsias.

Além destes órgãos principais, a OMC ainda conta com diversos outros Conselhos e Comitês setoriais, voltados a determinadas áreas específicas.

6.7. Sistema de solução de controvérsias da OMC

O atual sistema de solução de controvérsias instituído na Rodada do Uruguai, na mesma oportunidade da criação da OMC, veio substituir sistema adotado pelo GATT de 1947.

As práticas adotadas para a resolução de controvérsia pelo GATT de 1947 possuíam algumas falhas. Primeiramente, caso a disputa não fosse solucionada por consulta (negociação não contenciosa entre as partes envolvidas), instituía-se um Painel composto por peritos responsáveis por emitir um Relatório ao Conselho do GATT, composto por todos os Países membros, que teria que adotar por consenso as conclusões do Painel. Dessa forma, a parte "perdedora" poderia obstar a adoção das recomendações do Painel, simplesmente não concordando com ela.

Além dessa limitação lógica, o GATT não possuía natureza institucional, e consequentemente não poderia impor as decisões por ele tomadas, de modo que dependia bastante da disposição das partes para acatar suas decisões.

Como já salientado, houve um aperfeiçoamento do sistema de solução de controvérsias na Rodada do Uruguai. Através do que veio a ser denominado *Entendimento sobre Solução de Controvérsias (ESC) – Anexo 2 ao Acordo da OMC,* houve a estipulação de regras procedimentais e de prazos rígidos a serem obedecidos, e a extinção da necessidade de consenso para a adoção dos Relatórios produzidos pelos Painéis. Agora, caso a parte "perdedora" mostre-se insatisfeita com o resultado, poderá apenas recorrer ao Órgão de Apelação. Ademais, com a criação da instituição OMC e o seu Órgão de Solução de Controvérsias (OSC), os Relatórios dos Painéis ou do Órgão de Apelação possuem exequibilidade plena, pois a parte "vencedora" poderá solicitar ao OSC medida de retaliação ante o descumprimento das decisões.

O objetivo principal do sistema de solução de controvérsias é prover segurança e previsibilidade ao sistema multilateral de comércio, através de decisões impositivas e pacíficas. Possui as seguintes características: abrangência, automaticidade e exequibilidade.

Abrangência: significa que todos os acordos da OMC estão sujeitos ao sistema de solução de controvérsias. A jurisdição do sistema é compulsória por natureza, de modo que todo e qualquer conflito acerca da aplicação das regras dos acordos deverá ser submetido ao sistema de solução de controvérsias;

Automaticidade: é a adoção quase que automática dos pedidos de instituição de Painéis, dos Relatórios elaborados pelos Painéis, das decisões do Órgão de Apelação, etc. Agora, só se rejeita o Relatório do Painel pelo OSC caso haja o entendimento contrário unânime de todos os membros - é necessário o chamado "consenso negativo".

Exequibilidade: havendo descumprimento do Relatório dos Painéis ou da decisão do órgão de Apelação, a "parte vencedora" poderá solicitar ao OSC medidas de retaliação.

O Entendimento sobre Solução de Controvérsias (ESC) prevê um procedimento principal desenvolvido através dos Painéis e pelo Órgão de Apelação, e os procedimento alternativos: "bons ofícios", conciliação, mediação e arbitragem.

Tendo em vista a primazia pela solução mútua sem a necessidade de litígio, antes de ser solicitada a adoção de um Painel, as partes devem tentar a via diplomática para a solução do conflito, através da Consulta, na qual a parte demandante deverá comunicar a demandada acerca da controvérsia, sendo que esta deverá responder em até dez dias. As partes terão trinta dias para entrar em acordo mútuo.

Não se chegando a um denominador comum, a parte demandante poderá solicitar a instalação de um Painel. Essa solicitação só poderá ser rejeitada através do consenso negativo de todos os integrantes do OSC.

O Painel é considerado a primeira instância dentro do Órgão de Solução de Controvérsias, composto por três integrantes escolhidos pelas partes envolvidas, e que não sejam da nacionalidade de nenhuma delas. Caso haja dissenso acerca dos integrantes do Painel, caberá ao Diretor Geral da OMC dirimir a questão. Após analisar a questão, o

Painel, emitirá um Relatório para a apreciação do OSC, que somente rejeitará o conteúdo por consenso negativo.

Caso uma das partes mostre-se insatisfeita com o relatório poderá, em até 60 (sessenta dias) do recebimento pelo OSC interpor recurso ao Órgão de Apelação.

O Órgão de Apelação irá analisar a questão. No entanto, estará adstrito às matérias levadas ao conhecimento do Painel, sendo defeso conhecer de questões até então não arguidas. O Relatório emitido pelo Órgão de Apelação é distribuído ao OSC, que somente poderá rejeitá-lo mediante consenso negativo.

Por fim, cabe ao OSC garantir a implementação das decisões tomadas pelo sistema de solução de controvérsias. Destarte, após receber da "parte perdedora" a declaração de intenção e a forma através da qual irá cumprir com que foi determinado, o OSC concederá um prazo razoável para que sejam tomadas as medidas necessárias para que o país se adeque às regras do acordo comercial.

Caso "o membro perdedor" insista e não adequar sua política comercial ao disposto no acordo, a "parte vencedora", poderá solicitar ao OSC a aplicação de retaliação. Deve-se ressaltar que as medidas de retaliação não possuem conotação punitiva e sim compensatória.

Às partes em conflito é permitido a qualquer momento do procedimento recorrer à mediação, aos bons ofícios e à conciliação, desde haja consenso entre elas acerca da utilização destas estratégias de solução.

Alternativamente ao procedimento de consulta com a adjudicação de Painéis, os países conflitantes podem ainda optar pela arbitragem, como meio de solução. Nesse caso, as partes definirão as matérias que serão submetidas à arbitragem e o procedimento a ser adotado. Também devem firmar o compromisso de que o laudo arbitral terá efeito vinculante.

Etapas do procedimento de solução de controvérsias:

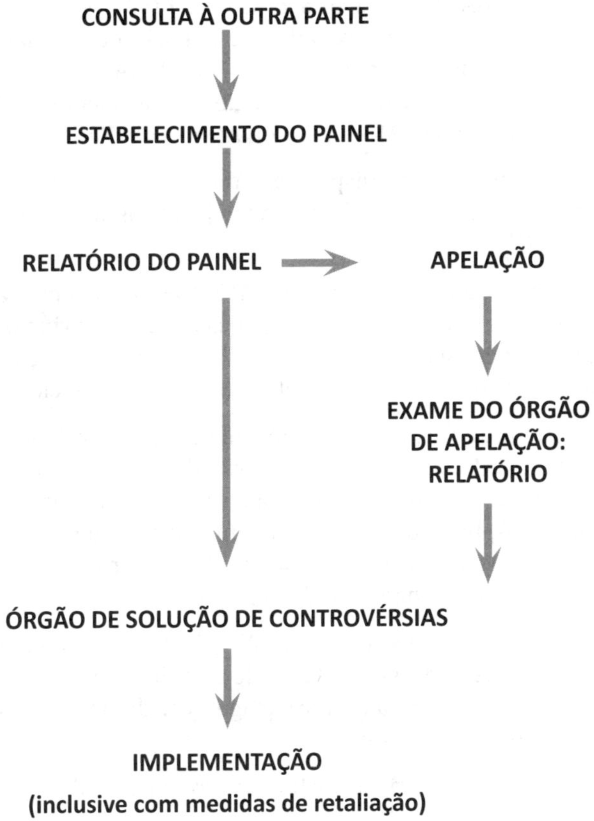

6.8. Principais acordos comerciais no âmbito da OMC

Dentre os vários acordos comerciais firmados no âmbito da OMC destacam-se, devido a sua importância, os seguintes: Acordo Geral sobre Tarifas e Comércio (GATT 1994); Acordo Geral sobre o Comércio de Serviços (GATS) e o Acordo sobre Direitos de Propriedade Intelectual Relacionados ao Comércio (TRIPS).

a) **GATT 1994**: O GATT teve origem em 1947, quando, diante da tentativa frustrada de criar a Organização Internacional do Comércio (OIC), alguns países contratantes firmaram acordos para a redução de tarifas ao comércio internacional de bens.

O GATT 1947 e os acordos celebrados em seu âmbito através de sucessivas rodadas de negociações passaram a integrar, em dezembro de 1994, o GATT 1994, que por sua vez passou a fazer parte da OMC, mais precisamente no Anexo "1A" do Acordo de Marrakesh ou Acordo da OMC.

Assim, tanto as disposições do GATT 1947 quanto as do GATT 1994 continuam a produzir efeitos jurídicos, agora como componentes da OMC.

Os acordos que compõe o GATT 1994 estão em sua maioria relacionados ao comércio de bens, apesar de seus princípios fundamentais também serem aplicados ao comércio de serviços e aos direitos de propriedade intelectual relacionados ao comércio.

Além do GATT 1994, todos os acordos relacionado no anexo "1 A" do Acordo de Marrakesh (Acordo da OMC), também tratam do comércio de bens. Dentre eles cita-se o Acordo da Agricultura, o Acordo sobre a Aplicação de Medidas Sanitárias e Fitossanitárias, o Acordo sobre Barreiras Técnicas ao Comércio, o Acordo de Medidas de Investimentos Relacionadas ao Comércio, etc.

Como já foi ressaltado, o GATT 1994 trata do comércio internacional de bens, e visa à redução de barreiras tarifárias e não tarifárias. O Acordo contém 30 (trinta) artigos, divididos em 4 (quatro) partes. Destaca-se o seguinte:

1ª Parte: prevê o princípio do "tratamento da nação mais favorecida";

2ª Parte: prevê o princípio do "tratamento nacional" e restrições a barreiras não tarifárias, que impedem a concorrência desleal (tais quais medidas antidumping, proibição de subsídios e proibições às restrições quantitativas). Ainda nesta parte estão delineados alguns dispositivos em relação ao procedimento de solução de controvérsias, que também estão consignados no Entendimento sobre a Solução de Controvérsias (ESC);

3ª Parte: trata de uniões alfandegárias e zonas de livre comércio, bem como da responsabilização de governos locais por atos dentro de seu território;

4ª Parte: intitulada "Comércio e Desenvolvimento", esta parte traz dispositivos que se preocupam com a expansão do comércio internacional nos países em desenvolvimento.

b) GATS: Este Acordo trata do comércio de serviços entre os membros da OMC, e foi resultado das negociações ocorridas durante a Rodada do Uruguai em 1995.

O Acordo tem o propósito de instituir princípios garantidores da não discriminação, transparência e expansão progressiva do comércio de serviços nos países em desenvolvimento.

Não estão abrangidos por este Acordo os serviços prestados por autoridades governamentais, definidos como aqueles prestados sem base comercial ou sem concorrência de um ou mais prestadores do mesmo serviço (art. I: 3, b,c).

As obrigações estipuladas no GATS são divididas em gerais e específicas.

As obrigações gerais são princípios que garantem a não discriminação quanto à estipulação dos requisitos da qualidade do serviço e a transparência nas relações comerciais. Destacam-se:

Art. II - **Tratamento da nação mais favorecida**: "Com respeito a qualquer medida coberta por este Acordo, cada Membro deve conceder imediatamente e incondicionalmente aos serviços e prestadores de serviços de qualquer outro Membro, tratamento não menos favorável do que aquele concedido a serviços e prestadores de serviços similares de qualquer outro país";

Art. III - **Transparência:** "Cada Membro deve informar o Conselho para o Comércio de Serviços prontamente ou pelo menos uma vez por ano da introdução ou modificação de quaisquer novas legislações, regulamentações ou normas administrativas que afetem significativamente o comércio de serviços coberto por seus compromissos específicos assumidos sob este Acordo".

Art. XVII - **Tratamento nacional**: "Nos setores inscritos em sua lista, e salvo condições e qualificações ali indicadas, cada Membro outorgará aos serviços e prestadores de serviços de qualquer outro Membro, com respeito a todas as medidas que afetem a prestação de serviços, um tratamento não menos favorável do que aquele que dispensa a seus próprios serviços similares e prestadores de serviços similares";

Ainda em relação às obrigações gerais, o GATS pretende facilitar a participação crescente de países em desenvolvimento no comércio mundial.

As obrigações específicas estão contidas na Lista de Compromissos Específicos, na qual o membro da OMC comunica quais serviços estarão sujeitos às disciplinas do GATS sobre o acesso de mercado e tratamento nacional. Dessa forma, o país se compromete que determinado serviço a ser prestado em seu país não poderá sofrer tratamento diferenciado nem em relação a outros países e nem em relação ao similar nacional.

c) **TRIPS**: A exemplo do GATS, o TRIPS também é resultado da Rodada de negociações do Uruguai.

Resultado da pressão dos países mais desenvolvidos, tais como os EUA, União Europeia e Japão, notadamente no que se refere à indústria farmacêutica, este Acordo tem como escopo obrigar os países membros da OMC a promulgar rigorosas leis de proteção à propriedade intelectual.

Estão abrangidos por este acordo os seguintes direitos: o direito de autor e direitos conexos, marcas, indicações geográficas (são indicações que identifiquem um produto a um determinado país ou região capaz de conferi-lo qualidade e reputação), desenhos industriais, patentes, topografia de circuitos integrados, proteção de informação confidencial e controle de práticas e concorrência desleal em contratos de licenças.

O Acordo traz em seu bojo a previsão da aplicação de alguns princípios à proteção da propriedade intelectual:

Art. III – **Tratamento nacional:** "Cada Membro concederá aos nacionais de outros Membros um tratamento não menos favorável do que concede aos seus próprios nacionais no que se refere à da propriedade intelectual";

Art. IV – **Tratamento da nação mais favorecida**: "No que diz respeito à proteção da propriedade intelectual, todas as vantagens, favores, privilégios e imunidades concedidos por um Membro aos nacionais de qualquer outro país serão concedidos, imediata e incondicionalmente aos nacionais de todos os outros membros";

Art. VII – **Equilíbrio entre direitos e obrigações**: "A proteção e a aplicação efetiva dos direitos da propriedade intelectual devem contribuir para a promoção da inovação tecnológica e para a transferência e divulgação de tecnologia, em benefício mútuo dos geradores e utilizadores dos conhecimentos tecnológicos e de um modo conducente ao bem-estar social e econômico, bem como para um equilíbrio entre direitos e obrigações";

Art. VIII, 1 – **Proteção à saúde pública e a nutrição**: "Os Membros podem, quando da elaboração ou alteração das respectivas disposições legislativas e regulamentares, adotar as medidas necessárias para proteger a saúde pública e a nutrição e para promover o interesse público em setores de importância crucial para o seu desenvolvimento sócio econômico e tecnológico, desde que essas medidas sejam compatíveis com o disposto no presente Acordo";

Art. VIII, 2 –Este dispositivo, permite que os Membros adotem medidas capazes de inibir o abuso do direito autoral por parte de seus titulares, quando estes restringirem de forma não razoável o comércio ou que prejudicarem a transferência internacional de tecnologia.

Art. LXII – **Transparência:** "As disposições legislativas e regulamentares, as decisões judiciais finais e as decisões administrativas de aplicação geral em vigor por um Membro e relativo ao objeto do presente Acordo (existência, âmbito, aquisição, aplicação efetiva e prevenção do abuso de direitos da propriedade intelectual) serão publicadas ou, caso essa publicação não seja praticável, serão colocadas à disposição do público numa língua nacional, de modo a permitir que os poderes públicos e os titulares dos direitos delas tomem conhecimento. Os acordos relativos ao objeto do presente Acordo que se encontrem em vigor entre os poderes públicos ou um organismo público de um Membro e os poderes públicos ou um organismo público de outro membro serão igualmente publicados".

Além do estabelecimento dos critérios acima relacionados, o Acordo TRIPS também prevê um mecanismo próprio de solução de controvérsias baseado no Entendimento de Solução de Controvérsia (ESC) da OMC, permitindo aos membros desobedientes a aplicação de algumas sanções, tais como: condenação ao pagamento de indenização aos titulares do direito violado, destruição dos produtos produzidos em desconformidades com as normas do TRIPS, proibição da comercialização dos bens que violam direitos de propriedade intelectual e retenção alfandegárias de bens impedindo que entre no mercado nacional.

7. TÓPICO-SÍNTESE

Tópico-síntese: Direito internacional econômico	
Conceito	Direito Internacional Econômico (DIE), ramo do Direito Internacional Público, é um conjunto de normas e princípios que busca regular, em uma escala macro, as relações econômicas internacionais, através dos princípios da liberdade e lealdade, e mantê-las em consonância com os fins estabelecidos pela ordem econômica mundial.
Características	a) Direito quadro (*droit cadre*): pois tem por objeto complexas relações econômicas internacionais, que se encontram em constante mutação, impedindo a regulamentação pormenorizada; b) Ponderação do voto ou votação por peso (*weighted vote*): a maioria das organizações internacionais econômicas não adota o princípio da igualdade entre Estados do Direito Internacional, criando critérios de acordo com o poderio econômico de cada Estado. Apenas na OMC vige o princípio da igualdade onde cada Estado tem direito a um voto; c) Dualidade das normas: as normas que compõe o DIE são aplicadas de forma distinta para os países industrializados e para os países em desenvolvimento; d) Cláusula de salvaguarda: o DIE quando aplica suas normas econômicas leva em consideração a instabilidade da situação econômica de cada país, que estão em constante dinamismo. Dessa forma, a depender do caso, determinado país pode ficar isento de alguma obrigação estipulada nos acordos de modo a garantir a desejável manutenção dos tratados.
Fundo monetário internacional (FMI)	O Fundo Monetário Internacional é uma organização internacional de cunho econômico e financeiro composta por 188 países que tem por objetivos a estabilidade financeira e econômica do mundo, promover a cooperação monetária, facilitar o comércio internacional, promover o emprego e o desenvolvimento sustentável dos países e reduzir a pobreza mundial.
	Estrutura institucional: a) Conselho de Governadores: é a instância decisória máxima do Fundo, composta por um representante titular e um suplente de cada Estado Membro, geralmente ministros da economia ou presidentes dos bancos centrais. Este órgão tem o propósito de estabelecer as diretrizes gerais do Fundo. O peso do voto de cada governador é decidido pelo valor da cota integralizada pelo Estado que representa. Os Estados Unidos é o único país cujo governador tem o poder de veto.

Tópico-síntese: Direito internacional econômico	
Fundo monetário internacional (FMI)	b) Diretoria Executiva: logo abaixo do Conselho de Governadores, este órgão atua em nível operacional auxiliado pelo Comitê Interino e pelo Comitê de Desenvolvimento, que o auxiliam em assuntos administrativos relativos ao sistema financeiro mundial e a realização de empréstimos aos países em desenvolvimento, respectivamente. Composto por 24 membros. c) Diretor Geral: é o representante máximo da Diretoria Executiva e eleito pelo Conselho de Governadores.
Banco Internacional para a Reconstrução e Desenvolvimento (BIRD)	Trata-se de uma instituição financeira supranacional inicialmente instituída com o propósito de reconstruir os países europeus arrasados pela Segunda Guerra Mundial. Atualmente, o BIRD faz parte do Grupo Banco Mundial e estimula o desenvolvimento econômico e social de países de várias partes do mundo, através de empréstimos financeiros e projetos de assistência à expansão de economias em desenvolvimento. Estrutura institucional: a) Conselho de Governadores: é a instância decisória máxima do Banco, composta por um representante titular de cada Estado Membro, geralmente ministros da economia ou presidentes dos bancos centrais. Este órgão possui a atribuição de decidir sobre orçamento, empréstimos, gastos com operações e estratégias de assistência. O peso do voto de cada governador é decidido pelo valor do capital subscrito pelo Estado que representa. b) Diretoria Executiva: este órgão atua em nível operacional e administrativo, exercendo todos os poderes delegados pelo Conselho de Governadores. c) Presidência: é o representante máximo da Diretoria Executiva, eleito pelo Conselho de Governadores, mas seguindo um protocolo informal estabelecido em Bretton Woods, a função sempre recai a um representante dos Estados Unidos, principal cotista do Banco.
OMC	A Organização Mundial do Comércio (OMC) é um organismo internacional, cujo propósito é a regulamentação do comércio internacional, visando à redução de tarifas e ao combate ao protecionismo, promovendo a expansão da produção e do comércio internacional de bens e serviços.
Objetivos da OMC	Promover o livre comércio internacional, estimular a expansão da produção industrial e comercial mundiais, inclusive dos países em desenvolvimento, buscar o pleno emprego, evitar o protecionismo dos estados, fomentar o desenvolvimento sustentável e ensejar um comércio internacional mais justo e participativo, para, enfim, melhorar a qualidade de vida em escala mundial.

<table>
<tr><th colspan="2">Tópico-síntese: Direito internacional econômico</th></tr>
<tr><td>Princípios da OMC</td><td>Princípio da igualdade, não discriminação ou da nação mais favorecida: os países integrantes da OMC devem estender os benefícios concedidos a determinado país a todos os demais membros. Portanto, não se permite que um país descrimine outro concedendo vantagens comerciais especiais apenas para certos Estados.

Princípio do tratamento nacional: os produtos advindos de outros países devem receber o mesmo tratamento comercial/fiscal do seu equivalente nacional. Busca-se com esse princípio assegurar igualdade de concorrência dentro do mercado interno de cada país, afastando o protecionismo.

Princípio da transparência ou proteção por meio de tarifa: A OMC não proíbe que o país proteja determinados setores econômicos nacionais, no entanto exige que tal conduta seja feita de forma transparente, ou seja, através de tarifa. A proteção por meio de tarifa é considerada o meio mais claro de se aferir o grau de proteção dispensado ao setor e também é o que provoca o menor grau de distorção no comércio internacional.

Princípio do compromisso único (single undertaking): os acordos comerciais devem ser aderidos em sua inteireza, sendo proibido ao país escolher as cláusulas que lhes sejam mais benéficas;

Princípio da redutibilidade progressiva das tarifas: como o próprio nome sugere, os países membros da OMC devem se comprometer em reduzir progressivamente as tarifas, bem como suas defesas comerciais (estimular medidas antidumping);

Princípio do tratamento especial e diferenciado para países em desenvolvimento: É a chamada "Cláusula de Salvaguarda". Os países em desenvolvimento possuem tratamento diferenciado, levando-se em conta sua situação de maior sensibilidade às mudanças econômicas;

Princípio do In Dubio Pro Mitius ou In Dubio Mitius: as regras de comércio internacional no âmbito da OMC devem ser interpretadas de modo restrito.</td></tr>
<tr><td>Acordo Geral de Tarifas e Comércio (GATT)</td><td>O GATT (General Agreement on Tariffs and Trade – Acordo Geral de Tarifas e Comércio) é um acordo multilateral de comércio internacional para a redução de tarifas comerciais e combate ao protecionismo dos Estados. Durante aproximadamente meio século o GATT foi o único acordo multilateral responsável por regulamentar as relações comerciais internacionais, sem possuir, no entanto, natureza institucional.</td></tr>
</table>

Tópico-síntese: Direito internacional econômico	
Estrutura institucional da OMC	a) Conferência Ministerial: é o órgão de cúpula da Organização Mundial do Comércio, composto pelos representantes de cada País membro (geralmente ministros das relações exteriores e equivalentes) que se reúnem a cada dois anos. É responsável por definir a pauta com os temas a serem abordados nas rodadas de negociação. b) Conselho Geral: órgão permanente com poder decisório, também formado pelos representantes dos Estados partes. É o órgão executivo de maior expressão na OMC. Por ser instância permanente, é responsável por zelar pelo cumprimento dos acordos multilaterais, administrar as atividades diárias da OMC e executar as decisões tomadas pela Conferência de Ministros. Sob a orientação do Conselho Geral funcionam os seguintes órgãos: Órgão de Solução de Controvérsias (OSC), Conselho para o Comércio de Bens (CCB), Conselho para o Comércio de Serviços (CCS) e Conselho para os Aspectos dos Direitos de Propriedade Intelectual Relacionados com o Comércio (Conselho de TRIPS). Estes Conselhos podem criar suas próprias regras procedimentais sujeitas à aprovação do Conselho Geral, e poderão instituir Comitês para auxiliá-los em sua função de supervisionar os acordos multilaterais de comércio. b.1) Órgão de Solução de Controvérsias (OSC): é a instância máxima para a solução de litígios dentro da OMC. É composto por todos os membros da OMC que se reúnem normalmente uma vez por mês. Neste órgão são estabelecidas as disputas, como quando certo país adota determinada postura comercial considerada pela OMC ou por um grupo de países como violação às regras de comércio, por exemplo. b.2) Conselho para o Comércio de Bens (CCB): responsável por supervisionar os acordos comerciais multilaterais relativos a sua área de atuação (acesso ao mercado de produtos agropecuários, medidas fitossanitárias, barreiras técnicas ao comércio, subsídios, medidas antidumping, etc.). Os acordos sob a influência deste Conselho são aqueles que compõem o "GATT 1994" do Anexo 1A. Todos os países membros, através de seus representantes, podem participar desse Conselho. b.3) Conselho para o Comércio de Serviços (CCS): responsável por supervisionar o funcionamento do Acordo Geral sobre o Comércio de Serviços (GATS) do Anexo 1B. Este Conselho também é aberto a todos os membros da OMC. b.4) Conselho para os Aspectos dos Direitos de Propriedade Intelectual Relacionados com o Comércio (Conselho da TRIPS): responsável por supervisionar os Acordos sobre os Aspectos dos Direitos de Propriedade Intelectual relaciona-

Tópico-síntese: Direito internacional econômico	
Estrutura institucional da OMC	dos com o Comércio (TRIPS) do Anexo 1C. A exemplo dos demais, este Conselho também está aberto à participação de todos os membros da OMC. c) Órgão de Revisão de política Comercial (ORPC): constituído juntamente com a OMC, tem por função a elaboração periódica de relatórios acerca da política comercial adotada por cada país membro da OMC, em comparação com os ditames estabelecidos nos acordos multilaterais. Tem por objetivo dar maior transparência e uma visão global das práticas comerciais adotadas pelos membros e garantir a adesão dos países a regras, disciplinas, princípios e compromissos assumidos nos acordos. d) Secretariado da OMC: Trata-se de um órgão administrativo, presidido por um Diretor Geral nomeado pela Conferência Ministerial, e composto por 629 funcionários de várias nacionalidades, em sua maioria economistas, advogados e outros profissionais ligados à política comercial. Este órgão é responsável por prestar apoio técnico e operacional aos Conselhos e Comitês, monitorar e analisar a evolução do comércio mundial e prestar suporte técnico a países em desenvolvimento. Cabe também ao Secretariado fornecer apoio jurídico no procedimento de solução de controvérsias.
Sistema de Solução de Controvérsias da OMC	Antes de ser solicitada a adoção de um Painel, as partes devem tentar a via diplomática para a solução do conflito, através da Consulta, na qual a parte demandante deverá comunicar a demandada acerca da controvérsia, sendo que esta deverá responder em até dez dias. As partes terão trinta dias para entrar em acordo mútuo. Não se chegando a um denominador comum, a parte demandante poderá solicitar a instalação de um Painel. Essa solicitação só poderá ser rejeitada através do consenso negativo de todos os integrantes do OSC. Após analisar a questão, o Painel, emitirá um Relatório para a apreciação do OSC, que somente rejeitará o conteúdo por consenso negativo. Caso uma das partes mostre-se insatisfeita com o relatório poderá, em até 60 (sessenta dias) do recebimento pelo OSC interpor recurso ao Órgão de Apelação, que reanalisará a questão. O Relatório emitido pelo Órgão de Apelação é distribuído ao OSC, que somente poderá rejeitá-lo mediante consenso negativo. Por fim cabe ao OSC garantir a implementação das decisões tomadas pelo sistema de solução de controvérsias. Caso "o membro perdedor" insista e não adequar sua política comercial ao disposto no acordo, a "parte vencedora", poderá solicitar ao OSC a aplicação de retaliação.

<table>
<tr><th colspan="2">Tópico-síntese: Direito internacional econômico</th></tr>
<tr><td rowspan="3">Principais acordos no âmbito da OMC</td><td>GATT 1994: Os acordos que compõe o GATT 1994 estão em sua maioria relacionados ao comércio de bens, apesar de seus princípios fundamentais também serem aplicados ao comércio de serviços e aos direitos de propriedade intelectual relacionados ao comércio. Além do GATT 1994, todos os acordos relacionado no anexo "1 A" do Acordo de Marrakesh (Acordo da OMC), também tratam do comércio de bens. Dentre eles cita-se o Acordo da Agricultura, o Acordo sobre a Aplicação de Medidas Sanitárias e Fitossanitárias, o Acordo sobre Barreiras Técnicas ao Comércio, o Acordo de Medidas de Investimentos Relacionadas ao Comércio, etc.</td></tr>
<tr><td>GATS: Este Acordo trata do comércio de serviços entre os membros da OMC, e foi resultado das negociações ocorridas durante a Rodada do Uruguai em 1995. O Acordo tem o propósito de instituir princípios garantidores da não discriminação, transparência e expansão progressiva do comércio de serviços nos países em desenvolvimento.</td></tr>
<tr><td>TRIPS: Este Acordo tem como escopo obrigar os países membros da OMC a promulgar rigorosas leis de proteção à propriedade intelectual. Estão abrangidos por este acordo os seguintes direitos: o direito de autor e direitos conexos, marcas, indicações geográficas (são indicações que identifiquem um produto a um determinado país ou região capaz de conferi-lo qualidade e reputação), desenhos industriais, patentes, topografia de circuitos integrados, proteção de informação confidencial e controle de práticas e concorrência desleal em contratos de licenças.</td></tr>
</table>

Capítulo

10

DIREITO DA INTEGRAÇÃO E DIREITO COMUNITÁRIO

Leia a lei

- *Arts. 4º e 5º, §2º, §3º e §4º da CF; Lei nº 8.617/1993; Tratado de Assunção de 1991; Protocolo de Brasília de 1991; Protocolo de Ouro Preto de 1994; Protocolo de Ushuaia de 1998; Protocolo de Olivos de 2002; Tratado de Roma; Ato único Europeu; Tratado de Maastricht; Tratado de Amsterdã; Tratado de Nice; Tratado de Lisboa.*

1. INTRODUÇÃO

O **Direito da Integração** é o ramo do Direito Internacional que busca regular, através dos tratados celebrados pelos Estados membros, a formação e funcionamento dos sistemas de integração socioeconômica regional e das zonas privilegiadas de cooperação com o objetivo de fortalecimento frente aos demais Estados e organismos internacionais.

O processo de integração se pauta pela intergovernabilidade e coordenação de soberanias, tanto que os regramentos do bloco regional passam a vigorar nacionalmente em cada Estado apenas após suprirem as exigências jurídicas de cada ente signatário.

O sistema de integração regional, a depender de sua evolução e do grau de normatividade, poderá ser dotado de supranacionalidade e superioridade em relação ao direito interno de cada Estado parte, ganhando autonomia frente ao Direito Internacional Clássico, de forma a criar uma verdadeira limitação à soberania dos entes signatários. Surge então o **Direito Comunitário**, como um estágio posterior do Direito da Integração.

O único exemplo atual de Direito Comunitário é a União Europeia, na qual os países membros delegam parte de sua soberania às instituições da comunidade Europeia.

Enquanto que no Direito da Integração, marcado pela intergovernabilidade, a aplicação das normas depende da disposição interna de cada Estado Membro, no Direito Comunitário suas normas possuem aplicabilidade direta no sistema jurídico interno de cada Estado Parte, de modo que a norma comunitária será aplicada no caso concreto em detrimento da legislação interna.

Nessa toada, ressalte-se que o art. 4º, parágrafo único da Constituição Federal de 1988 aduz que "A República Federativa do Brasil buscará a integração econômica, política, social e cultural dos povos da América Latina, visando à formação de uma comunidade latino-americana de nações".

2. ETAPAS DA INTEGRAÇÃO

A integração entre países nada mais é do que um processo composto por determinadas etapas que visam à formação de blocos para atender a interesses comuns. Sendo assim, cada bloco regional percorrerá as etapas que julgue convenientes aos seus interesses. A cada nova fase, ficam incorporadas as ações de integração dos estágios anteriores. A doutrina, em geral, aponta cinco etapas ou formas da integração regional entre países:

1ª) **Zona de Livre Comércio** – Primeira etapa da integração em que os países associados, visando facilitar o trânsito de mercadorias entre eles, se comprometem reciprocamente a eliminar barreiras tarifárias e não tarifárias e outros obstáculos inerentes aos bens negociados entre eles. Também é possível haver uma padronização dos produtos e a unificação das normas de controle de qualidade. Contudo, nessa etapa, possuem ampla liberdade quanto a sua política interna, e não há uma uniformização de postura comercial externa. Dessa forma, um país não integrante do bloco poderá ser submetido a diferentes condições e tratamento aduaneiro quando comercializar com cada membro distintamente.

2ª) **União Aduaneira** – Segunda fase da integração, na qual além da eliminação dos obstáculos aduaneiros entre os Estados signatários, é fixada pelos membros uma Tarifa Externa Comum (TEC), adotando-se uma política uniforme de comércio exterior com os países que não fazem parte do bloco. Assim, estipulando-se um valor comum para o imposto de importação, impede-se que qualquer membro dê tratamento diferenciado a determinado setor de sua economia, privilegiando-o em detrimento do bloco, ou que produtos e serviços estrangeiros obtenham vantagens em desfavor de produtos regionais.

Muitos estudiosos afirmam que o Mercosul sequer atingiu esse nível de integração, encontrando problemas para implementar a Zona de Livre Comércio.

3ª) **Mercado Comum** - É o terceiro estágio da integração, no qual há livre circulação de mão de obra, capital e serviços entre os Estados partes. Além da livre circulação de mercadorias, característica da Zona de Livre Comércio, é facilitada a circulação dos fatores de produção e de mão de obra. Nessa etapa, é possível que pessoas de um Estado membro trabalhem livremente em outro, bem como que empresas de países do bloco exerçam suas atividades e invistam em cada uma das demais nações integrantes. Para isso é necessária a uniformização das legislações trabalhista, econômica e ambiental. A antiga Comunidade Europeia (1992) é exemplo dessa forma de integração.

4ª) **União Econômica e Monetária** - Além de incorporar os níveis de integração anteriores, nesta quarta etapa cria-se uma certa uniformização da própria política econômica e cambial adotada em cada ente signatário, inclusive com a criação de um padrão monetário único e a instituição de um Banco Central para gerir a moeda, impedindo que os países valorizem ou desvalorizem a moeda a fim de satisfazerem suas balanças comerciais. Também há o estabelecimento de limites máximos para dívida e déficits públicos.

5ª) **Integração Econômica Total ou União Política**- A quinta fase significa um passo além da União Econômica e Monetária, na qual há uma verdadeira unidade de políticas monetária, fiscal, social e anticíclica (conjunto de medidas que visam impedir o ciclo econômico inerente ao capitalismo: recessão e ascensão) entre os membros. Para alcançar esse nível de integração é necessário constituir um ente supranacional encarregado de elaborar e programar essas políticas, limitando a própria soberania dos Estados membros, criando um verdadeiro Direito Comunitário Autônomo, aplicável no âmbito interno dos países que compõem o bloco. O único exemplo desse estágio de integração é a União Europeia.

3. MERCOSUL

O Brasil, a Argentina, o Paraguai e o Uruguai, através do Tratado de Assunção de 26 de março de 1991, instituíram o bloco econômico denominado Mercado Comum do Sul (Mercosul), cujo objetivo é a integração desses países permitindo uma livre circulação de bens, serviços e fatores de produção, eliminando barreiras alfandegárias e restrições não tarifárias à circulação de mercadorias, bem como a criação de uma Tarifa Externa Comum (TEC) - que significa constituir imposto de importação comum entre os países signatários em relação a produtos de outros países e blocos econômicos - e a adoção de uma política comercial comum.

Constituído sob os princípios da gradualidade, flexibilidade e equilíbrio, esta zona de livre comércio também prevê a coordenação de políticas macroeconômicas e setoriais de comércio exterior, fiscal, cambial, monetária, industrial e agrícola, dentre outras.

Ademais, há o compromisso de harmonização da legislação interna de cada Estado membro com as diretrizes regionais, como forma de viabilizar e fortalecer a integração.

Em dezembro de 1994, com a assinatura do Protocolo de Ouro Preto, o bloco econômico foi dotado de personalidade jurídica de ente público internacional.

4. ESTRUTURA E FUNCIONAMENTO DO MERCOSUL

4.1. Membros

O Tratado de Assunção é do tipo aberto, permitindo a adesão dos membros da ALADI (Associação Latino Americana de Integração). Atualmente, o Mercosul é formado por cinco membros plenos: **Brasil, Argentina, Uruguai, Paraguai e Venezuela.**

A Venezuela, o membro mais recente, integrou o bloco de modo pleno apenas em 2012. Neste mesmo ano também foi assinado o Protocolo de Adesão da Bolívia, que, após a posterior ratificação através de decreto legislativo pelos países signatários, será o sexto membro pleno.

No Mercosul somente são aceitos países democráticos, de acordo com o protocolo de Ushuaia. O Paraguai foi suspenso do Mercosul em julho de 2012, após a remoção do então presidente Fernando Lugo, manobra esta classificada pelos demais integrantes do bloco como "golpe de estado" e ato atentatório contra a democracia, violando os ditames do Protocolo de Ushuaia. Em julho de 2013 foi revogada a suspensão e permitida a volta do Paraguai ao bloco, em decorrência da posse do novo presidente Horácio Cartes.

Além dos membros plenos, existem os denominados "Estados Associados". Estes países são assim denominados porque celebram com os membros plenos Acordo de Complementação Econômica (ACE), instrumento bilateral que cria uma zona de livre comércio com a redução gradual das tarifas. Os Estados Associados também podem participar, na qualidade de convidados, das reuniões que acontecem no âmbito do Mercosul. Atualmente os Estados associados são Chile, Bolívia (em processo de adesão), Peru, Colômbia e Equador.

Os chamados "Estados observadores", por sua vez, são aqueles que possuem interesses no bloco, tais como a criação de uma zona de livre comércio, mas que não podem ser incluídos como membros. São atualmente dois: Nova Zelândia e México.

A Guiana e o Suriname, em 2013, assinaram um acordo-quadro de associação com o Mercosul, permitindo que de alguma forma participem das reuniões do bloco.

4.2. Estrutura institucional

Conforme já mencionado, o Mercosul adotou uma estrutura intergovernamental através da coordenação de soberanias, ou seja, as normas criadas no âmbito do bloco não possuem aplicabilidade direta nas jurisdições internas de cada Estado membro. As decisões no sistema regional são tomadas por consenso, e não por maioria de votos.

O Tratado de Assunção concebeu a estrutura provisória do Mercosul, estabelecendo os órgãos que o compõem e suas atribuições. Posteriormente, o Protocolo de Ouro Preto de 1994 veio regulamentar definitivamente a estrutura do bloco regional.

Atualmente, a estrutura institucional do Mercosul compõe-se de vários órgãos, dentre os quais os seguintes:

a) **Conselho do Mercado Comum (CMC):** É o órgão decisório máximo do Mercosul. Possui a competência de conduzir o processo político de integração e garantir, através de tomadas de decisões, que os objetivos do bloco sejam alcançados (art. 3º do POP). É composto pelos Ministros das Relações Exteriores e pelos Ministros da Economia (e equivalentes) dos Estados Membros. Atualmente participam também os Ministros responsáveis pela pasta do comércio e da indústria como é o caso brasileiro do Ministro do Desenvolvimento, Indústria e Comércio Exterior.

O CMC se manifesta através de "decisões", sempre tomadas por consenso, que, por força do art. 42 do POP, são de observância obrigatória pelos Estados Partes.

Os membros do CMC se reúnem semestralmente de forma ordinária, sem prejuízo de haver convocações extraordinárias para deliberar sobre um assunto específico.

Possui poder decisório.

O art. 8º do POP prevê as atribuições deste órgão. Dentre elas, as dos incisos I ao IV podem ser delegadas ao Grupo Mercado Comum (GMC).

O CMC pode mediante decisão convocar Reunião de Ministros do Mercosul (RMM), para tratar de assuntos importantes ligados a cada Pasta, podendo redundar na produção de Recomendações ao Conselho.

b) **Grupo Mercado Comum (GMC):** É o órgão executivo do Mercosul composto por representantes do alto escalão dos Ministérios das Relações Exteriores, da Economia e do Banco Central. Possui atribuições administrativas com vistas a garantir o cumprimento do Tratado de Assunção e coordenar as políticas macroeconômicas. Também é responsável pela articulação política do processo de integração do bloco.

O GMC reúne-se, ordinariamente, duas vezes a cada semestre, e extraordinariamente, uma vez no fim de cada semestre com o intuito de analisar os projetos de normas que serão enviados ao CMC para deliberação.

As manifestações do GMC são chamadas de "resoluções", tomadas sempre por consenso, e tratam, em geral, dos aspectos financeiros e orçamentários do processo de integração.

Possui poder decisório.

Cabe ao GMC a coordenação dos **Subgrupos de Trabalhos (SGT's)**, órgãos de assessoramento que tratam de temas específicos divididos entre eles, e produzem Recomendações ao GMC. **Atualmente,** existem 14 (onze) SGT's: telecomunicações (SGT nº1); assuntos institucionais (SGT nº2); regulamentos técnicos e avaliação da conformidade (SGT nº3); assuntos financeiros (SGT nº 4); transportes (SGT nº5); meio ambiente (SGT nº6); indústria (SGT nº7); agricultura (SGT nº8); energia (SGT nº9); assuntos laborais (SGT nº10); saúde (SGT nº11); investimento (SGT nº 12); comércio eletrônico (SGT nº13) e mineração (SGT nº 15). O SGT nº 14 que tratava do acompanhamento da conjuntura econômica e comercial do Mercosul foi extinto em 2006.

Ainda é de competência do GMC acompanhar as **Reuniões Especializadas**, quando algum tema específico mereça atenção especial dos Subgrupos de Trabalho. As Reuniões Especializadas normalmente contam com o apoio dos mais diversos segmentos da sociedade (Defensoria Pública, Ministério Público, Autoridades Cinematográficas e Audiovisuais, etc.), e ao final também podem produzir Recomendação ao GMC.

Vinculam-se também ao **GMC Grupos *"Ad hoc"*** que também tratam de temas específicos, contudo possuem prazo determinado, já que uma vez atingidos seus objetivos serão extintos. São exemplos de Grupos *Ad hoc:* Grupo *Ad hoc* de Alto Nível Aquífero do Guarani, Grupo *Ad hoc* de Dimensão Social e Grupo *Ad hoc* de Biocombustível.

c) **Comissão de Comércio do Mercosul (CCM):** É um órgão decisório técnico de apoio ao Grupo Mercado Comum, responsável por garantir a aplicação das políticas comerciais adotadas pelo bloco. Também é de sua competência o monitoramento da Tarifa Externa Comum (TEC), podendo inclusive propor revisão das alíquotas da tarifa (art. 16 do POP).

A Comissão se reúne pelo menos bimestralmente, coordenada pelos Ministérios das Relações Exteriores dos Estados Membros, e se manifesta através de diretrizes (que são obrigatórias) ou propostas (que são meras recomendações).

Possui poder decisório.

Os **Comitês Técnicos** são órgãos de assessoramento da Comissão de Comércio nas questões referentes à gestão política comercial e tarifária do Mercosul, propondo a CCM projetos de diretrizes ou projetos de resoluções sobre os temas de sua competência.

d) **Secretaria Administrativa do Mercosul (SAM):** É o órgão de apoio operacional do bloco, responsável pelas atividades de arquivo, publicação, divulgação e comunicação de decisões, organização de reuniões, etc. O diretor da Secretaria Administrativa é eleito pelo Grupo do Mercado Comum e designado pelo Conselho de Mercado Comum.

e) **Parlamento do Mercosul (Parlasul):** Em dezembro de 2006 a Comissão Parlamentar Conjunta, órgão responsável por desenvolver ações para a formação do Parlamento, foi finalmente substituída pelo Parlamento do Mercosul (Parlasul). O Parlasul é o órgão de representação democrática da vontade dos povos que compõem os Estados Membros do Mercosul (Brasil, Argentina, Uruguai, Paraguai e Venezuela) e não representa os interesses dos Estados em si, mas sim o interesse dos seus cidadãos. Possui 90 (noventa) membros, e tem sua sede na capital uruguaia, Montevidéu.

Tem como propósito a defesa permanente da democracia.

Há a previsão de eleições diretas pela população de cada país dos representantes que irão integrar o Parlamento, que deverá atender o critério da proporcionalidade acentuada. Atualmente, contudo, apenas o Paraguai atende a esta regra. No caso dos representantes dos demais Estados, os membros do Parlasul são deputados e senadores em exercício nas Casas Legislativas de cada Estado membro.

Com o objetivo de fortalecer os processos de integração, o Parlamento do Mercosul atua em diferentes temáticas, segundo a competência de cada uma de suas dez Comissões Permanentes:

Assuntos Jurídicos e Institucionais; Assuntos Econômicos, Financeiros, Fiscais e Monetários; Assuntos Internacionais, Inter-Regionais e de Planejamento Estratégico; Educação,

Cultura, Ciência, Tecnologia e Esportes; Trabalho, Políticas de Emprego, Segurança Social e Economia Social; Desenvolvimento Regional Sustentável, Ordenamento Territorial, Habitação; Saúde, Meio Ambiente e Turismo; Cidadania e Direitos Humanos; Assuntos Interiores, Segurança e Defesa; Infraestrutura, Transportes, Recursos Energéticos, Agricultura, Pecuária e Pesca; Orçamento e Assuntos Internos.

Atualmente, o Parlasul tem função apenas consultiva. Aprova declarações políticas e recomendações ao Conselho do Mercado Comum. Pode sugerir aos países do bloco a aprovação de projetos de lei, mas não tem o chamado poder vinculante, de tomar decisões que sejam efetivamente colocadas em prática no Mercosul.

f) **Tribunal Arbitral *Ad Hoc:*** Órgão responsável pela solução de conflitos entre os Estados Partes, acionado quando frustrada a negociação direta e a intervenção do Grupo Mercado Comum.

É composto por 3 (três) árbitros, sendo que um de cada Estado envolvido na controvérsia e um árbitro presidente, escolhido em comum acordo.

O Tribunal emitirá um Laudo pondo fim ao conflito. Essa decisão é passível de revisão pelo Tribunal Permanente de Revisão.

g) **Tribunal Permanente de Revisão (TPR):** Criado pelo Protocolo de Olivos em 2002 (entrou em vigor em 2004), o Tribunal Permanente de Revisão possui sede na capital paraguaia, Assunção, e serve como uma instância permanente para a solução de controvérsias em torno do correto cumprimento dos instrumentos do processo de integração e a interpretação do conjunto normativo do Mercosul.

O órgão representa uma instância superior capaz de revisar os laudos arbitrais proferidos pelos Tribunais Arbitrais *Ad Hoc.* Assim, o Tribunal confere maior segurança jurídica às normas do Mercosul e uma uniformização de entendimentos.

O Tribunal também funciona como instância consultiva.

É composto por cinco árbitros, um para cada Estado Parte.

4.3. Estrutura normativa

Conforme dispõe o art. 41 do Protocolo de Ouro Preto (POP), as fontes jurídicas do Mercosul são:

> I – O Tratado de Assunção, seus protocolos e os instrumentos adicionais ou complementares;
>
> II – Os acordos celebrados no âmbito do Tratado de Assunção e seus protocolos;
>
> III – As Decisões do Conselho do Mercado Comum, as Resoluções do Grupo Mercado Comum e as Diretrizes da Comissão de Comércio do Mercosul, adotadas desde a entrada em vigor do Tratado de Assunção.

A doutrina classifica as fontes em:

a) **originárias**, que compreende aquelas descritas nos incisos I e II do art. 41 do POP; e

b) **derivadas típicas**, que são os atos dos órgãos decisórios (inciso III).

Ambas possuem caráter impositivo de observância obrigatória pelos Estados Membros (art. 42 do POP).

Além das fontes jurídicas derivadas típicas, a doutrina identifica ainda as **derivadas atípicas**, que não se encontram relacionadas no art. 41 do POP. São atos internos relacionados com a organização e funcionamento das instituições e órgão do Mercosul, as Recomendações e Projetos de Decisão e Resolução emanados pelos Subgrupos de Trabalhos e Comitês Técnicos, por exemplo.

Existem ainda as fontes complementares advindas do Direito Internacional geral, tais como doutrina, costumes, jurisprudência, etc.

O Protocolo de Brasília Para a Solução de Controvérsias, em seu artigo 19, estabeleceu uma hierarquia das normas do Mercosul a serem observadas pelo Tribunal Arbitral. Nesta ordem: Tratado de Assunção, os acordos celebrados em seu âmbito, as decisões do Conselho do Mercado Comum, as resoluções do Grupo Mercado Comum, e os princípios e disposições de Direito Internacional aplicáveis à matéria.

Os principais tratados e protocolos fundamentais para a estrutura normativa do Mercosul são os seguintes:

Tratado de Assunção: criou o bloco econômico Mercosul, estipulando normas programáticas e prazos para a concretização de seus objetivos, pactuando uma união aduaneira pautada na livre circulação de bens, serviços e fatores produtivos, prevendo uma Tarifa Externa Comum e uma política comercial comum. O Tratado de Assunção também estabeleceu de modo provisório o sistema de solução de controvérsias no âmbito do bloco.
Protocolo de Ouro Preto: veio complementar o Tratado de Assunção. Além de conferir ao Mercosul personalidade jurídica de direito internacional, criou uma estrutura institucional definitiva, prevendo a criação de órgãos decisórios e técnicos e estipulando suas atribuições. Vale ressaltar que no art. 37 do Protocolo, o Mercosul optou definitivamente pelo sistema intergovernamental, estipulando que as decisões dos órgãos serão tomadas por meio de consenso com a presença de todos os Países Membros, distanciando-se do modelo de supranacionalidade adotado pela União Europeia. O POP aprimorou o sistema de solução de controvérsias com a criação da Comissão de Comércio do Mercosul.
Protocolo de Brasília trouxe de modo definitivo o sistema de solução de controvérsias, aprimorando o sistema previsto no Tratado de Assunção com a criação dos Tribunais Arbitrais *Ad hoc.*
Protocolo de Olivos derrogou o sistema de solução de controvérsias regulamentado pelo Protocolo de Brasília, e ainda instituiu o Tribunal Permanente de Revisão (TPR), como sendo uma instância superior aos Tribunais Arbitrais *Ad hoc.*
Protocolo de Ushuaia reafirmou o compromisso democrático do Mercosul. Foi com base neste Protocolo que o Paraguai foi suspenso do Mercosul ao destituir o então Presidente Fernando Lugo, através de um "golpe de estado".

4.4. Sistema de solução de controvérsias do Mercosul

O sistema de solução de controvérsias adotado atualmente pelo Mercosul é o resultado de uma evolução iniciada na própria criação do bloco, através do Tratado de Assunção, que previu um sistema provisório, sendo posteriormente substituído por um sistema definitivo surgido com o advento do Protocolo de Brasília. Todavia, diante das inúmeras deficiências encontradas no texto de Brasília, o sistema de solução de conflitos então em vigor foi revogado pelo Protocolo de Olivos. Este Protocolo manteve, em linhas gerais, os Tribunais Arbitrais *Ad Hoc*, e ainda criou o Tribunal Permanente de Revisão como uma segunda instância capaz de revisar os laudos arbitrais proferidos pelos árbitros *ad hoc.*

O Protocolo de Ouro Preto (POP), por sua vez, também contribuiu com o Sistema de Solução de Controvérsias, através da criação da Comissão de Comércio do Mercosul (CCM), estipulando um procedimento alternativo para a solução dos conflitos. No procedimento do POP, a reclamação é levada à CCM que, com auxílio dos Comitês Técnicos, mediante consenso, apresentava uma solução. Caso não fosse possível a obtenção da composição do litígio, a matéria seria remetida ao Grupo Mercado Comum (GMC), que também mediante consenso solucionava o litígio. Ressalte-se que esse procedimento alternativo continua em vigor.

Atualmente, com os novos delineamentos trazidos pelo Protocolo de Olivos (PO), o sistema de solução de controvérsias do Mercosul tem as seguintes etapas:

1ª fase: Política. Negociação direta, de natureza política, entre os Estados litigantes (art. 4º do PO). Ocorre quando um Estado comunica ao outro a intenção de iniciar o procedimento de solução de controvérsias. As negociações têm um prazo de 15 (quinze) dias para serem concluídas, a contar da comunicação;

2ª fase: Opcional. Frustradas as negociações políticas diretas, as partes poderão submeter a controvérsia ao Grupo Mercado Comum (GMC), que apresentará recomendações para a solução consensual do conflito (art. 6º do PO);

3ª fase: Arbitral. Não havendo resultado com a negociação direta nem a opção pela intervenção do Grupo Mercado Comum (GMC), passa-se então à instância arbitral, com a constituição de um Tribunal Arbitral *Ad Hoc*. O Tribunal composto por 3 (três) árbitros, elaborará um laudo arbitral propondo a solução da controvérsia;

4ª fase: Tribunal Permanente de Revisão (TPR). Insatisfeito, qualquer dos Estados envolvidos poderá apresentar recurso de revisão ao Tribunal Permanente de Revisão, no prazo máximo de 15 (quinze) dias da notificação do laudo. O TPR, no entanto, apenas irá apreciar as questões de direito arguidas na controvérsia.

Também é facultado aos Estados Partes, uma vez superadas as duas primeiras fases, provocar diretamente o Tribunal Permanente de Revisão, que terá as mesmas atribuições dos Tribunais Arbitrais *Ad hoc*, julgando desde logo a lide.

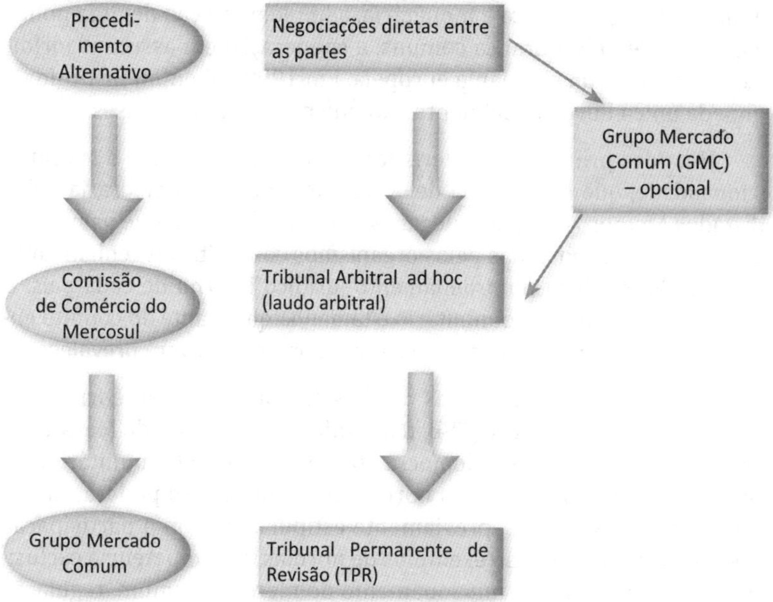

5. UNIÃO EUROPEIA

É o bloco de integração política e econômica atualmente composta por 28 (vinte e oito) Estados independentes europeus, dotado de supranacionalidade e estruturada pelo Direito Comunitário, caracterizada pela implementação de uma moeda única (euro), cujo propósito é a viabilização da livre circulação de pessoas, mercadorias e fatores de produção, bem como a criação de um mercado comum livre de qualquer barreira comercial.

Além da integração política e econômica, a União Europeia (UE) atualmente intervém através de seus organismos supranacionais nos mais variados temas de interesse dos países partes, desde direitos humanos até as políticas ambientais, passando pelos setores da agricultura, educação, saúde, ciência e tecnologia, por exemplo.

A União Europeia foi criada através do Tratado de Maastricht em novembro de 1993, vindo a suceder a Comunidade Econômica Europeia (CEE) com propostas de aprofundamento da integração dos países membros. Os principais objetivos do Tratado eram a adoção de uma política econômica e monetária, a implementação de uma política externa e de segurança comuns, a cooperação em assuntos jurídicos e a criação da cidadania europeia. Em 1999, foi enfim instituída a moeda única Euro, inicialmente adotada por 11 (onze) países.

Uma das principais caraterísticas da União Europeia é a supranacionalidade, que consiste na delegação voluntária e temporária pelos Estados Membros de parte de sua soberania, de modo que as normas comunitárias produzidas pelos organismos comunitários tenham aplicabilidade imediata no ordenamento jurídico interno de cada país. A imposição do Direito Comunitário é tamanha que diante do conflito entre uma lei interna e uma norma comunitária, esta deverá prevalecer.

No entanto, a atuação das normas comunitárias não é irrestrita. A norma trazida pelo art. 3º-B, parágrafo 2º do Tratado de Maastricht permite uma verdadeira democratização do Direito Comunitário. Segundo esta determinação, as normas comunitárias só poderão tratar de questões exclusivas, previamente estipuladas, com a participação de todos os Estados. São exemplos de normas de competência exclusiva da União Europeia: funcionamento do mercado comum, regulação da união aduaneira, questões relativas à cidadania europeia, política monetária e comercial, etc.

Ademais, as normas comunitárias só poderão incidir no que for estritamente necessário para a consecução dos objetivos da União Europeia (princípio da proporcionalidade).

6. ESTRUTURA E FUNCIONAMENTO DA UNIÃO EUROPEIA

6.1. Membros

Com o Tratado de Maastricht os 12 (doze) membros da Comunidade Econômica Europeia (Europa dos doze), quais sejam: Bélgica, Holanda, Luxemburgo, França, Itália, Alemanha, Inglaterra, Irlanda, Dinamarca, Grécia, Espanha e Portugal, passaram a fazer parte da União Europeia, momento em que aderiram também Suécia, Finlândia e Áustria (Europa dos quinze). Em 2004 integraram os blocos as ilhas Malta e Chipre, alguns países do antigo bloco socialista (Polônia, Hungria, República Tcheca, Eslováquia, Eslovênia e Bulgária) e ainda três países da antiga União Soviética (Estônia, Letônia e Lituânia). Em 2007 aderiram Bulgária e Romênia (Europa dos vinte e oito).

Para fazer parte da União Europeia, o país pretendente deve respeitar as condições impostas pelo "Critério de Copenhagen", que são:

a) **O Critério Político:** a existência de instituições estáveis que garantam a Democracia no país, o Estado de Direito, os Direitos Humanos, e o respeito às minorias e sua proteção;
b) **O Critério Econômico**: a existência de uma economia de mercado que funcione efetivamente e capacidade de fazer face às forças de mercado e à concorrência do bloco;
c) **O Critério do Acervo Comunitário:** a capacidade para assumir as obrigações decorrentes da adesão, incluindo o compromisso com os objetivos de união política, econômica e monetária.

6.2. Estrutura institucional

Conforme já delineado, a estrutura da União Europeia se baseia na supranacionalidade, segundo a qual os Estados Membros delegam alguns de seus poderes aos organismos comunitários, cujas decisões serão aplicadas diretamente no ordenamento interno de cada país.

São instituições principais da UE: Parlamento Europeu, Comissão Europeia, Conselho da União Europeia, Conselho Europeu, Tribunal de Justiça Europeu, Tribunal de Contas Europeu e o Banco Central Europeu. Os órgãos auxiliares são: Banco Europeu de Investimentos, Comitê Econômico e Social Europeu, Comitê das Regiões, Agências Especializadas e os Fundos Europeus.

a) **Parlamento Europeu:** É o órgão legislador de representação popular da União Europeia, cujos membros são eleitos através de sufrágio universal multinacional, seguindo o princípio da proporcionalidade regressiva (Estados menores têm direito a mais representantes). Também compete ao Parlamento o controle orçamentário da UE juntamente como o Conselho da União Europeia, com base no anteprojeto enviado pela Comissão Europeia. Compete ainda a ele emendar ou vetar os textos constitucionais propostos pela Comissão Europeia.

   Cabe ainda ao Parlamento Europeu aprovar a nomeação dos membros da Comissão Europeia, bem como dissolvê-la.

b) Comissão Europeia: É o órgão executivo da União Europeia. Composto por um presidente indicado pelo Conselho da UE e aprovado pelo Parlamento, e mais vinte e cinco integrantes, que são escolhidos pelo presidente e em seguida submetidos à aprovação pelo Parlamento para um mandato de cinco anos com direito a uma recondução. Seus membros têm a atribuição de defender os interesses da UE como um todo, por isso são independentes e não se vinculam aos seus Estados de origem. Apesar de ser considerado órgão executivo, pode propor projetos de lei, os quais passarão pelo crivo do Parlamento e da Comissão.

Destacam-se as seguintes atribuições: executar as políticas da UE, administrar os programas comunitários, velar pela aplicação das políticas da União Europeia, zelar pelo cumprimento das normas comunitárias juntamente com o Tribunal de Justiça e representar a União Europeia internacionalmente, entre outras.

c) Conselho da União Europeia (ou simplesmente Conselho): Não confundir com o Conselho Europeu. Constitui a maior instância decisória da União Europeia e representa a vontade dos Estados-membros. Tem atribuição legislativa e orçamentária que exerce em conjunto com o Parlamento. É composto pelo Presidente da Comissão e por um representante de cada Estado, e suas decisões têm o poder de vincular o governo dos Estados-membros.

Possui a atribuição de definir e coordenar as políticas econômicas dos Estados-membros e de tomar decisões referentes à execução de políticas externas.

d) Conselho Europeu: É formado pelos Chefes de Estado e Governo e pelos Ministros das Relações Exteriores dos Estados que compõe a UE acrescido do presidente da Comissão Europeia. Apesar de não possuir qualquer poder legislativo, executivo ou judicial, exerce enorme influência na condução das políticas da UE, pois é este órgão quem define as prioridades da união, bem como as políticas globais que serão adotadas ditando o rumo da União Europeia.

e) Tribunal de Justiça Europeu: É o órgão judiciário máximo da UE, composto por um juiz nacional de cada Estado membro (desde que o número seja ímpar e um presidente eleito pelo próprio tribunal). Possui a atribuição de aplicar as normas comunitárias, unificar sua interpretação e funcionar como instância consultiva. O Tribunal de Justiça Europeu é assistido pelo Tribunal de Primeira Instância que detém a atribuição de recepcionar as reclamações dos cidadãos.

f) **Tribunal de Contas Europeu:** Tem por função primordial acompanhar a execução orçamentária comunitária e a legalidade das receitas e despesas, realizando em cada exercício financeiro relatórios de auditoria destinados ao Parlamento e ao Conselho da UE que também possuem atribuição de fiscalização orçamentária. É composto por um representante de cada Estado-membro designado pelo Conselho da UE para o mandato de seis anos.

g) **Banco Central Europeu:** É responsável pela política monetária europeia, controlando a política cambial do euro, a taxa de juros e a inflação. É uma instituição independente.

h) **Banco Europeu de Investimento:** Instituição financeira que fomenta as políticas públicas e privadas da União Europeia e promove a infraestrutura para o desenvolvimento equilibrado e o fortalecimento da indústria comunitária.

i) **Comitê Econômico e Social Europeu (CESE):** É um órgão consultivo que participa do processo de elaboração de políticas públicas. Composto de representantes da sociedade civil organizada de caráter econômico e social (trabalhadores, empregadores, sindicatos, consumidores, etc.).

j) **Comitê das Regiões:** É um órgão consultivo composto por representantes regionais (prefeitos, governadores, etc.) que defendem os interesses infranacionais, fomentando tanto a produção legislativa de aplicação local quanto as políticas públicas de seus interesses. Esse órgão também é visto como um mecanismo de mitigar o distanciamento das decisões tomadas pelos organismos comunitários em relação ao público local.

k) **Agências Especializadas:** São órgãos auxiliares que atuam de forma descentralizada nas mais variadas matérias (meio ambiente, pesca, agricultura, segurança, etc.) em nível técnico, científico e de gestão. É uma forma de especializar a atuação das instituições comunitárias.

6.3. Estrutura normativa

A estrutura normativa da União Europeia é bastante singular, pois, diferente de qualquer outro bloco, se baseia na supranacionalidade do Direito Comunitário com princípios próprios:

- autonomia do direito comunitário em relação ao direito nacional;
- primado do direito comunitário sobre as normas nacionais; e
- inserção direta do direito comunitário nos ordenamentos jurídicos nacionais, representando uma verdadeira flexibilização da soberania.

O ordenamento jurídico da comunidade tem como fonte originária os Tratados (Tratado de Roma, Ato único Europeu, Tratado de Maastricht, Tratado de Amsterdã, Tratado de Nice e Tratado de Lisboa), e como fonte derivada os atos emanados pelos organismos comunitários que compõem a União Europeia (Regulamentos, Diretivas, Decisões, Recomendações e Pareceres).

Os principais tratados são os seguintes:

Tratado de Roma: criou a Comunidade Econômica Europeia (CEE) e a Comunidade Europeia da Energia Atômica (EURATON), aprofundando a integração entre os países europeus, que passou a abranger uma cooperação econômica, através de uma integração aduaneira, e uma política comum para agricultura e os principais setores da economia.
Ato Único Europeu: complementou e atualizou o Tratado de Roma, dando os contornos iniciais do que seria a União Europeia, aprofundando a coesão política e econômica. Como principal medida estipulou cronograma e normas programáticas a serem seguidas para a realização do Mercado Comum em 1992, prevendo a livre circulação de bens, pessoas, serviços e capital, bem como a pretensão de uma moeda única. Criou o Conselho Europeu e fortaleceu o Parlamento Europeu.

Tratado de Maastricht ou **Tratado da União Europeia:** deu origem à União Europeia em substituição à Comunidade Econômica Europeia (CEE) com propostas de aprofundamento da integração dos países membros. Os principais objetivos do Tratado eram a adoção de uma política econômica e monetária e a implementação de uma unidade política entre os membros, que abrangeria política externa e de segurança comuns, a cooperação em assuntos jurídicos e a criação da cidadania europeia única. O Tratado baseia-se em três pilares: 1º Pilar – Fortalecimento das três comunidades: Comunidade Europeia (antiga CEE), Comunidade Europeia do Carvão e do Aço (instituída pelo Tratado de Paris) e a Comunidade Europeia de Energia Atômica (EURATON), que passam a ser o pilar central da União Europeia. 2º Pilar – Trata-se de uma política externa e de segurança comum. 3º Pilar – Trata-se da cooperação policial e judiciária em matéria penal.
Tratado de Amsterdã: eliminou os últimos obstáculos à livre circulação de pessoas, bens, serviços e capitais. Este documento também foi responsável por colocar o pleno emprego, os direitos humanos e os direitos fundamentais como ponto central da União Europeia.
Tratado de Nice: foi responsável pela adaptação das instituições que compõem a União para receber os novos Estados-membros (à época vinte e cinco). Dentre as modificações, a nova composição da Comissão Europeia e a redefinição do modo de votação do Conselho da União Europeia, trazendo o critério da maioria qualificada. Seguindo os ditames do Tratado de Amsterdã, em Nice foi incorporado o texto da Carta de Direitos Fundamentais, elaborada pela Comissão Europeia e pelo Parlamento Europeu, à União Europeia.
Tratado de Lisboa: o Tratado de Lisboa foi assinado em 2007 e a maioria de suas normas entrou em vigor em 2009. Este Tratado simplificou os métodos de trabalho e as regras de votação, criou a figura do presidente do Conselho Europeu e contribuiu para a democratização da União Europeia, já que estabeleceu a "iniciativa de cidadania", a qual permite a iniciativa popular de proposta legislativa através do quórum de um milhão de cidadãos, que podem remeter uma proposta legislativa à Comissão Europeia. E, em reforço ao Tratado de Nice, incrementou os direitos dos cidadãos, conferindo efeito jurídico vinculativo à Carta de Direitos Fundamentais. Neste Tratado também foi introduzido o sistema de votação chamado de *dupla maioria* que entrou em vigor em 1º de novembro de 2014, substituindo o Sistema de Nice. Instituiu, ainda, o sistema de codecisão para o procedimento legislativo ordinário, no qual o Parlamento e o Conselho, conjuntamente, são responsáveis pela tomada de decisões.

6.4. Sistema de tomada de decisões da União Europeia (UE)

Diferente do sistema de integração intergovernamental, no Direito Comunitário as decisões não são tomadas por consenso dos Estados-membros (unanimidade), mas pela votação da maioria qualificada.

A decisão por unanimidade ainda existe na União Europeia (UE), embora atualmente reservada a poucas matérias, que com o advento do *Tratado de Lisboa* restaram ainda mais restritas.

O Conselho da União Europeia é o órgão de maior instância decisória na UE e suas decisões são tomadas seguindo o critério da maioria qualificada. Contudo, o Parlamento Europeu, após as alterações trazidas pelos tratados, deixou de ser mero órgão consultivo e tornou-se importante órgão de decisão, que, juntamente com o Conselho no sistema de codecisão, decide as mais variadas questões de interesse da União.

O sistema de Nice (maioria qualificada) era utilizado na tomada de decisões nos órgãos comunitários. Nesse sistema, era obedecido o princípio da ponderação de votos, no qual o número de votos atribuído a cada Estado-membro dependeria da sua representação demográfica. Assim, aos países mais densamente povoados eram conferidos de 27 a 29 votos, aos de média densidade de 07 a 14 votos, e aos menos populosos conferia-se de 3 a 4 votos. Para atingir a maioria qualificada era necessário obter 255 dos 345 votos totais.

Como já foi mencionado, o sistema de Nice foi suplantado pelo sistema trazido pelo Tratado de Lisboa, desde 1º de novembro de 2014. O Tratado de Lisboa prevê o critério da dupla maioria, mecanismo mais simples e transparente, no qual a maioria qualificada é atingida quando a vontade representar 55% (cinquenta e cinco por cento) dos Estados-membros da União Europeia e ao mesmo tempo 65% (sessenta e cinco por cento) da população abrangida pela UE.

Esse sistema é utilizado para a votação de atos emanados pelos organismos comunitários que compõem a União Europeia, quais sejam: Regulamentos, Diretivas, Decisões, Recomendações e Pareceres (fontes derivadas do Direito Comunitário).

7. TÓPICO-SÍNTESE

Tópico-síntese: Direito da integração	
Direito da integração	É o ramo do Direito Internacional que busca regular, através dos tratados celebrados pelos Estados Membros, a formação e funcionamento dos sistemas de integração socioeconômica regional e das zonas privilegiadas de cooperação com o objetivo de fortalecimento frente aos demais Estados e Organismos Internacionais. Características: – intergovernabilidade – coordenação de soberanias – regras do grupo bloco regional passam a vigorar nacionalmente em cada Estado apenas após suprirem as exigências jurídicas de cada ente signatário.
Direito comunitário	O sistema de integração regional poderá ser dotado de supranacionalidade e superioridade em relação ao direito interno de cada Estado parte, ganhando autonomia frente ao Direito Internacional Clássico, de forma a criar uma verdadeira limitação à soberania dos entes signatários. Surge então o Direito Comunitário, como um estágio posterior do Direito da Integração. Características: – supragovernabilidade – limitação à soberania dos entes signatários – normas regionais possuem aplicabilidade direta no sistema jurídico interno de cada Estado Parte, de modo que a norma comunitária será aplicada no caso concreto em detrimento da legislação interna.
Etapas da integração	1ª) **Zona de Livre Comércio** – Primeira etapa da integração entre os países associados: facilitação do trânsito de mercadorias entre eles, compromisso de eliminação de barreiras tarifárias e não tarifárias, bem como e outros obstáculos inerentes aos bens negociados entre eles. Contudo, nessa etapa, possuem ampla liberdade quanto a sua política interna, e não há uma uniformização de postura comercial externa.
	2ª) **União Aduaneira** – Segunda fase da integração, na qual além da eliminação dos obstáculos aduaneiros entre os Estados signatários, é fixada uma Tarifa Externa Comum (TEC), adotando-se uma política uniforme de comércio exterior com os países que não fazem parte do bloco.

Tópico-síntese: Direito da integração	
Etapas da integração	**3ª) Mercado Comum** – É o terceiro estágio da integração, no qual há livre circulação de mão de obra, capital e serviços entre os Estados Partes. Além da livre circulação de mercadorias, característica da Zona de Livre Comércio, é facilitada a circulação dos fatores de produção e de mão de obra. Nessa etapa é possível que pessoas de um Estado Membro trabalhem livremente em outro, bem como que empresas de países do bloco exerçam suas atividades e invistam em cada uma das demais nações integrantes.
	4ª) União Econômica e Monetária – Além de incorporar os níveis de integração anteriores, nesta quarta etapa cria-se uma certa uniformização da própria política econômica e cambial adotada em cada ente signatário, inclusive com a criação de um padrão monetário único e a instituição de um Banco Central para gerir a moeda, impedindo que os países valorizem ou desvalorizem a moeda a fim de satisfazerem suas balanças comerciais.
	5ª) Integração Econômica Total ou União Política– A quinta fase significa um passo além da União Econômica e Monetária, na qual há uma verdadeira unidade de política monetária, fiscal, social e anticíclica (conjunto de medidas que visam impedir o ciclo econômico inerente ao capitalismo: recessão e ascensão) entre os membros. Para alcançar esse nível de integração é necessário constituir um ente supranacional encarregado de elaborar e programar essas políticas, limitando a própria soberania dos Estados Membros, criando um verdadeiro Direito Comunitário Autônomo, aplicável no âmbito interno dos países que compõe o bloco. O único exemplo desse estágio de integração é a União Europeia.
Mercosul	O Brasil, a Argentina, o Paraguai e o Uruguai, através do Tratado de Assunção de 26 de março de 1991, instituíram o bloco econômico denominado Mercado Comum do Sul (Mercosul), cujo objetivo é a integração desses países permitindo uma livre circulação de bens, serviços e fatores de produção, eliminando barreiras alfandegárias e restrições não tarifárias à circulação de mercadorias, bem como a criação de uma Tarifa Externa Comum (TEC) - que significa constituir imposto de importação comum entre os países signatários em relação a produtos de outros países e blocos econômicos - e a adoção de uma política comercial comum.
Membros do Mercosul	O Tratado de Assunção é do tipo aberto, permitindo a adesão dos membros da ALADI (Associação Latino Americana de Integração). Atualmente o Mercosul é formado por cinco membros plenos: Brasil, Argentina, Uruguai, Venezuela e Paraguai.

<table>
<tr><th colspan="2">Tópico-síntese: Direito da integração</th></tr>
<tr><td>Estrutura institucional do Mercosul</td><td>
a) Conselho do Mercado Comum (CMC): É o órgão decisório máximo do Mercosul. Possui a competência de conduzir o processo político de integração e garantir, através de tomadas de decisões, que os objetivos do bloco sejam alcançados (art. 3º do POP). É composto pelos Ministros das Relações Exteriores e pelos Ministros da Economia (e equivalentes) dos Estados Membros.
O CMC se manifesta através de "decisões", sempre tomadas por consenso, que, por força do art. 42 do POP, são de observância obrigatória pelos Estados Parte.
Os membros do CMC se reúnem semestralmente de forma ordinária, sem prejuízo de haverem convocações extraordinárias para deliberar sobre um assunto específico.
b) Grupo Mercado Comum (GMC): É o órgão executivo do Mercosul composto por representantes do alto escalão dos Ministérios das Relações Exteriores, da Economia e do Banco Central. Possui atribuições administrativas com vistas a garantir o cumprimento do Tratado de Assunção e coordenar as políticas macroeconômicas. Também é responsável pela articulação política do processo de integração do bloco.
O GMC reúne-se, ordinariamente, duas vezes a cada semestre, e normalmente, extraordinariamente, uma vez no fim de cada semestre com o intuito de analisar os projetos de normas que serão enviados ao CMC para deliberação.
As manifestações do GMC são chamadas de "resoluções", tomadas sempre por consenso, e tratam, em geral, dos aspectos financeiros e orçamentários do processo de integração.
c) Comissão de Comércio do Mercosul (CCM): É um órgão decisório técnico de apoio ao Grupo Mercado Comum, responsável por garantir a aplicação das políticas comerciais adotadas pelo bloco. Também é de sua competência o monitoramento da Tarifa Externa Comum (TEC), podendo inclusive propor revisão das alíquotas da tarifa (art. 16 do POP).
A Comissão se reúne pelo menos bimestralmente, coordenada pelos Ministérios das Relações Exteriores dos Estados Membros, e se manifesta através de diretrizes (que são obrigatórias) ou propostas (que são meras recomendações).
d) Secretaria Administrativa do Mercosul (SAM): É o órgão de apoio operacional do bloco, responsável pelas atividades de arquivo, publicação, divulgação e comunicação de decisões, organização de reuniões, etc. O diretor da Secretaria Administrativa é eleito pelo Grupo do Mercado Comum e designado pelo Conselho de Mercado Comum.
</td></tr>
</table>

Tópico-síntese: Direito da integração	
Estrutura institucional do Mercosul	Comissão Parlamentar Conjunta, órgão este justamente responsável por desenvolver ações para a formação do Parlamento. É o órgão de representação democrática dos povos que compõem os Estados Membros do Mercosul (Brasil, Argentina, Uruguai, Paraguai e Venezuela) e não representa os interesses dos Estados em si, mas sim dos cidadãos. Possui 90 (noventa) membros, e tem sua sede na capital uruguaia, Montevidéu. Tem como propósito a defesa permanente da democracia. **f) Tribunal Arbitral *Ad Hoc*:** Órgão responsável pela solução de conflitos entre os Estados Partes, acionado quando frustrada a negociação direta e a intervenção do Grupo Mercado Comum. É composto por 3 (três) árbitros, sendo que um de cada Estado envolvido na controvérsia e um árbitro presidente, escolhido em comum acordo. O Tribunal emitirá um Laudo pondo fim ao conflito. Essa decisão é passível de revisão pelo Tribunal Permanente de Revisão. **g) Tribunal Permanente de Revisão (TPR):** Criado pelo Protocolo de Olivos em 2002 (entrou em vigor em 2004), o Tribunal Permanente de Revisão, possui sede na capital paraguaia, Assunção, e serve como uma instância permanente para a solução de controvérsias em torno do correto cumprimentos dos instrumentos do processo de integração e a interpretação do conjunto normativo do Mercosul. O órgão representa uma instância superior capaz de revisar os laudos arbitrais proferidos pelos Tribunais Arbitrais Ad Hoc. Assim, o Tribunal confere maior segurança jurídica às normas do Mercosul e uma uniformização de entenderem. O Tribunal também funciona como instância consultiva. É composto por cinco árbitros, um para cada Estado Parte.

<table>
<tr><th colspan="2">Tópico-síntese: Direito da integração</th></tr>
<tr><td rowspan="2">Estrutura normativa do Mercosul</td><td>I – O Tratado de Assunção, seus protocolos e os instrumentos adicionais ou complementares;

II – Os acordos celebrados no âmbito do Tratado de Assunção e seus protocolos;

III – As Decisões do Conselho do Mercado Comum, as Resoluções do Grupo Mercado Comum e as Diretrizes da Comissão de Comércio do Mercosul, adotadas desde a entrada em vigor do Tratado de Assunção.</td></tr>
<tr><td>Principais documentos:

1) Tratado de Assunção: criou o bloco econômico Mercosul, estipulando normas programáticas e prazos para a concretização de seus objetivos, pactuando uma união aduaneira pautada na livre circulação de bens, serviços e fatores produtivos, prevendo uma Tarifa Externa Comum e uma política comercial comum. O Tratado de Assunção também estabeleceu de modo provisório o sistema de solução de controvérsias no âmbito do bloco.

2) Protocolo de Ouro Preto: veio complementar o Tratado de Assunção. Além de conferir ao Mercosul personalidade jurídica de direito internacional, criou uma estrutura institucional definitiva, prevendo a criação de órgãos decisórios e técnicos e estipulando suas atribuições. Vale ressaltar que no art. 37 do Protocolo, o Mercosul optou definitivamente pelo sistema intergovernamental, estipulando que as decisões dos órgãos serão tomadas por meio de consenso com a presença de todos os Países Membros, distanciando-se do modelo de supranacionalidade adotado pela União Europeia. O POP aprimorou o sistema de solução de controvérsias com a criação da Comissão de Comércio do Mercosul.

3) Protocolo de Brasília: trouxe de modo definitivo o sistema de solução de controvérsias, aprimorando o sistema previsto no Tratado de Assunção com a criação dos Tribunais Arbitrais Ad hoc.

4) Protocolo de Olivos: derrogou o sistema de solução de controvérsias regulamentado pelo Protocolo de Brasília, e ainda instituiu o Tribunal Permanente de Revisão (TPR), como sendo uma instância superior aos Tribunais Arbitrais Ad hoc.

5) Protocolo de Ushuaia: reafirmou o compromisso democrático do Mercosul.</td></tr>
</table>

Tópico-síntese: Direito da integração	
Sistema de solução de controvérsias do Mercosul	Sistema do Protocolo de Olivos: **1ª fase: Política.** Negociação direta, de natureza política, entre os Estados litigantes (art. 4º do PO). Ocorre quando um Estado comunica ao outro a intenção de iniciar o procedimento de solução de controvérsias. As negociações têm um prazo de 15 (quinze) dias para serem concluídas, a contar da comunicação; **2ª fase: Opcional.** Frustradas as negociações políticas diretas, as partes poderão submeter a controvérsia ao Grupo Mercado Comum (GMC), que apresentará recomendações para a solução consensual do conflito (art. 6º do PO); **3ª fase: Arbitral.** Não havendo resultado com a negociação direta nem a opção pela intervenção do Grupo Mercado Comum (GMC), passa-se então à instância arbitral, com a constituição de um Tribunal Arbitral *Ad Hoc.* O Tribunal composto por 3 (três) árbitros, elaborará um laudo arbitral propondo a solução da controvérsia. **4ª fase: Tribunal Permanente de Revisão (TPR).** Insatisfeito, qualquer dos Estados envolvidos poderá apresentar recurso de revisão ao Tribunal Permanente de Revisão, no prazo máximo de 15 (quinze) dias da notificação do laudo. O TPR, no entanto, apenas irá apreciar as questões de direito arguidas na controvérsia.
	Sistema do Protocolo de Ouro Preto (POP): Este protocolo criou a Comissão de Comércio do Mercosul (CCM), estipulando um procedimento alternativo para a solução dos conflitos. No procedimento do POP, a reclamação é levada à CCM que, com auxílio dos Comitês Técnicos, mediante consenso, apresentava uma solução. Caso não fosse possível a obtenção da composição do litígio, a matéria seria remetida ao Grupo Mercado Comum (GMC), que também mediante consenso solucionava o litígio. Ressalte-se que esse procedimento alternativo continua em vigor.
União Europeia	É o bloco de integração política e econômica atualmente composta por 28 (vinte e oito) Estados independentes europeus, dotado de supranacionalidade e estruturada pelo Direito Comunitário, caracterizada pela implementação de uma moeda única (zona do euro), cujo propósito é a viabilização da livre circulação de pessoas, mercadorias e fatores de produção, bem como a criação de um mercado comum livre de qualquer barreira comercial.

<table>
<tr><th colspan="2">Tópico-síntese: Direito da integração</th></tr>
<tr><td>Estrutura institucional da União Europeia</td><td>
a) Parlamento Europeu: É o órgão legislador de representação popular da União Europeia, cujos membros são eleitos através de sufrágio universal multinacional, seguindo o princípio da proporcionalidade regressiva (Estados menores têm direito a mais representantes). Também compete ao Parlamento o controle orçamentário da UE juntamente como o Conselho da União Europeia, com base no anteprojeto enviado pela Comissão Europeia. Compete ainda a ele emendar ou vetar os textos constitucionais propostos pela Comissão Europeia.

Cabe ainda ao Parlamento Europeu aprovar a nomeação dos membros da Comissão Europeia, bem como dissolvê-la.

b) Comissão Europeia: É o órgão executivo da União Europeia. Composto por um presidente indicado pelo Conselho da UE e aprovado pelo Parlamento, e mais (vinte e cinco) integrantes, que são escolhidos pelo presidente e em seguida submetidos à aprovação pelo Parlamento para um mandato de cinco anos com direito a uma recondução. Seus membros têm a atribuição de defender os interesses da UE como um todo, por isso são independentes e não se vinculam aos seus Estados de origem. Apesar de ser considerado órgão executivo, pode propor projetos de lei, os quais passarão pelo crivo do Parlamento e da Comissão.

Destacam-se as seguintes atribuições: executar as políticas da EU, administrar os programas comunitários, velar pela aplicação das políticas da União Europeia, zelar pelo cumprimento das normas comunitárias juntamente com o Tribunal de Justiça e representar a União Europeia internacionalmente, entre outras.

c) Conselho da União Europeia (ou simplesmente Conselho): Não confundir com o Conselho Europeu. Constitui a maior instância decisória da União Europeia e representam a vontade dos Estados-membros. Tem atribuição legislativa e orçamentária que exerce em conjunto com o Parlamento. É composto pelo Presidente da Comissão e por um representante de cada Estado, e suas decisões têm o poder de vincular o governo dos Estados-membros.

Possui a atribuição de definir e coordenar as políticas econômicas dos Estados-membros e de tomar decisões referentes à execução de políticas externas.

d) Conselho Europeu: É formado pelos Chefes de Estado e Governo e pelos Ministros das Relações Exteriores dos Estados que compõe a UE acrescido do presidente da Comissão Europeia. Apesar de não possuir qualquer poder legislativo, executivo ou judicial, exerce enorme influência na condução das políticas da UE, pois é este órgão quem define
</td></tr>
</table>

Tópico-síntese: Direito da integração	
Estrutura institucional da União Europeia	as prioridades da união bem como define as políticas globais que serão adotadas ditando o rumo da União Europeia. **e) Tribunal de Justiça Europeu:** É o órgão judiciário máximo da UE, composto por um juiz nacional de cada Estado membro (desde que o número seja ímpar) e um presidente eleito pelo próprio tribunal. Possui a atribuição de aplicar as normas comunitárias, unificar sua interpretação e funcionar como instância consultiva. O Tribunal de Justiça Europeu é assistido pelo Tribunal de Primeira Instância que detém a atribuição de recepcionar as reclamações dos cidadãos. **f) Tribunal de Contas Europeu:** Tem por função primordial acompanhar a execução orçamentária comunitária e a legalidade das receitas e despesas, realizando em cada exercício financeiro relatórios de auditoria destinados ao Parlamento e ao Conselho da UE que também possuem atribuição de fiscalização orçamentária. É composto por um representante de cada Estado-membro designado pelo Conselho da UE para o mandato de seis anos; **g) Banco Central Europeu:** É responsável pela política monetária europeia, controlando a política cambial do euro, a taxa de juros e a inflação. É uma instituição independente. **h) Banco Europeu de Investimento:** Instituição financeira que fomenta as políticas públicas e privadas da União Europeia e promove a infraestrutura para o desenvolvimento equilibrado e o fortalecimento da indústria comunitária. **i) Comitê Econômico e Social Europeu (CESE):** É um órgão consultivo que participa do processo de elaboração de políticas públicas. Composto de representantes da sociedade civil organizada de caráter econômico e social (trabalhadores, empregadores, sindicatos, consumidores, etc.). **j) Comitê das Regiões:** É um órgão consultivo composto por representantes regionais (prefeitos, governadores, etc.) que defendem os interesses infranacionais, fomentando tanto a produção legislativa de aplicação local quanto as políticas públicas de seus interesses. Esse órgão também é visto como um mecanismo de mitigar o distanciamento das decisões tomadas pelos organismos comunitários em relação ao público local. **k) Agências Especializadas:** São órgãos auxiliares que atuam de forma descentralizada nas mais variadas matérias (meio ambiente, pesca, agricultura, segurança, etc.) em nível técnico, científico e de gestão. É uma forma de especializar a atuação das instituições comunitárias.

<table>
<tr><th colspan="2">Tópico-síntese: Direito da integração</th></tr>
<tr><td>Estrutura normativa da União Europeia</td><td>Tratado de Roma: criou a Comunidade Econômica Europeia (CEE) e a Comunidade Europeia da Energia Atômica (EURATON), aprofundando a integração entre os países europeus, que passou a abranger uma cooperação econômica, através de uma integração aduaneira, e uma política comum para agricultura e os principais setores da economia.

Ato Único Europeu: complementou e atualizou o Tratado de Roma, dando os contornos iniciais do que seria a União Europeia, aprofundando a coesão política e econômica. Como principal medida estipulou cronograma e normas programáticas a serem seguidas para a realização do Mercado Comum em 1992, prevendo a livre circulação de bens, pessoas, serviços e capital, bem como a pretensão de uma moeda única.

Criou o Conselho Europeu e fortaleceu o Parlamento Europeu.

Tratado de Maastricht ou Tratado da União Europeia: deu origem à União Europeia em substituição à Comunidade Econômica Europeia (CEE) com propostas de aprofundamento da integração dos países membros. Os principais objetivos do Tratado eram a adoção de uma política econômica e monetária e a implementação de uma unidade política entre os membros, que abrangeria política externa e de segurança comuns, a cooperação em assuntos jurídicos e a criação da cidadania europeia única.

Tratado de Amsterdã: eliminou os últimos obstáculos à livre circulação de pessoas, bens, serviços e capitais. Este documento também foi responsável por colocar o pleno emprego, os direitos humanos e os direitos fundamentais como ponto central da União Europeia.

Tratado de Nice: foi responsável pela adaptação das instituições que compõem a União para receber os novos Estados-membros (à época vinte e cinco). Dentre as modificações, a nova composição da Comissão Europeia e a redefinição do modo de votação do Conselho da União Europeia, trazendo o critério da maioria qualificada.

Seguindo os ditames do Tratado de Amsterdã, em Nice foi incorporado o texto da Carta de Direitos Fundamentais, elaborada pela Comissão Europeia e pelo Parlamento Europeu, à União Europeia.

Tratado de Lisboa: contribuiu para a democratização da União Europeia, já que estabeleceu a "iniciativa de cidadania", a qual permite a iniciativa popular de proposta legislativa através do quórum de um milhão de cidadãos, que podem remeter uma proposta legislativa à Comissão Europeia. E, em reforço ao Tratado de Nice, incrementou os direitos dos cidadãos, conferindo efeito jurídico vinculativo à Carta de Direitos Fundamentais.</td></tr>
</table>

Tópico-síntese: Direito da integração	
Estrutura normativa da União Europeia	Neste Tratado também foi introduzido o sistema de votação chamado de *dupla maioria* que substituiu o Sistema de Nice e entrou em vigor no dia 1º de novembro de 2014. Instituiu, ainda, o sistema de codecisão para o procedimento legislativo ordinário, no qual o Parlamento e o Conselho, conjuntamente, são responsáveis pela tomada de decisões.
Sistema de tomada de decisões na União Europeia	Diferentemente do sistema de integração intergovernamental, no Direito Comunitário as decisões não são tomadas por consenso dos Estados-membros (unanimidade), mas pela votação da maioria qualificada. A decisão por unanimidade ainda existe na União Europeia, embora atualmente reservada a poucas matérias, que com o advento do Tratado de Lisboa restaram ainda mais restritas. O sistema de Nice (maioria qualificada) era utilizado na tomada de decisões nos órgão comunitários. Todavia, o sistema de Nice foi suplantado pelo sistema trazido pelo Tratado de Lisboa, desde novembro de 2014. O Tratado de Lisboa prevê o critério da dupla maioria, mecanismo mais simples e transparente, no qual a maioria qualificada é atingida quando a vontade representar 55% (cinquenta e cinco por cento) dos Estados-membros da União Europeia e ao mesmo tempo 65% (sessenta e cinco por cento) da população abrangida pela UE. Esse sistema é atualmente utilizado para a votação de atos emanados pelos organismos comunitários que compõem a União Europeia, quais sejam: Regulamentos, Diretivas, Decisões, Recomendações e Pareceres (fontes derivadas do Direito Comunitário).

Capítulo

11

DOMÍNIO PÚBLICO INTERNACIONAL E DIREITO INTERNACIONAL DO MAR

Leia a lei

- *Arts. 20, 21 e 225 da CF; Lei nº 8.617/1993; Convenção das Nações Unidas sobre o Direto do Mar de 1982 (Decreto nº 1530/95); Tratado da Antártica de 1959; a Convenção de Chicago de 1944; Tratado sobre Princípios Reguladores das Atividades Espaciais dos Estados na Exploração e Uso do Espaço Cósmico, inclusive da Lua e demais Corpos Celestes de 1967; Acordo que Regula as Atividades dos Estados na Lua e em outros Corpos Celestes, de 1979.*

1. INTRODUÇÃO

O território de um Estado é o espaço geográfico delimitado sobre o qual o ente de Direito Público Internacional exerce, de maneira exclusiva, sua soberania. Juntamente com o povo e o governo soberano, é o território um dos elementos constitutivos do Estado, de maneira que, sem aquele, não é possível a existência deste.

Daí porque se torna tão importante para o Direito Internacional estudar o regime jurídico aplicável aos espaços territoriais. A boa convivência entre os diversos países existentes no globo e a manutenção da paz depende do estabelecimento de regras claras a respeito dos limites da soberania de cada um deles, quais as suas fronteiras geográficas e qual a área onde podem explorar com exclusividade os recursos econômicos eventualmente encontrados sob e sobre a terra.

De outra banda, existem espaços geográficos não submetidos à soberania de qualquer Estado e cuja ocupação, exploração ou passagem precisam ser reguladas através de normas de Direito Internacional Público.

2. DOMÍNIO PÚBLICO INTERNACIONAL

Os espaços globais comuns constituem aquilo que a doutrina normalmente chama de "domínio público internacional" ou "patrimônio comum da humanidade", cuja natureza jurídica normalmente é de utilização comum *(res communis)* e o regime jurídico aplicável (direitos, prerrogativas e deveres dos diversos países eventualmente interessados) variará conforme os costumes e tratados referentes a cada espécie de área em particular.

Interessante pontuar que, neste tema, a doutrina normalmente costuma analisar de maneira particularizada a situação jurídica do Ártico e da Antártica.

Tendo em vista os objetivos deste trabalho, apenas mencionaremos de forma sucinta as linhas gerais do regime jurídico aplicável a cada um deles, para mais adiante abordar as normas internacionais relacionadas à ocupação, passagem e exploração dos mares e do espaço aéreo.

2.1. Ártico

A zona polar do Ártico não é uma massa de terra (continente ou ilha), mas um oceano permanentemente congelado, que banha o litoral de diversos países do Hemisfério Norte.

Nesse sentido, o regime jurídico aplicável ao Ártico se aproxima do regime do alto-mar, posto que nenhum país exerce sua soberania sobre aquela região.

Não obstante, a pretensão de sua exploração e ocupação das ilhas descobertas é regida pela "teoria dos setores", criada pelo canadense Pascal Poirier em 1907.

De acordo com essa teoria, cada Estado teria soberania sobre as ilhas e terras localizadas dentro de um triângulo traçado a partir dos seus respectivos litorais (com base nos meridianos localizados em seus pontos extremos), cujo vértice encontra-se no Polo Norte. A soberania diria respeito apenas às ilhas e terras emersas, não abrangendo as águas e massas de gelo ali existentes.

Trata-se, simplesmente, de uma ideia para justificar a reivindicação de terras emersas eventualmente descobertas naquela parte do planeta, não existindo nenhum tratado, acordo ou convenção internacional positivando tal princípio.

Na prática, pelo menos até o momento sem qualquer contestação por parte da comunidade internacional, os países do Hemisfério Norte reivindicam sua soberania sobre os territórios ali encontrados, tendo como base os critérios de contiguidade fixados pela "Teoria dos Setores".

2.2. Antártica

A zona polar da Antártica é um autêntico continente localizado no extremo sul do planeta, ainda não efetivamente ocupado ou povoado por qualquer país independente na atualidade.

Trata-se do único espaço terrestre verdadeiramente internacionalizado, em que os Estados cooperam mutuamente para a manutenção da paz e a realização de pesquisas científicas.

O seu regime jurídico é estabelecido pelo "Tratado da Antártica", firmado em 1959 em Washington e marcado por traços profundamente pacifistas, fixados em quatro pontos principais:

Suspensão de reivindicações territoriais;
Não militarização da área;
Preservação ambiental;
Liberdade de pesquisa científica.

De acordo com o referido tratado, a Antártica só pode ser utilizada para fins pacíficos e para pesquisa científica, ficando proibidas todas e quaisquer atividades militares, nucleares ou lançamento de resíduos radioativos na região, de modo a não converter a área em motivo de discórdia mundial.

Os signatários do ajuste se comprometem a envidar esforços no sentido de impedir a utilização do Continente Antártico de maneira contrária aos princípios do acordo, garantindo assim a manutenção da paz e a cooperação científica entre os diversos países lá presentes. A adesão brasileira ao Tratado ocorreu em 1975, entrando em vigor no país por meio do Decreto nº 75.963/75.

Contudo, o referido documento estabelece, até como forma de incentivar a adesão do maior número possível de Estados, que a sua assinatura não importará em renúncia a qualquer eventual pretensão territorial sobre as terras antárticas, razão pela qual os futuros questionamentos acerca do domínio sobre aquela região ficam em aberto.

3. DIREITO INTERNACIONAL DO MAR

É intuitivo que dos espaços internacionais existentes, os mares sejam os de regulamentação mais antiga e mais relevante para o Direito Internacional Público, haja vista sua utilização desde os primórdios da civilização como meio de comunicação entre os povos, seja para fins comerciais, militares ou de colonização de novas terras.

Durante muito tempo não existiram normas escritas regulamentando o desenvolvimento das relações entre as diversas nações no meio marítimo, prevalecendo o princípio da liberdade dos mares, baseado na obra *Mare liberum*, de 1609, do holandês Hugo Grotius, segundo a qual os oceanos seriam *res communis*, insuscetíveis de ocupação e onde a navegação e pesca seriam livres a todos os povos.

Todavia, a evolução tecnológica, política, comercial e econômica vivenciada pela humanidade e o consequente aumento do nível de complexidade das relações entre os países, bem como o antagonismo crescente entre os interesses dos diversos povos envolvidos no desenvolvimento de atividades direta ou indiretamente ligadas ao meio oceânico acabaram por requisitar o estabelecimento de um arcabouço normativo capaz de fixar os limites do exercício da soberania de cada país no campo marítimo, além de firmar direitos comuns a todas as nações independentes que se valem dos mares como via de comunicação.

As primeiras convenções internacionais versando sobre o alto-mar, a plataforma continental, o mar territorial e a zona contígua foram firmadas na Conferência de Genebra, em 1958.

Contudo, foi apenas a partir da Conferência de Nova Iorque que se estabeleceu um regime jurídico para o mar através da Convenção das Nações Unidas Unidas sobre o Direto do Mar de 1982 (Convenção de Montego Bay). Esta Convenção também definiu de forma precisa os espaços marítimos, tanto que, nos dias atuais, mesmo os países não signatários da Convenção adotam e respeitam os conceitos relacionados com as definições dos espaços marítimos e ao meio ambiente.

Dentre os espaços normatizados pelo Direito Internacional do Mar e previstos na Convenção de Montego Bay de 1982, temos os seguintes:

a) **Mar Territorial:** é a zona marítima adjacente ao território do Estado, sobre o qual este exerce a sua soberania plena, mitigada pelo respeito a certos direitos desfrutados pelos outros Estados naquilo que se refere à liberdade de navegação e comércio. É definida pela Convenção de Montego Bay (art. 3º) como a faixa de largura de até 12 mil milhas marítimas medidas a partir da linha de base (linha litorânea de maré baixa) e alcança não apenas as águas, mas também o leito do mar, o respectivo subsolo e o espaço aéreo subjacente. Apesar da soberania nacional plena com todas as consequências daí advindas, tais como exclusividade na exploração econômica da área, proteção ao meio ambiente e desempenho de atividades de segurança, os navios de qualquer Estado gozarão do "direito de passagem inocente" (direito costumeiro positivado pela Convenção). Cabe ao Estado tutelar a passagem inocente de modo que não seja prejudicial à paz, aos bens ou à segurança do Estado costeiro, devendo a passagem ser contínua e rápida, sendo ilícito qualquer ato que não se relacione com a simples travessia. Ressalte-se que o Código Penal determina a aplicação da lei brasileira ao crime praticado a bordo de embarcações estrangeiras de propriedade privada que se encontrem em território nacional, porto ou mar territorial brasileiro (art. 5º, §2º);

b) **Zona Contígua:** é a área adjacente ao mar territorial, estendendo-se de 12 a 24 milhas marítimas, contadas a partir da linha de base do mar territorial – ou seja, corresponde às 12 milhas marítimas posteriores ao mar territorial. A Zona Contígua se submete ao regime de não apropriação (o Estado não exerce sobre ela sua soberania), mas existem alguns direitos exclusivos reservados. Nessa região, o Estado costeiro pode exercer seu poder de polícia para garantir a segurança nacional, prevenindo a entrada de clandestinos, fiscalizando o cumprimento de normas de imigração, alfandegárias, fiscais, sanitárias e ambientais, dentre outras;

c) **Zona Econômica Exclusiva:** faixa de terra e coluna d´água adjacente ao mar territorial que, abrangendo a zona contígua, se estende das 12 às 200 milhas marítimas. Nesta área de 188 milhas marítimas, os Estados costeiros detêm os direitos soberanos de exploração, conservação e gestão de todos os recursos e do fundo marinho. Também têm soberania nos campos da preservação e proteção do meio ambiente; da investigação científica; e da construção, instalação e operação de ilhas artificiais. Na zona econômica exclusiva, todos os Estados desfrutam de liberdade de navegação e sobrevoo, além da possibilidade da colocação de cabos e dutos submarinos;

d) **Plataforma Continental:** compreende o leito e subsolo das áreas submarinas que se estendem além do mar territorial do Estado, sendo a extensão natural do seu território terrestre, até o bordo exterior da margem continental ou até uma distância máxima de 200 milhas marítimas das linhas de base a partir das quais se mede a largura do mar territorial (art. 76 da Convenção de Montego Bay).

   O Estado exerce direito exclusivo de exploração dos recursos naturais sobre o leito do mar até onde se estende a plataforma continental. Estados estrangeiros só podem atuar nessa área com autorização do ente estatal costeiro. Importante pontuar, todavia, que todos os Estados têm direito à utilização da plataforma continental do Estado costeiro para fins de instalação de cabos e dutos submarinos. O desempenho desta atividade, entretanto, deve obedecer às regras fixadas pelo Estado em cuja plataforma se desenvolve a instalação;

e) **Alto Mar:** é a parte do mar sobre a qual não há soberania de qualquer Estado. Nele, vigora o princípio da liberdade e do uso pacífico. A liberdade, para todos os Estados (costeiros ou não), é ampla: inclui navegação, sobrevoo, pesca, pesquisa científica, instalação de cabos e dutos submarinos e construção de ilhas artificiais, sempre com fins pacíficos e respeitado o uso sustentável dos recursos marinhos.

   Importante lembrar, contudo, que a liberdade de navegação não é irrestrita, pois o art. 110 da Convenção de Montego Bay prevê o chamado "direito de visita", que permite a inspeção de navios em alto mar quando existir motivos razoáveis para suspeitar que estes se dediquem à pirataria, ao tráfico de pessoas e às transmissões clandestinas. Também é permitido aos navios de Estado a adoção das medidas necessárias para o combate ao tráfico de drogas;

f) **Fundos Marinhos:** também conhecidos como "Área", compreendem as regiões subaquáticas, o leito e o subsolo das águas internacionais, que não se submetem à soberania de nenhum Estado. Os fundos marinhos são considerados patrimônio comum da humanidade, e por isso sua exploração deve ser feita em benefício de todos os povos, e sempre com fins pacíficos (art. 136 da Convenção de Montego Bay).

A Área e seus recursos são insuscetíveis de apropriação, mas os minerais eventualmente extraídos são alienáveis, sendo que a exploração dos recursos deve reverter em prol da humanidade em geral, de forma igualitária, através da Autoridade Internacional dos Fundos Marinhos. Nessa questão, há um órgão especializado de solução de controvérsias chamado de "Câmara de Controvérsias dos Fundos Marinhos" do Tribunal Internacional do Direito do Mar, sediado em Hamburgo, na Alemanha.

Relevante pontuar, ainda que de maneira passageira, o regime jurídico aplicável às embarcações, haja vista sua notória correlação com o tema.

Os navios podem ser privados ou de Estado (oficiais), possuindo a nacionalidade da bandeira que arvoram no pavilhão, devendo estar devidamente matriculados perante o país correspondente. Cabe a cada Estado disciplinar as regras pertinentes ao registro de embarcações, à atribuição de sua nacionalidade e ao direito de arvorar sua bandeira (art. 91 da Convenção de Montego Bay).

A bandeira ostentada pelo navio é relevante porque definirá a qual jurisdição a embarcação se submeterá quando estiver em área não sujeita à soberania de algum país. Ou seja, quando estiver em alto mar, o navio se submete à jurisdição do seu país de origem.

Contudo, quando em águas territoriais, as embarcações privadas estão sob a égide das leis do país costeiro correspondente, não se lhes reconhecendo, portanto, qualquer imunidade de jurisdição.

Com as embarcações de guerra e de Estado (oficiais), todavia, a situação é diferente, pois estas gozam de imunidade de jurisdição, se submetendo, mesmo quando em águas territoriais de terceiros, às leis do seu país de origem.

4. ESPAÇO AÉREO E EXTRA-ATMOSFÉRICO

A disciplina jurídica do espaço aéreo é bem mais recente do que a regulamentação dos oceanos. Ao contrário desta, não está baseada essencialmente em práticas costumeiras antigas posteriormente positivadas em documentos escritos, mas antes em tratados internacionais. O primeiro tratado a reger a utilização do espaço aéreo foi a Convenção de Paris de 1919.

O espaço aéreo de um país corresponde, em sentido horizontal, à soma do seu território com as águas sujeitas à sua soberania. Do ponto de vista vertical, não há qualquer regulamentação fixando balizas, existindo a ideia comum de que o espaço aéreo corresponde àquela porção do céu na qual uma aeronave consegue voar com propulsão própria. Por exclusão, quando uma aeronave não conseguir mais sustentar voo de maneira autônoma, estaremos diante do espaço extra-atmosférico, cujo regime jurídico é distinto daquele aplicável ao espaço aéreo.

Relativamente ao espaço aéreo sobrejacente ao seu território, o Estado exerce soberania plena, assemelhando-se ao regime jurídico aplicável às suas áreas terrestres e marítimas subjacentes. Contudo, ao contrário do que ocorre no espaço marítimo, não há no espaço aéreo um "direito de passagem inocente" para aeronaves estrangeiras. Assim, o Estado é senhor absoluto deste espaço, e sempre haverá necessidade de autorização prévia das suas autoridades competentes para que aeronaves estrangeiras ingressem em seu espaço aéreo nacional.

Por outro lado, em relação ao espaço aéreo sobre áreas internacionais não sujeitas à soberania de nenhum país, a regra é a da mais absoluta liberdade de sobrevoo, sem haver a necessidade de qualquer autorização para tanto.

Embora tenham sido firmados acordos internacionais sobre a matéria em Paris (1919), Havana (ano de 1928) e Varsóvia (ano de 1929), é a Convenção de Chicago de 1944 que fixa atualmente seus regramentos mais importantes.

Além de confirmar o antigo princípio da soberania plena e irrestrita do Estado sobre seu espaço aéreo (já previsto na Convenção de Paris de 1919), a Convenção de Chicago prevê ainda o chamado regime das "cinco liberdades" aplicável ao tráfego aéreo internacional.

A primeira delas é de ordem técnica e diz respeito à "liberdade de sobrevoo", consistente na permissão reconhecida às aeronaves de um

Estado de transpor o espaço aéreo de outro, sem a necessidade de ali efetuar escalas. Assim, as aeronaves dos Estados-partes poderiam sobrevoar o território de outro Estado-parte sem que sejam obrigadas a ali pousar compulsoriamente e sem necessidade de obtenção de licença prévia. Importante recordar que tal liberdade não é irrestrita, pois o Estado poderá vedar a passagem de qualquer aeronave em certas porções do seu espaço (as chamadas "zonas proibidas").

Existe ainda a "liberdade de efetuar escalas", caracterizada pela possibilidade das aeronaves estrangeiras em trânsito pelo espaço aéreo do Estado ali pousar quando alguma razão de ordem técnica tornar o pouso indispensável, como seria o caso de um reabastecimento ou de uma emergência a bordo.

As últimas três liberdades são de índole meramente comercial e dizem respeito à liberdade de embarque e desembarque de mercadorias e passageiros em território dos países-membros da Convenção, sejam aqueles provenientes ou destinados ao Estado de origem da aeronave ou a outros países signatários da Convenção de Chicago.

Para o exercício das liberdades de sobrevoo e escalas, a doutrina diverge quanto à necessidade ou não da assinatura de acordos bilaterais entre os países, havendo quem defenda que estas operam de maneira automática para os países componentes da Convenção de Chicago.

Já as liberdades de cunho comercial (embarque e desembarque de mercadorias e passageiros) não podem ser exercidas sem a prévia existência de acordo entre os Estados interessados.

<table>
<tr><th colspan="2">Sistema das cinco liberdades</th></tr>
<tr><td rowspan="2">Liberdades técnicas</td><td>1. Liberdade de sobrevoo sem ter que efetuar escalas</td></tr>
<tr><td>2. Liberdade de efetuar escalas sem fins comerciais, caso sejam tecnicamente necessárias</td></tr>
<tr><td rowspan="3">Liberdades comerciais</td><td>3. Liberdade de embarcar/desembarcar passageiros e mercadorias provenientes do Estado de origem da aeronave</td></tr>
<tr><td>4. Liberdade de embarcar/desembarcar passageiros e mercadorias com destino ao Estado de origem da aeronave</td></tr>
<tr><td>5. Liberdade de embarcar/desembarcar mercadorias e passageiros procedentes de, ou com destino a, terceiros países</td></tr>
</table>

Em relação ao espaço extra-atmosférico, tendo em vista se tratar de uma área ainda praticamente inexplorada pela humanidade, não existem regras sedimentadas acerca de sua exploração ou eventual ocupação, vigendo o regime da não apropriação e da liberdade de utilização pelos povos. Assim, sua natureza jurídica é de *res communis.*

Existem atualmente dois tratados versando sobre a matéria. Um deles é o Tratado sobre Princípios Reguladores das Atividades Espaciais dos Estados na Exploração e Uso do Espaço Cósmico, inclusive da Lua e demais Corpos Celestes, ou Tratado do Espaço, datado de 1967. O outro é o Acordo que Regula as Atividades dos Estados na Lua e em outros Corpos Celestes, de 1979 - o Acordo da Lua.

Ambos os instrumentos conferem ao espaço extra-atmosférico um regime de ocupação e exploração muito semelhante ao da Antártica, baseado no pacifismo, cooperação entre os povos e igualdade entre as nações no direito de acesso aos recursos ali eventualmente encontrados.

5. TÓPICO-SÍNTESE

Tópico-síntese: Domínio Público Internacional e Direito Internacional do Mar	
Conceito	Tais espaços globais comuns constituem aquilo que a doutrina normalmente chama de "domínio público internacional" ou "patrimônio comum da humanidade", cuja natureza jurídica normalmente é de utilização comum *(res communis)* e o regime jurídico aplicável (direitos, prerrogativas e deveres dos diversos países eventualmente interessados) variará conforme os costumes e tratados referentes a cada espécie de área em particular.
Ártico	A zona polar do Ártico não é uma massa de terra (continente ou ilha), mas um oceano permanentemente congelado, que banha o litoral de diversos países do Hemisfério Norte. Nesse sentido, o regime jurídico aplicável ao Ártico se aproxima do regime do alto-mar, posto que nenhum país exerce sua soberania sobre aquela região.
Antártica	A zona polar da Antártica é um autêntico continente localizado no extremo sul do planeta, ainda não efetivamente ocupado ou povoado por qualquer país independente na atualidade. Trata-se do único espaço terrestre verdadeiramente internacionalizado, em que os Estados cooperam mutuamente para a manutenção da paz e a realização de pesquisas científicas. O seu regime jurídico é estabelecido pelo "Tratado da Antártica", firmado em 1959 em Washington e marcado por traços profundamente pacifistas.

<table>
<tr><th colspan="2">Tópico-síntese: Domínio Público Internacional e Direito Internacional do Mar</th></tr>
<tr><td rowspan="3">Direito internacional do mar</td><td>a) Mar Territorial: é a zona marítima adjacente ao território do Estado, sobre o qual este exerce a sua soberania plena, mitigada pelo respeito a certos direitos desfrutados pelos outros Estados naquilo que tange à liberdade de navegação e comércio. É definida pela Convenção de Montego Bay (art. 3º) como a faixa de largura de até 12 mil milhas marítimas medidas a partir da linha de base (linha litorânea de maré baixa) e alcança não apenas as águas, mas também o leito do mar, o respectivo subsolo e o espaço aéreo subjacente. Apesar da soberania nacional plena com todas as consequências daí advindas, tais como exclusividade na exploração econômica da área, proteção ao meio ambiente e desempenho de atividades de segurança, os navios de qualquer Estado gozarão do "direito de passagem inocente" (direito costumeiro positivado pela Convenção). Ressalte-se que o Código Penal determina a aplicação da lei brasileira ao crime praticado a bordo de embarcações estrangeiras de propriedade privada que se encontrem em território nacional, porto ou mar territorial brasileiro (art. 5º, §2º);</td></tr>
<tr><td>b) Zona Contígua: é a área adjacente ao mar territorial, estendendo-se de 12 a 24 milhas marítimas, contadas a partir da linha de base do mar territorial – ou seja, corresponde às 12 milhas marítimas posteriores ao mar territorial. A Zona Contígua se submete ao regime de não apropriação (o Estado não exerce sobre ela sua soberania), mas reconhece alguns direitos exclusivos reservados. Nessa região, o Estado costeiro pode exercer seu poder de polícia para garantir a segurança nacional, prevenindo a entrada de clandestinos, fiscalizando o cumprimento de normas de imigração, alfandegárias, fiscais, sanitárias e ambientais, dentre outras;</td></tr>
<tr><td>c) Zona Econômica Exclusiva: faixa de terra e coluna d´água adjacente ao mar territorial que, abrangendo a zona contígua, se estende das 12 às 200 milhas marítimas. Nesta área de 188 milhas marítimas, os Estados costeiros detêm os direitos soberanos de exploração, conservação e gestão de todos os recursos e do fundo marinho. Também têm soberania nos campos da preservação e proteção do meio ambiente; da investigação científica; e da construção, instalação e operação de ilhas artificiais. Na zona econômica exclusiva, todos os Estados desfrutam de liberdade de navegação e sobrevoo, além da possibilidade da colocação de cabos e dutos submarinos;</td></tr>
</table>

Tópico-síntese: Domínio Público Internacional e Direito Internacional do Mar	
Direito internacional do mar	**d) Plataforma Continental:** compreende o leito e subsolo das áreas submarinas que se estendem além do mar territorial do Estado, sendo a extensão natural do seu território terrestre, até o bordo exterior da margem continental ou até uma distância máxima de 200 milhas marítimas das linhas de base a partir das quais se mede a largura do mar territorial (art. 76 da Convenção de Montego Bay). O Estado exerce direito exclusivo de exploração dos recursos naturais sobre o leito do mar até onde se estende a plataforma continental. Estados estrangeiros só podem atuar nessa área com autorização do ente estatal costeiro. Importante pontuar, todavia, que todos os Estados têm direito à utilização da plataforma continental do Estado costeiro para fins de instalação de cabos e dutos submarinos. O desempenho desta atividade, entretanto, deve obedecer às regras fixadas pelo Estado em cuja plataforma se desenvolve a instalação;
	e) Alto Mar: é a parte do mar sobre a qual não há soberania de qualquer Estado. Nele, vigora o princípio da liberdade e do uso pacífico. A liberdade, para todos os Estados (costeiros ou não), é ampla: inclui navegação, sobrevoo, pesca, pesquisa científica, instalação de cabos e dutos submarinos e construção de ilhas artificiais, sempre com fins pacíficos e respeitado o uso sustentável dos recursos marinhos. Importante lembrar, contudo, que a liberdade de navegação não é irrestrita, pois o art. 110 da Convenção de Montego Bay prevê o chamado "direito de visita", que permite a inspeção de navios em alto mar quando existir motivos razoáveis para suspeitar que estes se dediquem à pirataria, ao tráfico de pessoas e de drogas e às transmissões clandestinas.
	f) Fundos Marinhos: também conhecidos como "Área", compreendem as regiões subaquáticas, o leito e o subsolo das águas internacionais, que não se submetem à soberania de nenhum Estado. Os fundos marinhos são considerados patrimônio comum da humanidade, e por isso sua exploração deve ser feita em benefício de todos os povos, e sempre com fins pacíficos (art. 136 da Convenção de Montego Bay). A área e seus recursos são insuscetíveis de apropriação, mas os minerais eventualmente extraídos são alienáveis, sendo que a exploração dos recursos deve reverter em prol da humanidade em geral, de forma igualitária, pela Autoridade Internacional dos Fundos Marinhos. Nessa questão, há um órgão especializado de solução de controvérsias chamado de "Câmara de Controvérsias dos Fundos Marinhos" do Tribunal Internacional do Direito do Mar, sediado em Hamburgo, na Alemanha.

Tópico-síntese: Domínio Público Internacional e Direito Internacional do Mar	
Espaço aéreo e extra-atmosférico	O espaço aéreo de um país corresponde, em sentido horizontal, à soma do seu território com as águas sujeitas à sua soberania. Do ponto de vista vertical, não há qualquer regulamentação fixando balizas, existindo a ideia comum de que o espaço aéreo corresponde àquela porção do céu na qual uma aeronave consegue voar com propulsão própria. Por exclusão, quando uma aeronave não conseguir mais sustentar voo de maneira autônoma, estaremos diante do espaço extra-atmosférico, cujo regime jurídico é distinto daquele aplicável ao espaço aéreo. Relativamente ao espaço aéreo sobrejacente ao seu território, o Estado exerce soberania plena, assemelhando-se ao regime jurídico aplicável às suas áreas terrestres e marítimas subjacentes. Contudo, ao contrário do que ocorre no espaço marítimo, não há no espaço aéreo um "direito de passagem inocente" para aeronaves estrangeiras. Assim, o Estado é senhor absoluto deste espaço, e sempre haverá necessidade de autorização prévia das suas autoridades competentes para que aeronaves estrangeiras ingressem em seu espaço aéreo nacional. Por outro lado, já em relação ao espaço aéreo sobre áreas internacionais não sujeitas à soberania de nenhum país, a regra é a da mais absoluta liberdade de sobrevoo, sem haver a necessidade de qualquer autorização para tanto.

Capítulo

12

PROTEÇÃO INTERNACIONAL DOS DIREITOS HUMANOS

Leia a lei

- *Arts. 1º, 4º, 5º §2º, 3º e 4º e 109, §5º da CF; Carta das Nações Unidas de 1945; Declaração Universal dos Direitos Humanos (DUDH) da ONU de 1948; Pacto Internacional de Direitos Civis e Políticos da ONU de 1966; Pacto Internacional sobre os Direitos Econômicos, Sociais e Culturais de 1966; Declaração Americana dos Direitos Humanos; Convenção Americana dos Direitos Humanos (Pacto de São José da Costa Rica); Convenção Europeia dos Direitos do Homem; Estatuto de Roma do Tribunal Penal Internacional de 1998 e seu acordo de Kampala de 2010.*

1. DIREITO INTERNACIONAL DOS DIREITOS HUMANOS

O direito internacional dos direitos humanos pode ser considerado uma ramificação do Direito Internacional que busca regulamentar e aperfeiçoar a proteção da dignidade da pessoa humana através de tratados e mecanismos internacionais. A existência dos direitos humanos se confunde com o início da própria sociedade. Não obstante, a busca pela efetivação destes direitos intimamente ligados à dignidade da pessoa humana é questão que ocupa o centro dos debates contemporâneos em Direito Internacional.

Tamanha é a importância da defesa da dignidade humana que existem vários sistemas de proteção dos direitos humanos. O sistema global de proteção se utiliza da estrutura da Organização das Nações Unidas e abarca todos os seus países membros. Os sistemas regionais são abertos à participação de determinados Estados, dentro de uma limitação geográfica. Tais sistemas são complementares e buscam a maior efetividade na proteção dos direitos humanos. É possível incluir, ainda, na questão da concretização desses direitos, o Tribunal Penal

Internacional, cujo objetivo maior é reprimir as graves violações de direitos que afetem os valores da comunidade mundial.

2. DIREITOS HUMANOS

2.1. Conceito

É possível conceituar direitos humanos como os direitos intimamente ligados à dignidade da pessoa humana, necessários ao pleno desenvolvimento desta e titularizados por todos os seres humanos, consagrados em tratados, convenções, princípios e costumes internacionais.

A doutrina faz a distinção entre as expressões:

Direitos do homem: direitos humanos naturais, não escritos ou não positivados, mas que decorrem da ideia de humanidade.
Direitos fundamentais: direitos humanos positivados internamente na Constituição de cada país e garantidos pelos mecanismos constitucionais nacionais.
Direitos humanos: expressão do DIP que significa direitos inerentes à pessoa humana inscritos nos tratados internacionais.

Não obstante a diferenciação, as expressões são frequentemente utilizadas na doutrina como sinônimas. Tais distinções vêm perdendo importância à medida que muitos direitos do homem vêm sendo positivados (expressos) na ordem internacional. Por outro lado, em matéria de proteção aos direitos humanos, é cada vez maior a aproximação entre o direito interno e o direito internacional, numa constante interação.

No Brasil, esse processo de aproximação pode ser percebido nas seguintes previsões constitucionais, dentre outras:

– art. 4º, III: "A República Federativa do Brasil rege-se nas suas relações internacionais pelos seguintes princípios:

  III – prevalência dos direitos humanos";

– art. 5º, §2º: "Os direitos e garantias expressos nesta Constituição não excluem outros decorrentes do regime e dos princípios por ela adotados, ou dos tratados internacionais em que a República Federativa do Brasil seja parte."

– art. 5º, § 3º: "Os tratados e convenções internacionais sobre direitos humanos que forem aprovados, em cada Casa do

Congresso Nacional, em dois turnos, por três quintos dos votos dos respectivos membros, serão equivalentes às emendas constitucionais."

- art. 5º, §4º: "O Brasil se submete à jurisdição de Tribunal Penal Internacional a cuja criação tenha manifestado adesão. (Incluído pela Emenda Constitucional nº 45, de 2004)."
- art. 109, §5: "Nas hipóteses de grave violação de direitos humanos, o Procurador-Geral da República, com a finalidade de assegurar o cumprimento de obrigações decorrentes de tratados internacionais de direitos humanos dos quais o Brasil seja parte, poderá suscitar, perante o Superior Tribunal de Justiça, em qualquer fase do inquérito ou processo, **incidente de deslocamento de competência** para a Justiça Federal."

ATENÇÃO

Este último artigo trata do ***Incidente de Deslocamento de Competência*** *(CF, art. 109, §5º) introduzido pela EC nº 45/2004, segundo o qual, na hipótese de grave violação de direitos humanos, o Procurador-Geral da República, com a finalidade de assegurar o cumprimento de obrigações decorrentes de tratados internacionais de direitos humanos dos quais o Brasil seja parte, poderá suscitar, perante o* ***Superior Tribunal de Justiça****, em qualquer fase do inquérito ou processo, incidente de deslocamento de competência para a Justiça Federal. Nesse caso, ocorrerá o que se chama de* ***"federalização"*** *do processo. Isso porque caso qualquer ente federativo do Brasil (estado ou município) seja responsabilizado internacionalmente pela violação de direitos humanos, será a União Federal, representando a República Federativa do Brasil, que arcará com a indenização e demais reparações às vítimas determinadas pelos mecanismos internacionais.*

2.2. Características

A doutrina em geral aponta como principais características dos direitos humanos as seguintes:

Universalidade	Dizem respeito a todos os membros da espécie humana
Imprescritibilidade	Não perdem exigibilidade com o decorrer do tempo
Inalienabilidade	Não podem ser transferidos ou alienados
Irrenunciabilidade	Nem mesmo seu titular pode autorizar sua violação

Inesgotabilidade	É um rol que vai sendo ampliado, não se esgota com a utilização dos direitos
Transnacionalidade	Dizem respeito a todas as pessoas de todos os países do mundo
Historicidade	Construídos mediante o desenvolvimento histórico da sociedade
Indivisibilidade	Os direitos humanos são interdependentes para sua realização plena
Prevalência da norma mais favorável	Em conflito aparente de normas, há a prevalência da norma mais favorável à proteção dos direitos humanos (princípio internacional do "*pro homine*")
Essencialidade	São essenciais sob o aspecto formal, pois têm primazia diante das demais normas de DIP, e sob o aspecto material, porque traduzem a dignidade da pessoa humana
Vedação do retrocesso	Não se pode diminuir a proteção dos direitos humanos.

2.3. Precedentes históricos

O direito internacional dos direitos humanos não tem início preciso, exatamente porque foi construído durante todo o processo histórico que se mistura com o próprio desenvolvimento da sociedade humana, até os dias atuais.

Todavia, é possível demarcar alguns fatores históricos de extrema importância para o início do reconhecimento do direito internacional dos direitos humanos.

- **1. A criação do direito humanitário:** O direito humanitário é o direito aplicável em casos de guerras e conflitos armados internacionais. Também chamado de direito de ética da guerra ou *jus in bello*, nasce a partir das convenções de Genebra sobre direito humanitário (1864) e é gerenciado por uma organização não governamental chamada Comitê Internacional da Cruz Vermelha, composto por uma assembleia, um conselho e uma diretoria. A Cruz Vermelha tem um papel importantíssimo nas relações internacionais, mas sob o ponto de vista técnico-formal ela não é um sujeito de direito internacional.

- **2. O surgimento da Liga das Nações:** no pós-primeira guerra mundial (1914 - 1918)) surge a Liga das Nações, criada pelos Estados aliados em 1919, com o propósito de promover a paz mundial. Tal organização amplia universalmente o propósito de proteção dos seres humanos, independentemente da existência de situação de guerra. No objetivo da Liga das Nações está a proteção de quaisquer pessoas.
- **3. A constituição da Organização Internacional do Trabalho (OIT):** A OIT nasce logo depois do surgimento da Liga das Nações no pós-guerra, em 1919, com objetivo de regulamentar as questões sociais mundiais e proteger os indivíduos. Nas normas da OIT, o sujeito de direito já é identificável, por isso que sua constituição é um grande precedente histórico do direito internacional dos direitos humanos.

Tais precedentes promoveram grande mudança no direito internacional, à medida que flexibilizaram o conceito de soberania e colocaram o indivíduo como sujeito de direito internacional, modificando a agenda externa dos Estados no sentido de priorização das questões de direitos humanos.

2.4. Classificação: gerações e dimensões de direitos humanos

A doutrina clássica organiza os direitos humanos em gerações por razões didáticas e buscando seguir uma evolução histórica que trouxe a afirmação de determinados direitos. Os estudiosos fazem um paralelo entre as gerações de direitos humanos e os princípios adotados no iluminismo, cujas ideias de humanismo e limitação do poder estatal influenciaram a mudança de paradigma em prol dos direitos humanos. Assim, a classificação tradicional é:

1ª geração de direitos humanos: direitos de liberdade. São os direitos civis e políticos que, na visão tradicional, têm caráter predominantemente liberal e requeriam uma abstinência do Estado para seu pleno gozo pelos indivíduos. Exemplos: direito à vida, liberdade, expressão, propriedade privada, e direitos políticos.

2ª geração de direitos humanos: direitos de igualdade. São os direitos econômicos, sociais e culturais, que têm caráter predominantemente social e requerem uma atuação material e positiva do Estado para sua implementação. Exemplos: direito à saúde, moradia, alimentação, educação, previdência e assistência social e trabalho.
3ª geração de direitos humanos: direitos de fraternidade. São os direitos de titularidade da comunidade, que têm caráter cooperativo e requerem mútua solidariedade entre os grupos e coletividades. Exemplos: direito à paz, ao meio ambiente e ao desenvolvimento dos povos.

Contudo, atualmente tal classificação é bastante criticada, seja porque os **direitos humanos** são **indivisíveis**, já que apenas plenamente realizáveis quando exercidos em conjunto; seja porque os direitos não se sucedem no tempo de modo geracional, mas **se acumulam em prol da maior proteção aos indivíduos**. Ademais, a cada novo direito reconhecido, as conquistas anteriores assumem uma **nova dimensão**, de modo a melhor interpretá-las e executá-las no decorrer do tempo.

Assim, modernamente a classificação dos direitos humanos é feita através das várias facetas ou **dimensões** dos direitos humanos, na seguinte forma:

Direitos de 1ª dimensão: São os direitos civis e políticos de liberdade, que correspondem aos direitos de 1ª geração.

Direitos de 2ª dimensão: São os direitos econômicos, sociais e culturais, que objetivam o alcance da igualdade material e correspondem aos direitos de 2ª geração.

Direitos de 3ª dimensão: São os direitos de titularidade coletiva mundial e cujo caráter cooperativo requer mútua ajuda entre os povos. Equivalem aos direitos de 3ª dimensão.

Alguns teóricos ainda elencam uma 4ª dimensão de direitos humanos, que seriam aqueles ligados à globalização dos direitos humanos, significando o direito ao pluralismo, à informação e à participação democrática de todos os povos nos assuntos mundiais.

3. SISTEMA GLOBAL DE PROTEÇÃO AOS DIREITOS HUMANOS

O sistema global de proteção aos direitos humanos é uma estrutura aberta à participação de todos os Estado interessados, independentemente da localização geográfica. Tal sistema é formado por instrumentos normativos e órgãos executivos com a finalidade de proteção de direitos humanos ao redor do mundo.

O documento base para o sistema global é a Declaração Universal dos Direitos Humanos (DUDH) da ONU de 1948. Publicada em plena guerra fria, a Declaração é o primeiro documento internacional a trazer um rol de direitos humanos civis, políticos, econômicos, sociais e culturais, inaugurando a perspectiva moderna de direitos humanos. Ademais, a DUDH introduz a ideia de universalidade e indivisibilidade dos direitos humanos, ao apresentá-los como um todo indivisível, no qual a concretização de um direito depende do exercício dos demais, a partir de uma visão integral desses direitos.

Apesar de trazer extenso rol de direitos e do seu inegável valor simbólico, a Declaração Universal não é um tratado. Foi publicada através de Resolução da Assembleia Geral da Organização das Nações Unidas, e por isso não tem força vinculante. A Declaração Universal, apesar de toda inovação, não prevê instrumentos ou órgãos próprios destinados à execução de suas normas.

O objetivo da Declaração Universal foi a promoção e reconhecimento mundial dos direitos humanos, sem distinção de raça, gênero, idioma ou religião.

Ademais, a Declaração também serviu de interpretação autêntica para a expressão "direitos humanos" prevista na Carta da ONU de 1945 (esta sim, verdadeiro tratado internacional), e por isso há quem defenda sua força jurídica vinculante.

Sob outra perspectiva, parte da doutrina defende o efeito vinculante da Declaração Universal de Direitos Humanos como norma de *jus cogens*, tendo em vista sua natureza de regra costumeira universal, bem como de princípio geral de direito internacional. Para essa corrente, a DUDH é o maior exemplo de norma de *jus cogens*.

Não obstante, a maior parte da doutrina afirma que a DUDH não possui força cogente para os Estados, carecendo de obrigatoriedade e de mecanismos para sua efetiva implementação, sendo mero instrumento de *soft law* apesar de sua importância histórica.

Alguns dos direitos previstos pela Declaração Universal de Direitos Humanos da ONU de 1948 são:

Declaração Universal de Direitos Humanos de 1948	Direito a vida, liberdade, segurança pessoal, igualdade, nacionalidade, liberdade de locomoção, liberdade de pensamento e expressão, casamento, integridade física e psíquica, liberdade de religião, proteção da vida privada, propriedade, participação política, etc.

Em 1966 houve a celebração de dois tratados internacionais que buscaram aprofundar a concretização da proteção internacional dos direitos humanos, atribuindo meios processuais à Declaração Universal de Direitos Humanos. São eles:

Pacto de Direitos Civis e Políticos 1966	Prevê direito a vida, nacionalidade, igualdade, devido processo legal, propriedade, liberdade de locomoção, de expressão, pensamento e religião, proteção da família e das crianças, proibição da tortura, proibição do trabalho escravo, autodeterminação dos povos, proteção das minorias à identidade cultural, etc.
Pacto de Direitos Sociais, Econômicos e Culturais 1966	Prevê direito a trabalho, previdência social, liberdade sindical, qualidade de vida e segurança alimentar, saúde, educação, proteção da família, da maternidade e das crianças, assistência social, etc.

Sendo assim, temos que a Carta de ONU de 1945, a Declaração Universal de Direitos Humanos de 1948 e os dois supracitados pactos de 1966 formam o que se chama de "Carta Internacional de Direitos Humanos".

Carta Internacional de Direitos Humanos	
1945	Carta da ONU
1948	Declaração Universal de Direitos Humanos
1966	Pacto de Direitos Civis e Políticos
1966	Pacto de Direitos Sociais, Econômicos e Culturais

Igualmente, há outros tratados sobre matéria de direitos humanos de suma importância no âmbito da ONU, tais como:

a) Convenção Internacional sobre a Eliminação de todas as formas de Discriminação Racial (1965)
b) Convenção sobre a Eliminação de todas as formas de Discriminação contra a mulher (1979)
c) Convenção contra a Tortura e outros Tratamentos ou Penas Cruéis, Desumanos ou Degradantes (1984)
d) Convenção sobre os Direitos das Crianças (1989)
e) Convenção Internacional sobre os Direitos das Pessoas com Deficiência e seu protocolo facultativo (2006)

4. SISTEMAS REGIONAIS DE PROTEÇÃO AOS DIREITOS HUMANOS

Paralelamente ao funcionamento do sistema global de proteção, também existem mecanismos de tutela dos direitos humanos em âmbito regional, que são abertos apenas a determinados Estados delimitados no âmbito geográfico. Os sistemas regionais são paralelos e complementares ao sistema global, e reforçam a proteção internacional mediante outras estruturas que consideram as tradições históricas, políticas, sociais e jurídicas da localidade.

Dentre eles, os mais importantes sistemas regionais de proteção de direitos humanos são o Sistema Interamericano, o Sistema Europeu e o Sistema Africano. Daremos destaque ao Sistema Regional Interamericano já que é o mais cobrado em concursos públicos, sem prejuízo de uma explicação geral acerca dos demais.

4.1. Sistema Interamericano

4.1.1. Introdução

O Sistema Interamericano de Proteção dos Direitos Humanos teve origem no bojo da Organização dos Estados Americanos (OEA), criada pela Carta de Bogotá (Carta da OEA) em 1948, circunstância em que também foi publicada a Declaração Americana dos Direitos e Deveres do Homem (DADDH). Tal Declaração contém e define os direitos humanos aos quais a Carta da OEA faz referência genérica. 35 Estados americanos fazem parte da OEA.

Em 1960 a OEA estabeleceu a Comissão de Direitos Humanos como unidade autônoma para a promoção dos direitos humanos proclamados na Declaração Americana. Em 1970, a Comissão foi alçada a organismo da OEA, desempenhando suas funções através do recebimento de petições individuais, elaboração de relatórios e condução de investigações.

Em 1969 foi aprovada a Convenção Americana de Direitos Humanos (Pacto de São José da Costa Rica), aberta à ratificação dos países americanos. A Convenção entrou em vigor em 1978 e estabeleceu um rol mais consistente de direitos humanos, influindo na efetiva concretização dos direitos humanos no continente americano. Para tanto, a Convenção previu dois órgãos executórios: a **Comissão Interamericana de Direitos Humanos** (órgão da OEA – Organização dos Estados Americanos) como instância prévia e consultiva do sistema, e a **Corte Interamericana de Direitos Humanos** como órgão consultivo e contencioso. Apenas 24 dos 35 Estados da OEA ratificaram a Convenção Americana de Direitos Humanos (Pacto de São José da Costa Rica).

Posteriormente, em 1988, foi editado o Protocolo de San Salvador, em adição à Convenção Americana de Direitos Humanos (Pacto de São José da Costa Rica), para suprir a lacuna referente à previsão dos direitos sociais, econômicos e culturais em prol do povo americano. Tal protocolo declara a obrigação internacional dos Estados signatários em face desses direitos, prevendo o compromisso de efetivá-los progressivamente, no limite dos recursos disponíveis.

Sendo assim, no âmbito americano, temos dois subsistemas em círculos concêntricos:

1) O subsistema da OEA, constituído por 35 Estados americanos e cuja base é a Carta da OEA (Carta de Bogotá) de 1948 e a Declaração Americana dos Direitos e Deveres do Homem de 1948, tendo como órgão principal apenas a Comissão Interamericana de Direitos Humanos;

2) O subsistema da Convenção Americana, constituído por 24 Estados americanos que fazem parte da OEA e cuja base é a Convenção Americana de Direitos Humanos (Pacto de São José da Costa Rica) de 1969 e seu protocolo de San Salvador (1988), tendo como instância prévia a mesma Comissão Interamericana de Direitos Humanos e como instância contenciosa a

Corte Interamericana de Direitos Humanos (órgão que serve apenas ao subsistema da Convenção Americana).

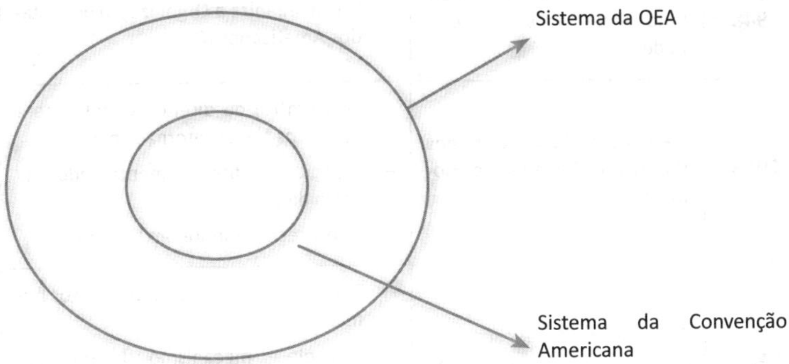

Ressalte-se que o subsistema da Convenção Americana tem compromissos mais efetivos com a concretização dos direitos humanos e possui um órgão com competência consultiva e jurisdicional que é a Corte Interamericana de Direitos Humanos. Assim, os países da OEA que fazem parte da Convenção Americana podem ter seus atos analisados tanto pela Comissão Interamericana de Direitos Humanos (criada no âmbito da OEA) quanto pela Corte Interamericana de Direitos Humanos (criada pela Convenção Americana). Esse duplo controle, é claro, se traduz em maior proteção aos direitos humanos.

Diferentemente, os Estados da OEA que não ratificaram a Convenção Americana fazem parte apenas do subsistema da OEA, e desta forma poderão ter seus atos analisados e julgados pela Corte Interamericana de Direitos Humanos (criada pela Convenção Americana).

De qualquer forma, o país que pertence aos dois subsistemas pode ser avaliado tanto pelas regras da Convenção Americana de Direitos Humanos (Pacto de São José da Costa Rica) quanto pelas regras da Carta da OEA, vez que as normas do subsistema da OEA aplicam-se **subsidiariamente** às normas do subsistema da Convenção Americana.

4.1.2. Tratados

É possível afirmar que a Carta do Sistema Interamericano de proteção de direitos humanos está ancorada nos quatro textos seguintes:

Carta do Sistema Interamericano de Direitos Humanos		
1948	Carta da Organização dos Estados Americanos - OEA (Carta de Bogotá)	– Cria e organiza a Organização dos Estados Americanos (OEA)
1948	Declaração Americana dos Direitos e Deveres do Homem	– Traz um rol de direitos semelhante a de outros textos internacionais – Explicita os direitos mencionados na Carta da OEA – Não é tecnicamente um tratado
1969	Convenção Americana de Direitos Humanos (Pacto de São José da Costa Rica)	– Traz rol pormenorizado de direitos humanos – Estabelece mecanismo de proteção desses direitos com a Comissão Interamericana de DH e a Corte Interamericana de DH
1988	Protocolo de São Salvador	– Lista direitos sociais, econômicos e culturais e indica a obrigação internacional geral dos Estados em face desses direitos, com o compromisso de efetiva-los progressivamente, no limite dos recursos disponíveis.

Outros instrumentos internacionais também compõem o sistema americano de proteção de direitos humanos, tais como:

a) Convenção Interamericana para Prevenir e Punir a Tortura (1985);

b) Protocolo à Convenção Americana sobre Direitos Humanos Referente à Abolição da Pena de Morte (1990);

c) Convenção Interamericana para Prevenir, Punir e Erradicar a Violência contra a Mulher (1994) – Convenção de Belém do Pará;

d) Convenção Interamericana sobre Tráfico Internacional de Menores (1994);

e) Convenção Interamericana para Eliminação de Todas as Formas de Discriminação Contra as Pessoas Portadoras de Deficiência (1999).

O sistema interamericano tem dois importantes órgãos institucionais: a **Comissão** Interamericana de Direitos Humanos, que serve ao subsistema da OEA e ao da Convenção, e a **Corte** Interamericana de Direitos Humanos, criada apenas para atuar em relação aos países da OEA que ratificaram a Convenção Americana (subsistema da Convenção).

4.1.3. Comissão Interamericana de Direitos Humanos

A Comissão Interamericana de Direitos Humanos é órgão criado pela OEA como instância consultiva desta e, portanto, alcança todos seus Estados membros em relação aos direitos consagrados na Declaração Americana de 1948. Com a criação da Corte Interamericana de Direitos Humanos pela Convenção Americana de Direitos Humanos (Pacto de São José da Costa Rica) em 1969, a Comissão foi encampada pela citada Convenção, integrando com a Corte o Sistema Interamericano de Proteção aos Direitos Humanos.

Todavia, a Corte é órgão que se refere exclusivamente aos Estados signatários da Convenção Americana de Direitos Humanos (Pacto de São José da Costa Rica), enquanto a Comissão serve aos membros da OEA e aos signatários do Pacto.

A Comissão Interamericana de Direitos Humanos busca zelar pela promoção e defesa dos direitos humanos no continente americano. Tem **caráter bifronte** ou **ambivalente**, pois serve tanto aos países membros do subsistema da OEA quanto às nações participantes do subsistema da Convenção Americana.

Assim, tendo em vista a relação de subsidiariedade entre os dois sistemas, o trabalho da Comissão somente se desenvolverá sob a égide da Carta da OEA caso o país não tenha ratificado a Convenção Americana de Direitos Humanos.

A Comissão tem sede em Washington (EUA) e competência apenas consultiva. É composta de sete membros (Comissários) eleitos pela Assembleia Geral da OEA para mandato de quatro anos, permitida uma recondução. Tais comissários devem ser escolhidos por suas qualidades individuais, e não como representantes do governo de seus países, pois como membros da Comissão (órgão autônomo) devem atuar com imparcialidade e independência.

Os mecanismos de controle são os relatórios, as comunicações interestatais (ou interestaduais) e as comunicações individuais. À

Comissão compete analisar petições de indivíduos, entidades ou Estados contendo denúncias de violação dos direitos humanos. Existe a previsão de comunicações individuais (de pessoas ou entidades) e interestaduais (de Estados). Não havendo conciliação entre as partes, a Comissão redigirá relatório e encaminhará o processo à Corte.

Segundo o art. 44 da Convenção Americana dos Direitos Humanos (Pacto de São José da Costa Rica), "qualquer pessoa ou grupo de pessoas, ou entidade não governamental legalmente reconhecida em um ou mais Estados-membros da Organização, pode apresentar à Comissão petições que contenham denúncias ou queixas de violação desta Convenção por um Estado-parte".

O art. 46 do mesmo diploma estabelece os requisitos de admissibilidade das petições, quais sejam:

- o esgotamento dos meios judiciais e recursos internos;
- decurso do prazo de seis meses a contar da notificação da decisão interna definitiva;
- inexistência de litispendência ou coisa julgada internacional;
- que o pedido contenha nome, nacionalidade, profissão, domicílio e assinatura da pessoa ou do representante legal da entidade que submeter a petição.

ATENÇÃO

Não é necessário que o pleito do requerente obtenha endosso do Estado do qual o indivíduo seja nacional. A exigência de permissão pelo Estado potencialmente infrator iria de encontro ao objetivo protetor da norma, esvaziando-a.

A necessidade do esgotamento prévio dos meios internos é relativa, e poderá ser mitigada, em prol da proteção da vítima, quando (art. 46 da Convenção):

a) não existir, na legislação interna do Estado de que se tratar, o devido processo legal para a proteção do direito ou direitos que se alegue tenham sido violados;

b) não se houver permitido ao presumido prejudicado em seus direitos o acesso aos recursos da jurisdição interna, ou houver sido ele impedido de esgotá-los;

c) houver demora injustificada na decisão sobre os mencionados recursos.

ATENÇÃO

Observe-se que o indivíduo não pode se dirigir diretamente à Corte *Interamericano de Direitos Humanos, mas* ***tão somente à Comissão*** *Interamericana de Direitos Humanos.*

Não há necessidade de comprovar a condição de vítima para a admissão do caso perante a Comissão Interamericana de Direitos Humanos. Conforme explicitado acima, qualquer pessoa ou grupo de pessoas, ou entidade não governamental legalmente reconhecida em um ou mais Estados-membros da Organização, pode apresentar à Comissão petições que contenham denúncias ou queixas de violação da Convenção por um Estado parte.

Ademais, a previsão do direito de petição individual é obrigatória, ao passo que a cláusula de petições interestatais é facultativa (depende de declaração do Estado-parte de que reconhece a competência da Comissão para receber e examinar petições interestatais), de acordo com o art. 45, 1 e 2 da Convenção Americana de Direitos Humanos:

> "1. Todo Estado Parte pode, no momento do depósito do seu instrumento de ratificação desta Convenção ou de adesão a ela, ou em qualquer momento posterior, declarar que reconhece a competência da Comissão para receber e examinar as comunicações em que um Estado Parte alegue haver outro Estado Parte incorrido em violações dos direitos humanos estabelecidos nesta Convenção.
>
> 2. As comunicações feitas em virtude deste artigo só podem ser admitidas e examinadas se forem apresentadas por um Estado Parte que haja feito uma declaração pela qual reconheça a referida competência da Comissão. A Comissão não admitirá nenhuma comunicação contra um Estado Parte que não haja feito tal declaração."

Para aperfeiçoar a tarefa de proteção humanitária, a Comissão pode:

- solicitar aos Estados informações sobre suas políticas de direitos humanos;
- realizar estudos;
- elaborar relatórios;

- formular recomendações;
- atender às consultas dos Estados;
- conciliar as partes;
- promover missões *in loco* e examinar petições que lhe forem dirigidas pelos Estados, órgãos da OEA, entidades e indivíduos, denunciando violações aos direitos humanos.

Caso o Estado infrator seja parte apenas do subsistema da OEA (EUA e Canadá, por exemplo), a Comissão exaure suas funções ao examinar as petições individuais, realizar investigações, solicitar informações aos Estados e formular-lhes recomendações.

Já se o Estado fizer parte do subsistema da Convenção Americana (Brasil, por exemplo), a Comissão poderá analisar as petições individuais e interestatais (previstas em cláusula facultativa), realizar investigações, solicitar informações aos Estados e formular-lhes recomendações, e também enviar os casos para julgamento posterior pela Corte Interamericana de Direitos Humanos.

4.1.4. Corte Interamericana de Direitos Humanos

A Corte Interamericana de Direitos Humanos, criada pela Convenção Americana de Direitos Humanos (Pacto de São José da Costa Rica), tem sede em São José (na Costa Rica) e possui competência consultiva e contenciosa.

É formada por sete juízes nacionais de Estados membros da OEA, eleitos para mandato de seis anos (permitida uma reeleição) através de votação dos Estados partes da Convenção.

Ressalte-se que a Corte é órgão que se refere exclusivamente aos Estados signatários da Convenção Americana (Pacto de São José da Costa Rica), enquanto a Comissão serve aos membros da OEA e aos signatários do Pacto (é o caráter ambivalente ou bifronte da Comissão).

A Corte Interamericana de Direitos Humanos tem competência consultiva e também contenciosa de caráter jurisdicional em relação aos países signatários do Pacto de São José da Costa Rica que aceitaram sua jurisdição obrigatória nos termos da Convenção Americana de Direitos Humanos.

A Corte (ou Tribunal) pode ser acionada pela Comissão ou pelos Estados signatários do citado Pacto. Indivíduos e entidades não têm acesso direto à Corte: as petições individuais devem ser apresentadas perante a Comissão, a qual é responsável pelo juízo de admissibilidade das demandas.

A jurisdição do Tribunal é facultativa, ou seja, os Estados só poderão ser partes em casos perante a Corte se reconhecerem sua competência. Uma vez reconhecida, porém, a declaração de aceitação da jurisdição não poderá ser retirada.

A Corte pode lançar mão de medidas provisórias de caráter cautelar e tutelar, em casos urgentes, a fim de evitar danos irreparáveis às pessoas (art. 63, §2º da Convenção Americana de Direitos Humanos - CADH).

Vale ressaltar que a sentença exarada pela Corte é irrecorrível. A decisão pode ser do tipo reparatória (obrigações de fazer que consagrem a memória da vítima ou da causa em apreço) ou indenizatória. Caso haja determinação de indenização compensatória, tal decisão poderá ser executada no país pelo procedimento interno vigente para execução de sentenças contra o Estado (art. 68.2 da CADH), ou seja, não é necessária homologação de sentença pelo STJ, no caso brasileiro.

4.2. Sistema europeu

O sistema europeu de direitos humanos é o mais avançado até o momento, e tem como base normativa a **Convenção Europeia de Salvaguarda dos Direitos do Homem e das Liberdades Fundamentais**, ou Convenção Europeia de Direitos Humanos, assinada em Roma em 1950.

O referido tratado de 1950 foi sendo constantemente atualizado por mais catorze protocolos, sendo o mais importante o protocolo nº 11 que redefiniu a estrutura institucional do sistema e tornou obrigatória a jurisdição da Corte Europeia de Direitos Humanos em relação às petições individuais e interestatais. O mesmo protocolo também extinguiu o órgão preliminar da Comissão Europeia dos Direitos do Homem, deixando suas funções de juízo de admissibilidade e de conciliação para a própria Corte Europeia.

Assim, a Corte Europeia de Direitos do Homem recebe, analisa e julga petições de quaisquer indivíduos ou grupo de pessoas, organizações e Estados, que se considerem vítimas de violação de direitos humanos ou que tenham queixa contra qualquer Estado parte da Convenção Europeia de Direitos do Homem.

A Corte tem competência consultiva e contenciosa e é formada por um número de juízes equivalente ao número de Estados partes na Convenção, eleitos para um mandato de seis anos. O referido Tribunal funciona em seções de três juízes, responsáveis pelo juízo de admissibilidade das petições; turmas de sete julgadores, competentes para o julgamento ordinário; e o Pleno, ao qual compete apenas alguns tipos de julgamento, entre eles a revisão dos julgados das seções.

Ressalte-se que o acórdão do Tribunal Europeu não tem efeitos *erga omnes* nem natureza de título executivo, mas deve ser respeitada sob a pena máxima (nunca aplicada) de expulsão do Conselho da Europa. De qualquer forma, a jurisprudência da Corte tem desempenhado importante papel no desenvolvimento e sedimentação de uma teoria internacional dos direitos humanos. Ademais, o fato de ser conferida ao indivíduo a capacidade postulatória diretamente perante a Corte faz do sistema europeu o mais democrático e eficaz mecanismo de proteção de direitos humanos.

4.3. Sistema africano

O sistema africano de proteção de direitos humanos é o mais incipiente dentre os aqui explanados. Constituído pela Carta Africana de Direitos Humanos de 1981, tem como órgãos principais a Comissão Africana de Direitos Humanos e dos Povos (1981) e o Tribunal Africano dos Direitos Humanos e dos Povos (1998).

A Carta Africana (ou Carta de Banjul) traz um amplo rol de direitos e deveres dos cidadãos, elencando no mesmo texto direitos humanos de primeira, segunda e terceira dimensões, e também estabelece o funcionamento e competência da Comissão Africana de Direitos Humanos. O Tribunal Africano foi criado pelo protocolo de 1998, e detém competência consultiva e contenciosa. Junto com a Comissão, perfazem os principais órgãos de monitoramento e execução do sistema africano.

A Comissão Africana de Direitos Humanos e dos Povos, à semelhança das demais Comissões estudadas, tem o objetivo de promover e proteger os direitos humanos no continente africano. Foi criada diretamente pela Carta Africana (Carta de Banjul), com onze membros de nacionalidades africanas diferentes, eleitos para um mandato de seis anos que pode ser renovável. Cabe à Comissão, dentre outras funções, o recebimento e processamento das petições individuais e interestatais contra qualquer Estado parte do sistema. O procedimento das petições tem caráter sigiloso e ao final da análise a Comissão poderá publicar recomendações aos Estados, de caráter essencialmente não vinculante.

Já a Corte Africana de Direitos Humanos e dos Povos foi estabelecida pelo Protocolo à Carta Africana de 1988, com o objetivo de complementar e fortalecer as funções da Comissão Africana. É composta de onze juízes de nacionalidades africanas diferentes, já que não pode haver dois juízes naturais do mesmo Estado parte. Os julgadores são eleitos para um mandato de seis anos, permitida uma única reeleição. A Corte tem competência consultiva, para emitir pareceres acerca de questões relacionadas com a Carta, e também competência contenciosa. Quanto a esta última função, destaca-se que é possível a adoção de medidas provisórias em caso de perigo de grave lesão.

Tanto a Comissão Africana quanto os Estados Africanos e organizações africanas intergovernamentais podem submeter casos à jurisdição da Corte. Também os indivíduos e organizações não governamentais podem submeter petições diretamente à Corte, todavia é uma legitimidade condicionada, pois depende do aceite do Estado pretensamente violador dos direitos humanos.

As decisões da Corte são definitivas e não comportam recurso, não obstante a possibilidade ofertada à Corte de revisar seus próprios julgados, à luz de novas provas.

5. TRIBUNAL PENAL INTERNACIONAL

O estudo da proteção aos direitos humanos estaria incompleta sem referência ao Tribunal Penal Internacional (TPI). A Corte criminal internacional, sediada em Haia, é órgão permanente e independente no âmbito do sistema das Nações Unidas, e foi fruto de um esforço global contra a impunidade dos autores de crimes internacionais cuja repressão interessa a toda comunidade mundial.

O Estatuto de Roma do TPI foi aprovado em 1998 e trouxe grande reforço à promoção dos direitos do homem. Sua grande contribuição para a proteção dos direitos humanos foi a possibilidade de responsabilização **individual** do agente que comete crimes internacionais. De fato, até então as violações de direitos humanos eram imputadas somente ao Estado, que ficaria responsável pelas reparações determinadas pelas Cortes Internacionais, em procedimento de caráter civil. Com a criação do TPI, há a possibilidade adicional de imputação dos crimes aos indivíduos, que responderão pessoalmente pelos ilícitos cometidos através do cumprimento de penas determinadas pela Corte criminal. Ademais, no que se refere às características pessoais do réu, a regra é da irrelevância da qualidade oficial (governamental) do réu.

Ressalte-se que a responsabilidade criminal das pessoas físicas em nada afetará a responsabilidade dos Estados, de acordo com o Direito Internacional, nos exatos termos do art. 25, §4º do Estatuto de Roma.

A competência da Corte é restrita aos crimes de maior gravidade que afetem a comunidade internacional no seu conjunto: crimes de genocídios, de guerra, contra a humanidade e de agressão. Os crimes internacionais elencados no Estatuto do TPI e sua emenda de 2010 (acordo de Kampala) são os seguintes:

1. Crime de genocídio (art. 6º do Estatuto de Roma): entende-se por "genocídio", qualquer um dos atos a seguir enumerados, praticados com intenção de destruir, no todo ou em parte, um grupo nacional, étnico, racial ou religioso, enquanto tal:

a) Homicídio de membros do grupo;

b) Ofensas graves à integridade física ou mental de membros do grupo;

c) Sujeição intencional do grupo a condições de vida com vista a provocar a sua destruição física, total ou parcial;

d) Imposição de medidas destinadas a impedir nascimentos no seio do grupo;

e) Transferência, à força, de crianças do grupo para outro grupo.

2. Crimes contra a humanidade (art. 7º do Estatuto de Roma): qualquer um dos atos seguintes, quando cometido no quadro de um ataque, generalizado ou sistemático, contra qualquer população civil, havendo conhecimento desse ataque:

a) Homicídio;

b) Extermínio;

c) Escravidão;

d) Deportação ou transferência forçada de uma população;

e) Prisão ou outra forma de privação da liberdade física grave, em violação das normas fundamentais de direito internacional;

f) Tortura;

g) Agressão sexual, escravatura sexual, prostituição forçada, gravidez forçada, esterilização forçada ou qualquer outra forma de violência no campo sexual de gravidade comparável;

h) Perseguição de um grupo ou coletividade que possa ser identificado, por motivos políticos, raciais, nacionais, étnicos, culturais, religiosos ou de gênero, tal como definido no parágrafo 3º, ou em função de outros critérios universalmente reconhecidos como inaceitáveis no direito internacional, relacionados com qualquer ato referido neste parágrafo ou com qualquer crime da competência do Tribunal;

i) Desaparecimento forçado de pessoas;

j) Crime de apartheid;

k) Outros atos desumanos de caráter semelhante, que causem intencionalmente grande sofrimento, ou afetem gravemente a integridade física ou a saúde física ou mental.

3. Crimes de guerra (art. 8º do Estatuto de Roma): as violações graves que contrariem as Convenções de Genebra de direito humanitário, a exemplo dos seguintes atos:

a) Homicídio doloso;

b) Tortura ou outros tratamentos desumanos, incluindo as experiências biológicas;

c) O ato de causar intencionalmente grande sofrimento ou ofensas graves à integridade física ou à saúde;

d) Destruição ou a apropriação de bens em larga escala, quando não justificadas por quaisquer necessidades militares e executadas de forma ilegal e arbitrária;

e) O ato de compelir um prisioneiro de guerra ou outra pessoa sob proteção a servir nas forças armadas de uma potência inimiga;

f) Privação intencional de um prisioneiro de guerra ou de outra pessoa sob proteção do seu direito a um julgamento justo e imparcial;

g) Deportação ou transferência ilegais, ou a privação ilegal de liberdade;

h) Tomada de reféns.

4. Crimes de agressão (acordo de Kampala): O crime de agressão não veio previsto originalmente no Estatuto de Roma de 1998, mas foi definido posteriormente, em acordo celebrado na cidade de Kampala em 2010 cujo texto trouxe a seguinte definição:

> "uma pessoa comete um crime de agressão quando, estando em condições de controlar ou dirigir efetivamente a ação política ou militar de um Estado, planeja, prepara, inicia ou realiza um ato de agressão que por suas características, gravidade e escala constitua uma violação manifesta da Carta das Nações Unidas". Por "ato de agressão" entende-se o uso da força armada por um Estado contra a soberania, integridade territorial ou independência política de outro Estado, ou qualquer outra forma de incompatibilidade com a Carta das Nações Unidas, independentemente de existência de guerra.

Segundo o Estatuto de Roma (art. 29), os crimes de competência do TPI são imprescritíveis.

ATENÇÃO

Ressalte-se que o TPI somente tem competência para julgar indivíduos. *Ademais, a sua* ***jurisdição*** *é* ***subsidiária*** *e* ***complementar à jurisdição nacional****: a Corte Internacional apenas julga os crimes quando os tribunais nacionais competentes não puderem ou não quiserem processar os criminosos.*

O Brasil, atendendo aos comandos constitucionais previstos no art. 5º, parágrafos 2º (Os direitos e garantias expressos nesta Constituição não excluem outros decorrentes do regime e dos princípios por ela adotados, ou dos tratados internacionais em que a República Federativa do Brasil seja parte) e 4º (O Brasil se submete à jurisdição de Tribunal Penal Internacional a cuja criação tenha manifestado adesão), promulgou em 25 de setembro de 2002 o decreto nº 4.388, que determina a execução e cumprimento do Estatuto de Roma do Tribunal Penal Internacional.

Todavia, alguns institutos previstos no Estatuto do TPI, como a **pena perpétua** e a **entrega de nacionais para julgamento perante o Tribunal Penal Internaciona**l, tiveram sua compatibilidade com a Constituição Federal questionada.

Quanto à **pena perpétua**, esta não é admitida pela Constituição Federal brasileira. Contudo, a maioria da doutrina entende que a proibição constitucional é dirigida ao legislador nacional e abarcaria apenas os crimes previstos pela legislação interna. Assim, haveria uma distinção de atribuições: o Tribunal Internacional pode prever e aplicar penas perpétuas, restritas aos crimes internacionais (art. 5º. 1 do Estatuto de Roma), pois não está limitado pela nossa Constituição, enquanto que as autoridades nacionais estão proibidas de prever a aplicação de pena perpétua para crimes previstos na legislação interna. Logo, entende-se que a previsão do TPI não colide com a determinação constitucional.

Em relação ao instituto da **entrega** (ou *surrender* de nacionais ao Tribunal Penal Internacional para fins de posterior julgamento e penalização, também houve debates. Isto porque a Constituição Federal brasileira veda a extradição de nacionais para outros países. Ocorre que na extradição o cidadão é enviado à jurisdição de outro Estado soberano, enquanto que na entrega o indivíduo é processado perante Tribunal Internacional de caráter supraestatal do qual o Brasil faz parte. Assim, manifesta a diferença entre os dois institutos, entende-se que a "entrega" é permitida pelo ordenamento jurídico pátrio.

Destaque-se que o tratado do Estatuto de Roma não permite reservas.

6. TÓPICO-SÍNTESE

Tópico-síntese: Proteção Internacional de Direitos Humanos	
Conceito	O direito internacional dos direitos humanos pode ser considerado uma ramificação do Direito Internacional que busca regulamentar e aperfeiçoar a proteção da dignidade da pessoa humana através de tratados e mecanismos internacionais.
Direitos humanos	São os direitos intimamente ligados à dignidade da pessoa humana, necessários ao pleno desenvolvimento desta e titularizados por todos os seres humanos, consagrados em tratados, convenções, princípios e costumes internacionais.
Características dos direitos humanos	Universalidade Inalienabilidade Imprescritibilidade Irrenunciabilidade Inesgotabilidade Transnacionalidade Historicidade Indivisibilidade Prevalência da norma mais favorável Essencialidade Vedação do retrocesso
Gerações/ dimensões de direitos humanos	**1ª geração/dimensão de direitos humanos**: direitos de liberdade. São os direitos civis e políticos que, na visão tradicional, têm caráter predominantemente liberal e requeriam uma abstinência do Estado para seu pleno gozo pelos indivíduos. Exemplos: direito à vida, liberdade, expressão, propriedade privada, e direitos políticos. **2ª geração/dimensão de direitos humanos**: direitos de igualdade. São os direitos econômicos, sociais e culturais, que têm caráter predominantemente social e requerem uma atuação material e positiva do Estado para sua implementação. Exemplos: direito à saúde, moradia, alimentação, educação, previdência e assistência social e trabalho. **3ª geração/dimensão de direitos humanos**: direitos de fraternidade. São os direitos de titularidade da comunidade, que têm caráter cooperativo e requerem mútua solidariedade entre os grupos e coletividades. Exemplos: direito à paz, ao meio ambiente e ao desenvolvimento dos povos.

Tópico-síntese: Proteção Internacional de Direitos Humanos	
Sistema global de proteção (ONU)	O sistema global de proteção aos direitos humanos é uma estrutura aberta à participação de todos os Estado interessados, independentemente da localização geográfica. Tal estrutura é formada por instrumentos normativos e órgãos executivos com a finalidade de proteção de direitos humanos ao redor do mundo. Principais documentos: Carta da ONU (1945) Declaração Universal de Direitos Humanos (1948) Pacto de Direitos Civis e Políticos (1966) Pacto de Direitos Sociais, Econômicos e Culturais (1966) Convenção Internacional sobre a Eliminação de todas as formas de Discriminação Racial (1965) Convenção sobre a Eliminação de todas as formas de Discriminação contra a mulher (1979) Convenção contra a Tortura e outros Tratamentos ou Penas Cruéis, Desumanos ou Degradantes (1984) Convenção sobre os Direitos das Crianças (1989) Convenção Internacional sobre os Direitos das Pessoas com Deficiência e seu protocolo facultativo (2006)
Sistema regional americano	O Sistema Interamericano de Proteção dos Direitos Humanos teve origem no bojo da Organização dos Estados Americanos (OEA), criada pela Carta de Bogotá (Carta da OEA) em 1948, circunstância em que também foi publicada a Declaração Americana dos Direitos e Deveres do Homem (DADDH). 35 Estados americanos fazem parte da OEA. Em 1969 foi aprovada a Convenção Americana de Direitos Humanos (Pacto de São José da Costa Rica) aberta à ratificação dos países americanos, que entrou em vigor em 1978 e estabeleceu um rol mais consistente de direitos humanos, influindo na efetiva concretização dos direitos humanos no continente americano. Para tanto, a Convenção previu dois órgãos executórios: a Comissão Interamericana de Direitos Humanos (órgão da OEA – Organização dos Estados Americanos) como instância prévia e consultiva do sistema, e a Corte Interamericana de Direitos Humanos como órgão consultivo e contencioso. Apenas 24 dos 35 Estados da OEA ratificaram a Convenção Americana de Direitos Humanos (Pacto de São José da Costa Rica).

<table>
<tr><th colspan="2">Tópico-síntese: Proteção Internacional de Direitos Humanos</th></tr>
<tr><td>Sistema regional americano</td><td>Principais Convenções:
Carta da Organização dos Estados Americanos - OEA (1948)
Declaração Americana dos Direitos e Deveres do Homem (1948)
Convenção Americana de Direitos Humanos (1969)
Protocolo de São Salvador (1988)
Convenção Interamericana para Prevenir e Punir a Tortura (1985)
Protocolo à Convenção Americana sobre Direitos Humanos Referente à Abolição da Pena de Morte (1990)
Convenção Interamericana para Prevenir, Punir e Erradicar a Violência contra a Mulher (1994)
Convenção Interamericana sobre Tráfico Internacional de Menores (1994)
Convenção Interamericana para Eliminação de Todas as Formas de Discriminação Contra as Pessoas Portadoras de Deficiência (1999).
Comissão Interamericana de Direitos Humanos: busca zelar pela promoção e defesa dos direitos humanos no continente americano. Tem caráter bifronte ou ambivalente, pois serve tanto aos países membros do subsistema da OEA quanto às nações participantes do subsistema da Convenção Americana.
Principais funções: solicitar aos Estados informações sobre suas políticas de direitos humanos; realizar estudos; elaborar relatórios; formular recomendações; atender às consultas dos Estados; conciliar as partes; promover missões in loco e examinar petições que lhe forem dirigidas pelos Estados, órgãos da OEA, entidades e indivíduos, denunciando violações aos direitos humanos.
Corte Interamericana de Direitos Humanos: criada pela Convenção Americana de Direitos Humanos (Pacto de São José da Costa Rica), tem sede em São José (na Costa Rica) e possui competência consultiva e contenciosa.
É formada por sete juízes nacionais de Estados membros da OEA, eleitos para mandato de seis anos (permitida uma reeleição) através de votação dos Estados partes da Convenção.
Ressalte-se que a Corte é órgão que se refere exclusivamente aos Estados signatários da Convenção Americana (Pacto de São</td></tr>
</table>

Tópico-síntese: Proteção Internacional de Direitos Humanos	
Sistema regional americano	José da Costa Rica), enquanto a Comissão serve aos membros da OEA e aos signatários do Pacto (é o caráter ambivalente ou bifronte da Comissão). A Corte Interamericana de Direitos Humanos tem competência consultiva e também contenciosa de caráter jurisdicional em relação aos países signatários do Pacto de São José da Costa Rica que aceitaram sua jurisdição obrigatória nos termos da Convenção Americana de Direitos Humanos.
Sistema regional europeu	O sistema europeu de direitos humanos é o mais avançado até o momento, e tem como base normativa a Convenção Europeia de Salvaguarda dos Direitos do Homem e das Liberdades Fundamentais, ou Convenção Europeia de Direitos Humanos, assinada em Roma em 1950. O referido tratado de 1950 foi sendo constantemente atualizado por mais catorze protocolos, sendo o mais importante o protocolo nº 11 que redefiniu a estrutura institucional do sistema e tornou obrigatória a jurisdição da Corte Europeia de Direitos Humanos em relação às petições individuais e interestatais. Assim, a Corte Europeia de Direitos do Homem recebe, analisa e julga petições de quaisquer indivíduos ou grupo de pessoas, organizações e Estados, que se considerem vítimas de violação de direitos humanos ou que tenham queixa contra qualquer Estado parte da Convenção Europeia de Direitos do Homem. A Corte tem competência consultiva e contenciosa, e é formada por um número de juízes equivalente ao número de Estados partes na Convenção, eleitos para um mandato de seis anos.
Sistema regional africano	Constituído pela Carta Africana de Direitos Humanos de 1981, tem como órgãos principais a Comissão Africana de Direitos Humanos e dos Povos (1981) e o Tribunal Africano dos Direitos Humanos e dos Povos (1998). A Carta Africana (ou Carta de Banjul) traz um amplo rol de direitos e deveres dos cidadãos, elencando no mesmo texto direitos humanos de primeira, segunda e terceira dimensões, e também estabelece o funcionamento e competência da Comissão Africana de Direitos Humanos, que busca zelar pela promoção dos direitos humanos no continente americano. O Tribunal Africano foi criado pelo protocolo de 1998, e detém competência consultiva e contenciosa. Junto com a Comissão, perfazem os principais órgãos de monitoramento e execução do sistema africano, que ainda é bastante incipiente.

Tópico-síntese: Proteção Internacional de Direitos Humanos	
Tribunal Penal Internacional	A Corte criminal internacional, sediada em Haia, é órgão permanente e independente no âmbito do sistema das Nações Unidas, e foi fruto de um esforço global contra a impunidade dos autores de crimes internacionais cuja repressão interessa a toda comunidade mundial. O Estatuto de Roma do TPI foi aprovado em 1998 e trouxe uma grande contribuição para a proteção dos direitos humanos: a possibilidade de responsabilização **individual** do agente que comete crimes internacionais.
	Crimes abrangidos pelo TPI: crime de genocídio, crimes contra a humanidade, crimes de guerra e crimes de agressão (crimes internacionais).
	Características do TPI: Jurisdição subsidiária; Responsabilização individual do agente; Irrelevância da qualidade oficial do agente; Imprescritibilidade dos crimes; Previsão de pena perpétua; Previsão de entrega *(surrender)* de nacional; O tratado do TPI não admite reservas.

DIREITO INTERNACIONAL PRIVADO

Capítulo

1

FUNDAMENTOS DO DIREITO INTERNACIONAL PRIVADO

Leia a lei

- *Arts. 1º, 4º,5º, 12, 13, 14 e 222 da CF; Lei nº 12.376/2010; Lei nº 9.747/94;artigos 13, 21 a 41 e 960 a 965 do Código de Processo Civil (Lei nº 13.150/2015); e Lei de Migração – Lei nº 13.445/2017.*

1. CONCEITO

O Direito Internacional Privado é o ramo do Direito interno que normatiza as relações jurídicas com conexão internacional, oferecendo soluções para o concurso de leis no espaço.

A regra geral de territorialidade aduz que se aplica o direito nacional aos fatos ocorridos no território de determinado País. Todavia, determinados fatos dizem respeito a mais de um Estado, gerando dúvida sobre qual ordenamento jurídico deveria incidir no caso concreto.

Devido à globalização e ao consequente aumento das relações internacionais, é bastante comum a existência de situações que irradiam efeitos em mais de um ordenamento jurídico. Por exemplo, o contrato celebrado por partes que vivem em países diferentes, o casamento celebrado no exterior com cônjuges de domicílios diversos, a sucessão de bens de um estrangeiro que possua imóveis no Brasil. Tais situações possuem, em comum, um "elemento de estraneidade" ou "elemento estrangeiro" que poderá possibilitar a aplicação de alguma norma estrangeira pelo juiz competente.

Dizemos que nesses casos há o chamado "conflito de leis", ou, em denominação mais adequada, já que existe possibilidade de várias leis serem aplicadas, o **"concurso de leis"**. Quando falamos em "concursos de leis no espaço" tratamos da possibilidade de haver incidência simultânea de dois ou mais ordenamentos jurídicos autônomos sobre um determinado caso que tenha conexão internacional, para resolver uma questão de direito. Contudo, em face da aplicação das normas indiretas de Direito Internacional Privado essa incidência simultânea não ocorre, porque somente um ordenamento jurídico restará como adequado para reger a relação. Nessas situações, é a norma de Direito Internacional Privado que vai definir qual o direito que deverá ser aplicado no caso concreto.

A definição desta norma de Direito Internacional Privado está atrelada à identificação dos chamados "**elementos de conexão**", que são aquelas normas que indicam qual direito que deve ser aplicado ao caso para resolver o concurso de leis no espaço. Exemplos: lei do domicílio, nacionalidade, a lei do local onde foi constituída a obrigação, lei do foro, etc.

Importa ressaltar que a norma de Direito Internacional Privado não resolverá a questão em si, mas apenas indicará qual o ordenamento jurídico que deverá ser aplicado em cada caso. As normas de Direito Internacional Privado são meramente indicativas, apontando qual preceito (nacional ou estrangeiro) será aplicado na questão que envolve conexão internacional. Por isso, tais regras são denominadas "**normas instrumentais**", "**normas de sobredireito**", "**regras de conexão**", ou mesmo "**normas indiretas**".

2. OBJETO

O principal objeto do Direito Internacional Privado é o **concurso de leis no espaço**, de modo a solucionar o aparente confronto e apontar qual o ordenamento jurídico que incidirá sobre determinada relação jurídica de direito privado com conexão internacional.

Todavia, a doutrina brasileira, seguindo a tradição da corrente francesa, aponta outros objetos que também fazem parte do estudo do Direito Internacional Privado, tais como a **nacionalidade,** a **condição jurídica do estrangeiro,** o **concurso de jurisdição** e a **cooperação jurídica internacional**. Todos esses temas serão tratados nos capítulos seguintes desta obra.

3. FONTES

O Direito Internacional Privado, apesar de normatizar relações internacionais, é um direito eminentemente interno, posto que produzido pelos legisladores de cada Estado, no exercício de sua soberania. É o ordenamento jurídico de cada país que vai prever e autorizar a utilização de alguma norma estrangeira perante um caso concreto com conexão internacional, norma esta que será aplicada pelo juiz nacional. É também a lei interna de cada país que escolherá quem são os nacionais de cada Estado, bem como qual o tratamento a ser dado aos estrangeiros no território brasileiro, entre outras situações.

A principal fonte de Direito Internacional Privado é a **lei**. No Brasil, a maior parte das regras de Direito Internacional Privado relacionadas ao concurso de leis está prevista na Lei de Introdução às Normas do Direito Brasileiro - LINDB (Lei nº 12.376/2010, antiga LICC), no Código de Processo Civil, na Lei de Arbitragem (Lei nº 9.307/96) e na Constituição Federal. As normas que tratam de nacionalidade e condição jurídica do estrangeiro eram previstas no Estatuto do Estrangeiro (Lei nº 6.815/80), mas agora estão previstas na nova Lei de Migração (Lei nº 13.445/2017), na Lei do Refúgio (Lei nº 9.747/94) e na Constituição Federal.

O novo Código de Processo Civil (Lei nº 13.105/2015) prevê em seu artigo 13 (sem correspondente no código anterior) que "a jurisdição civil será regida pelas normas processuais brasileiras, ressalvadas as disposições específicas previstas em tratados, convenções ou acordos internacionais de que o Brasil seja parte". Além desta previsão, o novo Código de Processo Civil também inovou ao trazer vários dispositivos acerca dos limites da jurisdição nacional e das formas de cooperação jurídica internacional (explanadas mais profundamente no capítulo 5 desta obra).

ATENÇÃO

Impende destacar que a antiga LICC (Decreto-lei nº 4.657/1942) agora é denominada Lei de Introdução às normas do Direito Brasileiro – LINDB *por força da Lei nº 12.376/2010, embora não tenha havido nenhuma mudança em seu conteúdo. Tal mudança afigura-se acertada, já que a citada Lei de Introdução, desde sua entrada em vigor, sempre orientou a interpretação de todas as normas do ordenamento jurídico brasileiro, e não apenas aquelas concernentes ao Código Civil.*

Embora seja a lei nacional a maior fonte de Direito Internacional Privado, também existem normas de Direito Internacional Privado em tratados internacionais.

4. TÓPICO-SÍNTESE

Tópico-síntese: Fundamentos do Direito Internacional Privado	
Conceito	Direito Internacional Privado é o ramo do Direito interno que normatiza as relações jurídicas com conexão internacional.
Objeto	Busca regulamentar o **concurso de leis no espaço**, a **nacionalidade**, a **condição jurídica do estrangeiro**, o **concurso de jurisdição** e a **cooperação jurídica internacional**.
Fontes	Leis e tratados internacionais. Dentre as leis, além da Constituição Federal, destacam-se a Lei de Introdução às Normas do Direito Brasileiro – LINDB (Lei nº 12.376/2010, antiga LICC); o Código de Processo Civil; a Lei de Arbitragem (Lei nº 9.307/96); Lei do Refúgio (Lei nº 9.747/94); e Lei de Migração (Lei nº 13.445/2017).

Capítulo

2

NACIONALIDADE

Leia a lei

- *Arts. 4º, 5º, 12, 89 e 222 da Constituição Federal; Estatuto do Estrangeiro (Lei nº. 6.815/1980); Lei de Migração (Lei nº 13.445/2017); Tratado de Amizade, Cooperação e Consulta entre Brasil – Portugal.*

1. INTRODUÇÃO

Nacionalidade é o vínculo jurídico-político que liga um indivíduo a um Estado, e do qual decorrem uma série de direitos e obrigações. Na tradicional lição de Francisco Rezek (2005, p. 180), "esse vínculo jurídico recebe, entretanto, uma disciplina jurídica de direito interno: a cada Estado incumbe legislar sobre sua própria nacionalidade, desde que respeitadas, no direito internacional, as regras gerais, assim como as regras particulares com que acaso tenha se comprometido". Sendo assim, cada Estado define e regula sua noção de nacionalidade.

Hoje em dia, a nacionalidade tem status de Direito Humano: toda pessoa tem direito a nacionalidade e não pode ser dela privada arbitrariamente. O sujeito que tem mais de uma nacionalidade é polipátrida; aquele que não tem nenhuma nacionalidade é chamado de apátrida ou *heimatlos*. As normas de Direito Internacional buscam evitar ambas as situações, já que, por um lado, o art. XV da Declaração Universal dos Direitos Humanos proclama que "toda pessoa tem direito a uma nacionalidade" e por outro lado a Convenção de Haia prestigia o princípio da nacionalidade efetiva, aduzindo que "o indivíduo que tenha várias nacionalidades (...) somente poderá ser protegido, frente a terceiros Estados, por aquele Estado com o qual tenha uma relação efetiva mais estreita".

A nacionalidade pode ser **originária** ou **adquirida**.

1.1. Nacionalidade originária ou primária

A nacionalidade **originária** ou **primária** resulta de um fato natural independente da vontade da pessoa, qual seja, o nascimento do indivíduo. Pode ser determinada pelo fato de ter nascido em determinado território **(critério territorial ou *jus solis*)** – Por exemplo, um filho de casal de americanos nascido no Brasil tem nacionalidade originária brasileira – ou ser definida pela nacionalidade dos ascendentes na época do nascimento **(critério da origem sanguínea ou *jus sanguinis*)** – supondo que a Itália utilize este critério, uma criança descendente de casal italiano mesmo que nascida no Brasil terá nacionalidade originária italiana. Alguns autores apontam, ainda, a existência de um critério misto para atribuição da nacionalidade originária, que seria uma mistura entre os critérios acima destacados.

1.2. Nacionalidade adquirida, derivada ou secundária

Já a nacionalidade adquirida, derivada ou secundária é atribuída por ato de vontade do próprio indivíduo, sendo sujeita ainda, em regra, ao ato discricionário do Estado concedente da nacionalidade. Geralmente é denominada de "naturalização", pois está conectada à efetividade dos laços mantidos entre o indivíduo e o Estado.

Em alguns países, a nacionalidade adquirida pode ser concedida por meio do vínculo funcional entre o indivíduo e o Estado. Também se adquire nova nacionalidade quando um Estado é incorporado a outro.

2. AQUISIÇÃO DA NACIONALIDADE BRASILEIRA

2.1. Nacionalidade originária: brasileiros natos

A Constituição Federal, em seu art. 12, I, alínea "a", determina que brasileiro **nato (nacionalidade originária brasileira)** é:

1)	O nascido no território brasileiro, ainda que de pais estrangeiros, desde que estes não estejam a serviço de seu país (observe-se a utilização, em geral, do critério do *jus solis*);
2)	Os nascidos no estrangeiro, de pai brasileiro ou mãe brasileira, desde que qualquer deles se encontre a serviço do Brasil (art. 12, I, "b" – critério *jus sanguinis*);

3) Os nascidos no estrangeiro, filhos de pai brasileiro ou de mãe brasileira que não esteja a serviço do país, desde que sejam registrados em repartição brasileira competente ou venham a residir na República Federativa do Brasil e optem, em qualquer tempo, depois de atingida a maioridade, pela nacionalidade brasileira (art. 12, I, "c" – utilização de critério misto: *jus sanguinis* aliado ao requisito específico de registro na repartição brasileira competente).

Este último critério foi alterado pela Emenda Constitucional nº 54/2007, fixando-se duas hipóteses de atribuição de nacionalidade brasileira primária para os filhos de brasileiros (atenção: basta que um dos pais seja brasileiro) nascidos no exterior:

1) que os filhos sejam registrados em repartição diplomática brasileira competente; ou
2) que venham a residir na República Federativa do Brasil e optem, em qualquer tempo, depois de atingida a maioridade, pela nacionalidade brasileira.

ATENÇÃO

Impende destacar que a citada Emenda Constitucional trouxe uma regra de transição no art. 95 do ADCT: Os nascidos no estrangeiro entre 7 de junho de 1994 e a data da promulgação desta Emenda Constitucional, filhos de pai brasileiro ou mãe brasileira, poderão ser registrados em repartição diplomática ou consular brasileira competente ou em ofício de registro, se vierem a residir na República Federativa do Brasil.

Sobre esta última opção, a nova Lei de Migração (Lei nº 13.445/2017) prevê, em seu art. 63, que o filho de pai ou de mãe brasileiro nascido no exterior e que não tenha sido registrado em repartição consular poderá, a qualquer tempo, promover ação de opção de nacionalidade.

2.2. Nacionalidade secundária: brasileiros naturalizados

No inciso II do mesmo artigo constitucional estão arroladas as hipóteses de obtenção da nacionalidade brasileira **secundária**, sempre através do procedimento de **naturalização**.

No Brasil, esta é a única forma de aquisição da nacionalidade derivada, e era regulada pela Lei nº 6.815/80 (Estatuto do Estrangeiro), estando atualmente regulamentada pela Lei de Migração (Lei nº 13.445/2017).

O pedido de naturalização será apresentado e processado na forma prevista pelo órgão competente do Poder Executivo, sendo cabível recurso em caso de denegação (art. 71 da Lei de Migração).

No curso do processo de naturalização, o naturalizando poderá requerer a tradução ou a adaptação de seu nome à língua portuguesa. Será mantido cadastro com o nome traduzido ou adaptado associado ao nome anterior.

O brasileiro naturalizado tem pleno gozo dos direitos políticos, excepcionando-se apenas as ressalvas previstas pela Constituição. No prazo de até 1 (um) ano após a concessão da naturalização, deverá o naturalizado comparecer perante a Justiça Eleitoral para o devido cadastramento(art. 72).

A naturalização produz efeitos após a publicação no Diário Oficial do ato de naturalização (art. 73).

De acordo com a nova Lei de Migração (art. 64), a naturalização pode ser: ordinária; extraordinária; especial; ou provisória, a saber:

2.2.1. Naturalização ordinária

Concedida àqueles que, na forma da lei (Lei de Migração nº 13.445/2017), adquiram a nacionalidade brasileira.

Será concedida a naturalização ordinária àquele que preencher as seguintes condições (art. 65 da Lei de Migração):

I – ter capacidade civil, segundo a lei brasileira;

II – ter residência em território nacional, pelo prazo mínimo de 4 (quatro) anos;

III – comunicar-se em língua portuguesa, consideradas as condições do naturalizando; e

IV – não possuir condenação penal ou estiver reabilitado, nos termos da lei.

O prazo de residência de 4 (quatro) anos será reduzido para, no mínimo, 1 (um) ano se o naturalizando preencher quaisquer das seguintes condições (art. 66):

a – ter filho brasileiro;

b - ter cônjuge ou companheiro brasileiro e não estar dele separado legalmente ou de fato no momento de concessão da naturalização;

c - haver prestado ou poder prestar serviço relevante ao Brasil; ou

d - recomendar-se por sua capacidade profissional, científica ou artística.

O preenchimento das condições acerca do serviço relevante e da capacidade profissional, científica ou artística será avaliado na forma disposta em regulamento.

No caso de estrangeiros originários de países de língua portuguesa, exige-se apenas a residência no território nacional por um ano ininterrupto e idoneidade moral (CF, art. 12, II, "a").

2.2.2. Naturalização extraordinária

É atribuída aos estrangeiros de qualquer nacionalidade, residentes da República Federativa do Brasil há mais de quinze anos ininterruptos e sem condenação penal, desde que requeiram a nacionalidade brasileira (CF, art. 12, II, "b" e art. 67 da Lei de Migração).

Vale ressaltar que a concessão da naturalização é ato discricionário de Estado, no caso, do Ministro da Justiça. O STF já decidiu que "a concessão da naturalização é faculdade exclusiva do Poder Executivo (...) a outorga da nacionalidade brasileira secundária a um indivíduo é manifestação de soberania nacional". No caso da naturalização extraordinária, todavia, trata-se de ato **vinculado** da autoridade responsável, pois cumpridos os requisitos impostos pela lei, a aquisição da nacionalidade secundária é direito do requerente.

2.2.3. Naturalização especial

Prevista no art. 68 da Lei de Migração, a naturalização especial poderá ser concedida ao estrangeiro que se encontre em uma das seguintes situações:

> I - seja cônjuge ou companheiro, há mais de 5 (cinco) anos, de integrante do Serviço Exterior Brasileiro em atividade ou de pessoa a serviço do Estado brasileiro no exterior; ou

> II – seja ou tenha sido empregado em missão diplomática ou em repartição consular do Brasil por mais de 10 (dez) anos ininterruptos.

Além dessas hipóteses citadas acima, são requisitos para a concessão da naturalização especial:

> I – ter capacidade civil, segundo a lei brasileira;
>
> II – comunicar-se em língua portuguesa, consideradas as condições do naturalizando; e
>
> III – não possuir condenação penal ou estiver reabilitado, nos termos da lei.

2.2.4. *Naturalização provisória*

O art. 70 da Lei de Migração prevê que a naturalização provisória poderá ser concedida ao migrante **criança ou adolescente** que tenha fixado residência em território nacional antes de completar 10 (dez) anos de idade e deverá ser requerida por intermédio de seu representante legal.

A naturalização provisória será convertida em **definitiva** se o naturalizando expressamente assim o requerer no prazo de 2 (dois) anos após atingir a maioridade.

2.2.5. *Regras gerais – brasileiros naturalizados*

Importante ressaltar que os brasileiros naturalizados têm **quase** todos os direitos previstos para os brasileiros natos. Isso porque a CF no art. 12, §2º determina que "a lei não poderá estabelecer distinção entre brasileiros natos e naturalizados, salvo nos casos previstos nesta Constituição", e logo no §3º seguinte traz um rol dos cargos privativos de brasileiros natos, quais sejam:

> I – de Presidente e Vice-Presidente da República;
>
> II – de Presidente da Câmara dos Deputados;
>
> III – de Presidente do Senado Federal;
>
> IV – de Ministro do Supremo Tribunal Federal;
>
> V – da carreira diplomática;

VI – de oficial das Forças Armadas;

VII – de Ministro de Estado da Defesa.

Os primeiros quatro cargos são aqueles que ocupam ou estão na linha de sucessão do cargo de Presidente da República, e os demais cargos são reservados aos brasileiros natos por questões de segurança de Estado.

O brasileiro naturalizado não poderá participar do Conselho da República (art. 89, IV, da CF). Outra diferença é que o brasileiro nato nunca poderá ser extraditado, enquanto o brasileiro naturalizado poderá sofrer extradição pela prática de crime comum, cometido anteriormente à naturalização, assim como pela participação em tráfico ilícito de entorpecentes (art. 5º, LI), antes ou depois da naturalização. Ademais, o brasileiro naturalizado não tem direito de adquirir empresa jornalística ou de radiodifusão enquanto não transcorridos dez anos após a naturalização (art. 222 e parágrafos da CF).

Logo, a lei não pode estabelecer distinções entre brasileiros natos e naturalizados, mas a Constituição Federal pode.

3. PERDA DA NACIONALIDADE BRASILEIRA

A Constituição Federal dispõe, no art. 12, §4º, que será declarada a perda da nacionalidade do brasileiro que:

I)	Tiver cancelada a sua naturalização, por sentença judicial, em virtude de atividade nociva ao interesse nacional; (brasileiros naturalizados)
II)	Adquirir outra nacionalidade, salvo nos casos de reconhecimento de nacionalidade originária pela lei estrangeira e de imposição de naturalização, pela norma estrangeira, ao brasileiro residente em Estado estrangeiro, como condição para permanência em seu território ou para o exercício de direitos civis. (brasileiros natos e brasileiros naturalizados)

Caso adquiram voluntariamente outra nacionalidade, os brasileiros **natos e naturalizados** perderão a nacionalidade, mediante processo administrativo que tramitará perante o Ministério da Justiça, sendo a perda da nacionalidade declarada por decreto do Presidente da República. Já a perda decorrente da atividade nociva ao interesse nacional é reservada apenas aos brasileiros **naturalizados**.

Em relação à perda da nacionalidade do brasileiro naturalizado prevista no inciso I do § 4º do art. 12 da Constituição Federal, o art 75, pár. único da Lei de Migração prevê que o risco de geração de situação de apatridia será levado em consideração antes da efetivação da perda da nacionalidade.

Como já estudado, a apatridia é uma condição nefasta e as mais modernas legislações internacionais pretendem evitar tal situação, posto que é atentatória à dignidade da pessoa humana. A nova Lei de Migração, ao trazer a previsão acima citada, se coaduna com este objetivo da comunidade internacional

Já em relação à perda da nacionalidade em razão do previsto no inciso II do § 4º do art. 12 da Constituição Federal, o art. 76 da Lei de Migração determina que o brasileiro que houver perdido a nacionalidade, uma vez cessada a causa, poderá readquiri-la ou ter o ato que declarou a perda revogado, na forma definida pelo órgão competente do Poder Executivo.

4. ESTATUTO DA IGUALDADE BRASIL – PORTUGAL

A República Federativa Brasileira e a República Portuguesa, tendo em vista os laços históricos e sociológicos que as unem, firmaram, em 1971, um tratado bilateral estabelecendo um estatuto de igualdade entre seus nacionais. Hoje em dia o denominado **"Estatuto da Igualdade Brasil-Portugal"** é regulamentado pelo **Tratado de Amizade, Cooperação e Consulta** celebrado no ano de 2000 entre a República Federativa do Brasil e a República Portuguesa.

O Tratado dispõe que os brasileiros em Portugal e os portugueses no Brasil, beneficiários do estatuto da igualdade, gozarão dos mesmos direitos e estarão sujeitos aos mesmos deveres dos nacionais desses Estados (art. 12), sendo que o exercício desses direitos e deveres não implicará a perda das respectivas nacionalidades (art. 13). Esses benefícios não abrangem o exercício dos direitos que as Constituições dos países declarem exclusivos dos seus respectivos nacionais natos (art. 14).

A concessão do benefício deve ser requerida ao Ministério da Justiça (no Brasil) ou ao Ministério da Administração Interna (em Portugal), exigindo-se do interessado a plena capacidade civil e residência habitual no Estado em que se pleiteia o benefício. A expulsão do estrangeiro do território nacional ou a perda da nacionalidade originária gera a extinção do benefício do Estatuto da Igualdade.

5. TÓPICO-SÍNTESE

Tópico-síntese: Nacionalidade	
Nacionalidade	É o vínculo jurídico-político que liga um indivíduo a um Estado, e do qual decorrem uma série de direitos e obrigações.
Modalidades de nacionalidade	**Originária:** resulta de um fato natural independente da vontade da pessoa, qual seja, o nascimento do indivíduo. Critérios: – **Territorial ou *jus solis:*** determinada pelo fato de ter nascido em determinado território; – **Da origem sanguínea ou *jus sanguinis*:** definida pela nacionalidade dos ascendentes na época do nascimento; – **Misto:** tem elementos dos dois critérios anteriores. **Adquirida:** resulta de ato de vontade do indivíduo e depende de naturalização.
Aquisição da nacionalidade brasileira	**Originária**: 1) Os nascidos na República Federativa do Brasil, ainda que de pais estrangeiros, desde que estes não estejam a serviço de seu país; 2) Os nascidos no estrangeiro, de pai brasileiro ou mãe brasileira, desde que qualquer deles esteja a serviço da República Federativa do Brasil; 3) Os nascidos no estrangeiro de pai brasileiro ou de mãe brasileira, desde que sejam registrados em repartição brasileira; 4) Os nascidos no estrangeiro de pai brasileiro ou de mãe brasileira, desde que venham a residir na República Federativa do Brasil e optem, em qualquer tempo, depois de atingida a maioridade, pela nacionalidade brasileira. **Adquirida**: 1) **Naturalização ordinária:** é concedida àqueles que (artigos 65 e 66 da Lei de Migração) cumpram os requisitos: I - ter capacidade civil, segundo a lei brasileira; II - ter residência em território nacional, pelo prazo mínimo de 4 (quatro) anos; III - comunicar-se em língua portuguesa, consideradas as condições do naturalizando; e IV - não possuir condenação penal ou estiver reabilitado, nos termos da lei. 2) **Naturalização extraordinária:** é atribuída aos estrangeiros de qualquer nacionalidade, residentes da República Federativa do Brasil há mais de quinze anos ininterruptos e sem condenação penal, desde que requeiram a nacionalidade brasileira (art. 67 da Lei de Migração);

Tópico-síntese: Nacionalidade	
Aquisição da nacionalidade brasileira	3) **Naturalização especial:** é atribuída àquele que: I - seja cônjuge ou companheiro, há mais de 5 (cinco) anos, de integrante do Serviço Exterior Brasileiro em atividade ou de pessoa a serviço do Estado brasileiro no exterior; ou II - seja ou tenha sido empregado em missão diplomática ou em repartição consular do Brasil por mais de 10 (dez) anos ininterruptos; desde que, em qualquer dos casos, I - tenha capacidade civil; II - comunique-se em língua portuguesa; e III - não possua condenação penal (art. 68 da Lei de Migração). 4) **Naturalização provisória:** concedida ao migrante criança ou adolescente que tenha fixado residência em território nacional antes de completar 10 (dez) anos de idade e deverá ser requerida por intermédio de seu representante legal. A naturalização provisória será convertida em definitiva se o naturalizando expressamente assim o requerer no prazo de 2 (dois) anos após atingir a maioridade(art. 70 da Lei de Migração).
Perda da nacionalidade brasileira	**1)** Tiver cancelada a sua naturalização, por sentença judicial, em virtude de atividade nociva ao interesse nacional; (apenas para brasileiros naturalizados); **2)** Adquirir outra nacionalidade, salvo nos casos de reconhecimento de nacionalidade originária pela lei estrangeira e de imposição de naturalização, pela norma estrangeira, ao brasileiro residente em Estado estrangeiro, como condição para permanência em seu território ou para o exercício de direitos civis (para brasileiros natos ou naturalizados)
Cargos privativos de brasileiro nato (CF)	I – de Presidente e Vice-Presidente da República; II – de Presidente da Câmara dos Deputados; III – de Presidente do Senado Federal; IV – de Ministro do Supremo Tribunal Federal; V – da carreira diplomática; VI – de oficial das Forças Armadas; VII – de Ministro de Estado da Defesa.
Estatuto da igualdade Brasil – Portugal	– Os brasileiros em Portugal e os portugueses no Brasil, beneficiários do estatuto da igualdade, gozarão dos mesmos direitos e estarão sujeitos aos mesmos deveres dos nacionais naturalizados desses Estados, sendo que o exercício desses direitos e deveres não implicará a perda das respectivas nacionalidades; – Esses benefícios não abrangem o exercício dos direitos que as Constituições dos países declarem exclusivos dos seus respectivos nacionais (natos).

Capítulo

3

CONDIÇÃO JURÍDICA DO ESTRANGEIRO E EMIGRAÇÃO

Leia a lei

- *Artigo 5º da Constituição Federal; Lei de Migração (Lei nº. 13.445/2017; Lei do Refúgio (Lei nº. 9474/1997).*

1. INTRODUÇÃO: ESTATUTO DO ESTRANGEIRO E A NOVA LEI DE MIGRAÇÃO

Aquele que não tem nenhum tipo de nacionalidade em relação ao Estado em que se encontra é chamado de estrangeiro. No Brasil, a situação jurídica do estrangeiro era regulamentada pela Lei nº 6.815/1980, intitulada "Estatuto do Estrangeiro". Ocorre que esta lei, produzida durante o período da ditadura militar e com nítido viés nacionalista, não mais se coadunava com a atual constituição cidadã, sendo incapaz de atender à realidade social e política brasileira atual, bem como às normas internacionais sobre o assunto.

De fato, o artigo 2º do antigo Estatuto do Estrangeiro assim estabelecia: "Na aplicação desta Lei atender-se-á precipuamente à **segurança nacional**, à organização institucional, aos interesses políticos, socioeconômicos e culturais do Brasil, bem assim à **defesa do trabalhador nacional.**"

Assim, tendo em vista nova realidade de migração atual e a necessidade de modernização da legislação referente ao estrangeiro, em 24 de maio de 2017 foi sancionada a nova lei de migração (lei nº 13.445/2017), que revogou expressamente o antigo "Estatuto do Estrangeiro" (art. 124, inciso II da lei nº 13.445/2017), com *vacatio legis* de 180 dias (art. 125 da lei nº 13.445/2017). Nesses 180 dias também deverá haver a regulamentação da citada lei, a qual não foi confeccionada até o fechamento desta edição.

A nova lei de migração entrará em vigor em 25 de novembro de 2017, regulamentando tudo o que era regido pelo Estatuto do Estrangeiro e trazendo ainda novas disposições sobre a matéria. Logo, nosso estudo levará em conta as novas regras, mais condizentes com a proteção da dignidade da pessoa humana.

A atual legislação sobre migração e estrangeiros define os direitos e os deveres do migrante e do visitante no Brasil; regula a entrada e a permanência de estrangeiros; estabelece normas de proteção ao brasileiro no exterior; e estabelece princípios e diretrizes para as políticas públicas voltadas ao migrante em geral.

Apesar dos vetos, a nova legislação representa uma mudança de paradigma na política de migração do país ao abandonar a ideia do migrante como uma ameaça à segurança nacional.

A fim de proteger o migrante, a Lei de Migração trouxe inclusive a previsão de um tipo penal de "Promoção de migração ilegal" (art. 232-A do Código Penal), cujas condutas consistem em "promover, por qualquer meio, com o fim de obter vantagem econômica, a entrada ilegal de estrangeiro em território nacional ou de brasileiro em país estrangeiro" ou "promover, por qualquer meio, com o fim de obter vantagem econômica, a saída de estrangeiro do território nacional para ingressar ilegalmente em país estrangeiro" punido com pena de reclusão, de 2 (dois) a 5 (cinco) anos, e multa.

A Lei de Migração determinou, também, que as autoridades brasileiras sejam tolerantes quanto ao uso do idioma do residente fronteiriço e do imigrante quando eles se dirigirem a órgãos ou repartições públicas para reclamar ou reivindicar os direitos decorrentes da lei (art. 112).

A condição jurídica do estrangeiro abarca todos os temas relativos a sua situação, mas principalmente as normas relativas às seguintes etapas: entrada do estrangeiro no país, seus direitos e deveres durante a estadia, e, finalmente, as formas de saída do estrangeiro do Brasil.

2. PRINCÍPIOS E DIRETRIZES DA LEI DE MIGRAÇÃO

Como já ressaltado, a nova lei de migração abandona a ideia do migrante como ameaça à segurança nacional e ao trabalhador brasileiro. Ao invés, percebe o migrante como cidadão do mundo e pessoa que contribui para o desenvolvimento das nações e agente de diversidade e pluralidade cultural.

Por isso, a nova lei de migração traz logo no seu início as diretrizes que inspiraram a mudança na legislação. O artigo 3º da lei traz a seguinte previsão de princípios e garantias:

A política migratória brasileira rege-se pelos seguintes princípios e diretrizes:

> I – universalidade, indivisibilidade e interdependência dos direitos humanos;
>
> II – repúdio e prevenção à xenofobia, ao racismo e a quaisquer formas de discriminação;
>
> III – não criminalização da migração;
>
> IV – não discriminação em razão dos critérios ou dos procedimentos pelos quais a pessoa foi admitida em território nacional;
>
> V – promoção de entrada regular e de regularização documental;
>
> VI – acolhida humanitária;
>
> VII – desenvolvimento econômico, turístico, social, cultural, esportivo, científico e tecnológico do Brasil;
>
> VIII – garantia do direito à reunião familiar;
>
> IX – igualdade de tratamento e de oportunidade ao migrante e a seus familiares;
>
> X – inclusão social, laboral e produtiva do migrante por meio de políticas públicas;
>
> XI – acesso igualitário e livre do migrante a serviços, programas e benefícios sociais, bens públicos, educação, assistência jurídica integral pública, trabalho, moradia, serviço bancário e seguridade social;
>
> XII – promoção e difusão de direitos, liberdades, garantias e obrigações do migrante;

XIII – diálogo social na formulação, na execução e na avaliação de políticas migratórias e promoção da participação cidadã do migrante;

XIV – fortalecimento da integração econômica, política, social e cultural dos povos da América Latina, mediante constituição de espaços de cidadania e de livre circulação de pessoas;

XV – cooperação internacional com Estados de origem, de trânsito e de destino de movimentos migratórios, a fim de garantir efetiva proteção aos direitos humanos do migrante;

XVI – integração e desenvolvimento das regiões de fronteira e articulação de políticas públicas regionais capazes de garantir efetividade aos direitos do residente fronteiriço;

XVII – proteção integral e atenção ao superior interesse da criança e do adolescente migrante;

XVIII – observância ao disposto em tratado;

XIX – proteção ao brasileiro no exterior;

XX – migração e desenvolvimento humano no local de origem, como direitos inalienáveis de todas as pessoas;

XXI – promoção do reconhecimento acadêmico e do exercício profissional no Brasil, nos termos da lei; e

XXII – repúdio a práticas de expulsão ou de deportação coletivas.

O artigo 4º da lei segue garantindo ao migrante no território nacional, em condição de igualdade com os nacionais, a inviolabilidade do direito à vida, à liberdade, à igualdade, à segurança e à propriedade.

Garante também, entre outros direitos, o gozo dos direitos e liberdades civis, sociais, culturais e econômicos; o direito à liberdade de circulação em território nacional; o direito de transferir recursos decorrentes de sua renda e economias pessoais a outro país, observada a legislação aplicável; acesso a serviços públicos de saúde e de assistência social e à previdência social, nos termos da lei, sem discriminação em razão da nacionalidade e da condição migratória; e o amplo acesso à justiça e à assistência jurídica integral gratuita aos que comprovarem insuficiência de recursos.

Nessa toada, importante destacar que os estrangeiros desfrutam dos direitos e liberdades civis e, como tais, têm o direito de manifestação política, apesar de não titularizarem os direitos políticos (direito de alistamento eleitoral, de votar e ser votado).

3. ENTRADA DO ESTRANGEIRO

A autorização para entrada e permanência de estrangeiro em outro país é ato **discricionário** de cada Estado. Nenhum país é obrigado a aceitá-los em seu território. Geralmente, além de questões políticas, a admissão de estrangeiros está ligada a exigência de:

1) Visto;

2) Documento oficial de viagem e identificação.

A lei de migração regula a entrada dos estrangeiros no país. Define o visto como o documento que dá a seu titular expectativa de ingresso em território nacional e prevê a possibilidade de concessão dos seguintes tipos de vistos ao indivíduo que queira adentrar no Brasil: visto de visita; temporário; oficial; diplomático e de cortesia.

O visto de **visita** poderá ser concedido ao visitante que venha ao Brasil para estada de curta duração, sem intenção de estabelecer residência, nos seguintes casos:

I - turismo;

II - negócios;

III - trânsito;

IV - atividades artísticas ou desportivas; e

V - outras hipóteses definidas em regulamento.

É vedado ao beneficiário de visto de visita exercer atividade remunerada no Brasil.

O visto **temporário** poderá ser concedido ao imigrante que venha ao Brasil com o intuito de estabelecer residência por tempo determinado e que se enquadre em pelo menos uma das seguintes hipóteses:

I - o visto temporário tenha como finalidade:

a) pesquisa, ensino ou extensão acadêmica;

b) tratamento de saúde;

c) acolhida humanitária;

d) estudo;

e) trabalho;

f) férias-trabalho;

g) prática de atividade religiosa ou serviço voluntário;

h) realização de investimento ou de atividade com relevância econômica, social, científica, tecnológica ou cultural;

i) reunião familiar;

j) atividades artísticas ou desportivas com contrato por prazo determinado;

II - o imigrante seja beneficiário de tratado em matéria de vistos;

III - outras hipóteses definidas em regulamento.

Os vistos **diplomático** e **oficial** poderão ser concedidos a autoridades e funcionários estrangeiros que viajem ao Brasil em missão oficial de caráter transitório ou permanente, representando Estado estrangeiro ou organismo internacional reconhecido.

O visto de **cortesia** geralmente é concedido aos empregados dos titulares de vistos oficiais ou diplomáticos. A legislação prevê que o empregado particular titular de visto de cortesia somente poderá exercer atividade remunerada para o titular de visto diplomático, oficial ou de cortesia ao qual esteja vinculado, sob o amparo da legislação trabalhista brasileira (art. 18).

Segundo a lei de migração (art. 5º), os documentos oficiais de viagem e identificação podem ser os seguintes:

I – passaporte;

II – laissez-passer[1];

1 *Laissez-passer* é uma expressão em francês que significa o documento de viagem concedido pelo Brasil (através da Polícia Federal ou órgãos diplomáticos ou consulares) ao estrangeiro portador de documento de viagem não reconhecido pelo governo brasileiro ou que não seja válido para o Brasil, expedido por países com os quais não se mantém relação diplomática.

III - autorização de retorno;

IV - salvo-conduto;

V - carteira de identidade de marítimo;

VI - carteira de matrícula consular;

VII - documento de identidade civil ou documento estrangeiro equivalente, quando admitidos em tratado;

VIII - certificado de membro de tripulação de transporte aéreo; e

IX - outros que vierem a ser reconhecidos pelo Estado brasileiro em regulamento.

4. ESTADIA DO ESTRANGEIRO

Durante a estadia regular no país, o estrangeiro se sujeita a alguns direitos e deveres. No Brasil, deve respeitar as leis e a ordem pública, e cuidar para que sua permanência mantenha-se regular, sob pena de deportação ou expulsão. Por outro lado, a Constituição Federal – e agora, a nova lei de migração – impõe a igualdade de direitos entre todos, assegurando aos brasileiros e estrangeiros residentes no Brasil todos os direitos fundamentais da pessoa humana. O STF já decidiu, outrossim, que tal igualdade se estende também aos estrangeiros não residentes.

Sendo assim, goza o estrangeiro de todos os direitos fundamentais; não titularizando, entretanto, os direitos políticos, nem direito de adentrar em carreiras públicas estatutárias.

Um dos deveres do imigrante é a necessidade de identificação e registro de estrangeiro. O registro consiste na identificação civil por dados biográficos e biométricos, e o art. 19 da legislação específica prevê que tal identificação é obrigatória a todo imigrante detentor de visto temporário ou de autorização de residência.

Para minimizar os efeitos nocivos da burocracia nos atos de registro, a nova lei de migração determina que enquanto não for expedida identificação civil, o documento comprobatório de que o imigrante a solicitou à autoridade competente garantirá ao titular o acesso aos direitos disciplinados nesta Lei.

No mesmo intuito de facilitar com rapidez a legalização do migrante, o artigo 20 prevê que a identificação civil de solicitante de refúgio, de asilo, de reconhecimento de apatridia e de acolhimento humanitário poderá ser realizada com a apresentação dos documentos de que o imigrante dispuser.

4.1. Residente Fronteiriço

Há alguns estrangeiros que residem em área fronteiriça ao Brasil, e precisam transpassar as fronteiras habitualmente. Sobre a questão do residente fronteiriço, a nova legislação também buscou reger a matéria com vistas a desburocratizar essa situação. Dessa maneira, a fim de facilitar a sua livre circulação, poderá ser concedida ao residente fronteiriço, mediante requerimento, autorização para a realização de atos da vida civil. Tal autorização garantirá ao residente titular o gozo das garantias e dos direitos assegurados pelo regime geral de migração.

4.2. Apátrida

Já estudamos que a apatridia é a condição daquele que não é considerado como nacional por nenhum Estado, segundo a sua legislação. Tal condição é nefasta, motivo pelo qual convenções e tratados internacionais buscam evitar tal situação. O art. XV da Declaração Universal dos Direitos Humanos proclama que "toda pessoa tem direito a uma nacionalidade". O apátrida fica, de certa forma, desprotegido, pois não é considerado natural de qualquer país. Para protegê-lo, a nova lei de migração previu um instituto protetivo especial do apátrida, consolidado em **processo rápido e simplificado de naturalização** (art. 26).

A lei ainda determina que o reconhecimento da condição de apátrida assegura os direitos e garantias previstos na Convenção sobre o Estatuto dos Apátridas de 1954 (promulgada pelo Decreto no 4.246, de 22 de maio de 2002), bem como outros direitos e garantias reconhecidos pelo Brasil, aplicando-se ao apátrida residente todos os direitos atribuídos ao migrante na novel legislação.

Reconhecida a condição de apátrida, o solicitante será consultado sobre o desejo de adquirir a nacionalidade brasileira. Caso o apátrida opte pela naturalização, a decisão sobre o reconhecimento será encaminhada ao órgão competente do Poder Executivo para publicação dos atos necessários à efetivação da naturalização no prazo de 30 (trinta) dias. Ainda que não opte pela naturalização imediata, o apátrida terá a autorização de residência outorgada em caráter definitivo.

5. SAÍDA DO ESTRANGEIRO

A saída compulsória do estrangeiro do território brasileiro pode ocorrer de três maneiras: **repatriação, deportação** e **expulsão**.

A extradição também tem como consequência a saída compulsória do estrangeiro do país, mas, por questões didáticas, será estudada na parte de "medidas de cooperação" pois foi assim definida pela nova legislação de migração.

A aplicação dos institutos da repatriação, deportação e expulsão observará o disposto na Lei do Refúgio (Lei nº 9.474/1997) e nas disposições legais, tratados, instrumentos e mecanismos que tratem da proteção aos apátridas ou de outras situações humanitárias.

A Lei de Migração prevê que a repatriação, a deportação e a expulsão serão feitas para o país de nacionalidade ou de procedência do migrante ou do visitante, ou para outro que o aceite, em observância aos tratados dos quais o Brasil seja parte.

Com nítido caráter protetivo da **dignidade da pessoa humana**, a legislação de regência determina que não se procederá à repatriação, à deportação ou à expulsão **coletivas** (art. 61). Entende-se por repatriação, deportação ou expulsão coletiva aquela que não individualiza a situação migratória irregular de cada pessoa.

Igualmente, a lei prevê que não se procederá à repatriação, à deportação ou à expulsão de nenhum indivíduo quando subsistirem razões para acreditar que a medida poderá colocar em risco a vida ou a integridade pessoal (art. 62).

5.1. Repatriação

A repatriação de estrangeiro ocorre nos casos de **impedimento de ingresso** de pessoa (migrante ou visitante) no território nacional.

Segundo a Lei de Migração, a repatriação consiste em **medida administrativa** de **devolução** de pessoa em **situação de impedimento** ao país de procedência ou de nacionalidade (art. 49).

Este **impedimento** acontece quando o estrangeiro migrante ou visitante não obtém a autorização para ultrapassar as barreiras alfandegárias em porto, aeroporto ou fronteira a fim de entrar no Brasil, considerando-se que ele sequer chegou a entrar no território nacional.

A Lei de Migração trata do "impedimento de ingresso" em seu artigo 45, prevendo que poderá ser impedida de ingressar no País, após entrevista individual e mediante ato fundamentado, a pessoa:

I - anteriormente expulsa do País, enquanto os efeitos da expulsão vigorarem;

II - condenada ou respondendo a processo por ato de terrorismo ou por crime de genocídio, crime contra a humanidade, crime de guerra ou crime de agressão, nos termos definidos pelo Estatuto de Roma do Tribunal Penal Internacional, de 1998, promulgado pelo Decreto no 4.388, de 25 de setembro de 2002;

III - condenada ou respondendo a processo em outro país por crime doloso passível de extradição segundo a lei brasileira;

IV - que tenha o nome incluído em lista de restrições por ordem judicial ou por compromisso assumido pelo Brasil perante organismo internacional;

V - que apresente documento de viagem que:

a) não seja válido para o Brasil;

b) esteja com o prazo de validade vencido; ou

c) esteja com rasura ou indício de falsificação;

VI - que não apresente documento de viagem ou documento de identidade, quando admitido;

VII - cuja razão da viagem não seja condizente com o visto ou com o motivo alegado para a isenção de visto;

VIII - que tenha, comprovadamente, fraudado documentação ou prestado informação falsa por ocasião da solicitação de visto; ou

IX - que tenha praticado ato contrário aos princípios e objetivos dispostos na Constituição Federal.

Parágrafo único. Ninguém será impedido de ingressar no País por motivo de raça, religião, nacionalidade, pertinência a grupo social ou opinião política.

No caso de ocorrer o impedimento ao ingresso de estrangeiro, este será repatriado ao seu país de origem. Será feita imediata comunicação do ato fundamentado de repatriação à empresa transportadora e à autoridade consular do país de procedência ou de nacionalidade do migrante ou do visitante, ou a quem o representa.

A Defensoria Pública da União será notificada (preferencialmente por via eletrônica) em caso de impedimento de ingresso em relação a pessoa em situação de refúgio ou de apatridia, menores de 18 (dezoito) anos, necessidade de acolhimento humanitário ou quando a repatriação imediata não seja possível.

Condições específicas de repatriação podem ser definidas por regulamento ou tratado, observados os princípios e as garantias da Lei de Migração.

Não será aplicada medida de repatriação à pessoa em situação de refúgio ou de apatridia, de fato ou de direito, ao menor de 18 (dezoito) anos desacompanhado ou separado de sua família, exceto nos casos em que se demonstrar favorável para a garantia de seus direitos ou para a reintegração a sua família de origem, ou a quem necessite de acolhimento humanitário, nem, em qualquer caso, medida de devolução para país ou região que possa apresentar risco à vida, à integridade pessoal ou à liberdade da pessoa.

5.2. Deportação

A deportação é medida decorrente de procedimento administrativo que consiste na retirada compulsória de pessoa que se encontre em situação migratória irregular em território nacional (art. 50). O ato de deportação é executado pela Polícia Federal.

Em clara modernização da legislação regente da matéria, as novas regras determinam que a deportação será precedida de **notificação pessoal ao deportando**, da qual constem, expressamente, as irregularidades verificadas e **prazo para a regularização não inferior a 60 (sessenta) dias**, podendo ser prorrogado, por igual período, por despacho fundamentado e mediante compromisso de a pessoa manter atualizadas suas informações domiciliares (art. 50, §1º). Ademais, os procedimentos conducentes à deportação devem respeitar o **contraditório** e a **ampla defesa** e a garantia de recurso com efeito suspensivo (art. 51).

O fato de o estrangeiro ser casado com cônjuge brasileiro ou ter filho brasileiro sob sua guarda e dependência econômica não impede a deportação.

O estrangeiro deportado não está proibido de retornar ao Brasil, desde que tenha regularizado sua situação, ressarcido as eventuais despesas efetuadas com seu retorno ao Tesouro Nacional, e pago as multas que sejam devidas como sanção pela irregularidade cometida.

Não poderá haver deportação quando esta configurar extradição inadmitida pela lei brasileira (art. 53) ou quando o estrangeiro puder ser enquadrado como asilado ou refugiado no Brasil.

Em se tratando de apátrida, o procedimento de deportação dependerá de prévia autorização da autoridade competente (art. 52), que, no caso, é o Comitê Nacional para os Refugiados (CONARE) – órgão responsável por analisar os pedidos e declarar o reconhecimento, em primeira instância, da condição de refugiado e apátrida.

Em resumo, a deportação não tem caráter de sanção, tratando-se apenas de procedimento de exclusão que visa a retirar do território brasileiro pessoa cuja entrada ou estadia seja irregular. O estrangeiro será deportado para seu país de origem ou para qualquer outro que aceite recebê-lo.

5.3. Expulsão

A expulsão consiste em medida administrativa de retirada compulsória de migrante ou visitante do território nacional, conjugada com o impedimento de reingresso por prazo determinado.

O procedimento, antigamente previsto no Estatuto do Estrangeiro, hoje está regulado pela Lei de Migração, nos artigos 54 e seguintes.

Ao contrário da deportação, a expulsão exige a nocividade da conduta.

De acordo com a citada Lei, poderá dar causa à expulsão a condenação com sentença transitada em julgado relativa à prática de:

I -	crime de genocídio, crime contra a humanidade, crime de guerra ou crime de agressão, nos termos definidos pelo Estatuto de Roma do Tribunal Penal Internacional, de 1998, promulgado pelo Decreto no 4.388, de 25 de setembro de 2002; ou
II -	crime comum doloso passível de pena privativa de liberdade, consideradas a gravidade e as possibilidades de ressocialização em território nacional.

Caberá à autoridade competente resolver sobre a expulsão, a duração do impedimento de reingresso e a suspensão ou a revogação dos efeitos da expulsão.

A existência de ato que configure hipótese de expulsão é examinada em inquérito para expulsão que tramita no Ministério da Justiça, garantindo-se ao expulsando o contraditório e a ampla defesa (art. 58). A medida de expulsão também é ato discricionário, competindo atualmente ao Ministro da Justiça decidir acerca da expulsão, concretizando-a por meio de Portaria (delegação de competência do Presidente da República ao Ministro da Justiça – Decreto nº. 3447/2000).

Uma vez expulso, o estrangeiro deverá sair do território nacional e não poderá retornar ao Brasil durante a duração do impedimento de reingresso exceto se houver suspensão ou revogação dos efeitos da expulsão.

O "reingresso de estrangeiro expulso" é crime previsto no art. 338 do Código Penal.

Não se admite a expulsão (art. 55):

I -	Quando a expulsão configure extradição inadmitida pelas leis brasileiras;
II -	Quando o expulsando: a) tiver filho brasileiro que esteja sob sua guarda ou dependência econômica ou socioafetiva ou tiver pessoa brasileira sob sua tutela; b) tiver cônjuge ou companheiro residente no Brasil, sem discriminação alguma, reconhecido judicial ou legalmente; c) tiver ingressado no Brasil até os 12 (doze) anos de idade, residindo desde então no País; d) for pessoa com mais de 70 (setenta) anos que resida no País há mais de 10 (dez) anos, considerados a gravidade e o fundamento da expulsão.

ATENÇÃO

Impende destacar que a jurisprudência tem evoluído para o entendimento de que impede a expulsão de estrangeiro qualquer hipótese que demonstre a efetiva dependência econômica da prole. Vale ressaltar que, configurados o abandono do filho ou o divórcio, de fato ou de direito, será permitida a expulsão.

POSIÇÃO DO STF

Súmula 1. *"É vedada a expulsão de estrangeiro casado com brasileira, ou que tenha filho brasileiro, dependente da economia paterna".*

6. MEDIDAS DE COOPERAÇÃO

Inovando no ordenamento jurídico e modernizando a legislação nacional para se adequar aos ditames do fluxo de pessoas no mundo, a Lei de Migração criou a categoria de "medidas de cooperação", entre as quais incluiu a extradição, a transferência de execução da pena e a transferência de pessoa condenada.

6.1. Extradição

Segundo conceitua REZEK (2005, p. 197), "extradição é a entrega, por um Estado a outro, e a pedido deste, de indivíduo que em seu território deva responder a processo penal ou cumprir pena". O crime pode ter sido cometido no Estado solicitante ou em qualquer outro, desde que sejam aplicáveis as leis penais daquele.

Na Lei de Migração, o instituto da extradição não é mais inserido dentre as medidas de retirada compulsória do estrangeiro do território nacional, tendo sido incluído como "**medida de cooperação**", ao lado da transferência de execução da pena e transferência de pessoa condenada.

A legislação de regência conceitua extradição como a medida de cooperação internacional entre o Estado brasileiro e outro Estado pela qual se concede ou solicita a entrega de pessoa sobre quem recaia condenação criminal definitiva ou para fins de instrução de processo penal em curso (art. 81).

São condições para concessão da extradição (art. 83):

I - ter sido o crime cometido no território do Estado requerente ou serem aplicáveis ao extraditando as leis penais desse Estado; e

II - estar o extraditando respondendo a processo investigatório ou a processo penal ou ter sido condenado pelas autoridades judiciárias do Estado requerente a pena privativa de liberdade.

Existem ainda dois requisitos alternativos para a concessão da extradição: a **existência de Tratado** entre os dois países ou a **promessa de reciprocidade** entre eles. Tal promessa significa o compromisso do Estado solicitante de receber e analisar eventual pedido de extradição que lhe seja efetuado pelo Estado solicitado.

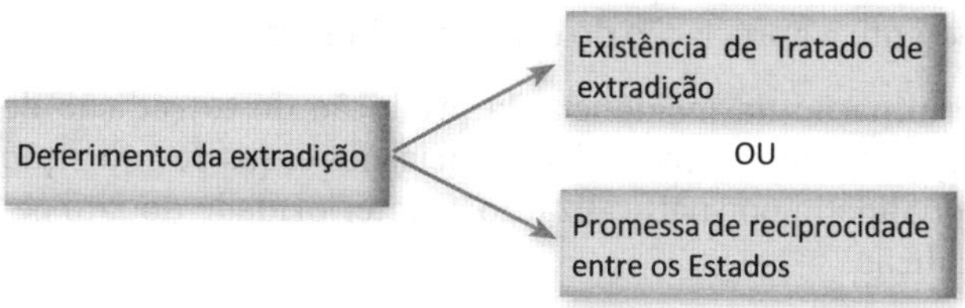

O pedido de extradição pode ocorrer durante o processo do extraditando ou após a condenação criminal.

O Estado que recebe o pedido de extradição não está obrigado a entregar o indivíduo requisitado, sendo esta uma decisão discricionária. Mesmo que estejam presentes os requisitos supramencionados, nem sempre será concedida a extradição. Isto porque não se concederá extradição quando (art. 82):

I -	o indivíduo cuja extradição é solicitada ao Brasil for brasileiro nato;
II -	o fato que motivar o pedido não for considerado crime no Brasil ou no Estado requerente;
III -	o Brasil for competente, segundo suas leis, para julgar o crime imputado ao extraditando;
IV -	a lei brasileira impuser ao crime pena de prisão inferior a 2 (dois) anos;
V -	o extraditando estiver respondendo a processo ou já houver sido condenado ou absolvido no Brasil pelo mesmo fato em que se fundar o pedido;
VI -	a punibilidade estiver extinta pela prescrição, segundo a lei brasileira ou a do Estado requerente;
VII -	o fato constituir crime político ou de opinião;

VIII -	o extraditando tiver de responder, no Estado requerente, perante tribunal ou juízo de exceção;
IX -	o extraditando for beneficiário de refúgio, nos termos da Lei no 9.474, de 22 de julho de 1997, ou de asilo territorial.

A proibição de extradição por "crime político ou de opinião" não impedirá a extradição quando o fato constituir, principalmente, infração à lei penal comum ou quando o crime comum, conexo ao delito político, constituir o fato principal. Para tanto, caberá à autoridade judiciária competente a apreciação do caráter da infração.

Para determinação da incidência da proibição de extradição de "brasileiro nato", a lei determina a observância, nos casos de aquisição de outra nacionalidade por naturalização, a anterioridade do fato gerador da extradição.

O Supremo Tribunal Federal (STF) poderá deixar de considerar crime político o atentado contra chefe de Estado ou quaisquer autoridades, bem como crime contra a humanidade, crime de guerra, crime de genocídio e terrorismo.

POSIÇÃO DO STF

Súmula 421. *"Não impede a extradição a circunstância de ser o extraditado casado com brasileira ou ter filho brasileiro".*

Admite-se a extradição de brasileiro naturalizado, nas hipóteses previstas na Constituição Federal (art. 82, §5º da Lei de Migração). Assim, o brasileiro **naturalizado** poderá ser extraditado em caso de crime comum, praticado antes da naturalização, ou de comprovado envolvimento em tráfico ilícito de entorpecentes e drogas afins, na forma da lei (CF, art. 5º, inciso LI).

O brasileiro **nato** não poderá ser extraditado em hipótese alguma. Logo, mesmo que o processo de opção pela nacionalidade brasileira tenha sido ajuizado pelo brasileiro nato após o fato criminoso que originou o pedido de extradição, não poderá haver a entrega requerida. Igualmente, o início do procedimento de opção pela nacionalidade brasileira por parte do extraditando faz sustar qualquer pedido de extradição em relação ao requerente, mesmo que já tenha sido recebido pelo STF.

ATENÇÃO

Interessante trazer à baila recente julgado da 1ª Turma do Supremo Tribunal Federal que autorizou, em 28/03/2017, a primeira extradição de uma brasileira nata da sua história[2]*. Por quatro votos a um, o STF definiu que, como ela havia voluntariamente se naturalizado norte-americana, automaticamente renunciou à nacionalidade brasileira. E, por isso, pode ser extraditada para responder por crimes cometidos em outro país. Em 2016, a turma já havia declarado a perda da nacionalidade brasileira dessa pessoa, portanto, o deferimento do pedido de extradição norte-americano em 2017 foi uma consequência natural. A decisão menciona diversos conceitos do estudo do Direito Internacional e merece ser lida em sua integralidade (STF, ETX 1462).*

O pedido de extradição é examinado pelo Poder Executivo e Poder Judiciário (STF).

O pedido de extradição originado de Estado estrangeiro será recebido pelo órgão competente do Poder Executivo e, após exame da presença dos pressupostos formais de admissibilidade exigidos nesta Lei ou em tratado, encaminhado à autoridade judiciária competente (art. 89). Não preenchidos os pressupostos formais referidos, o pedido será arquivado mediante decisão fundamentada, sem prejuízo da possibilidade de renovação do pedido, devidamente instruído, uma vez superado o óbice apontado.

A extradição será requerida por via diplomática ou pelas autoridades centrais designadas para esse fim, devendo o pedido ser instruído com a cópia autêntica ou a certidão da sentença condenatória, da de pronúncia ou da que decretar a prisão preventiva, proferida por Juiz ou autoridade competente.

Ou seja, o pedido de extradição é recebido, pela via diplomática, pelo Ministério das Relações Exteriores (MRE), que o envia ao Ministério da Justiça (MJ) que por sua vez o encaminha ao STF. Pode também ser requerido diretamente ao Ministro da Justiça caso não haja agente diplomático do Estado requerente. Nesse caso o Ministro encaminha o pedido para o STF.

A partir da publicação do Decreto 8.668 de 11 de fevereiro de 2016, em vigor desde 11 de março de 2016, o trâmite das medidas relativas à extradição e à transferência de pessoas condenadas passou à competência do Departamento de Recuperação de Ativos e Cooperação Jurídica Internacional da Secretaria Nacional de

2 http://stf.jus.br/portal/cms/verNoticiaDetalhe.asp?idConteudo=339354

Justiça e Cidadania do Ministério da Justiça e Segurança Pública (DRCI/SNJ). Até então, essas medidas eram responsabilidade do Departamento de Estrangeiros (DEEST/SNJ), atual Departamento de Migrações.

O pedido de extradição não pode ser feito através de carta rogatória (STF, CR 9.771/CB).

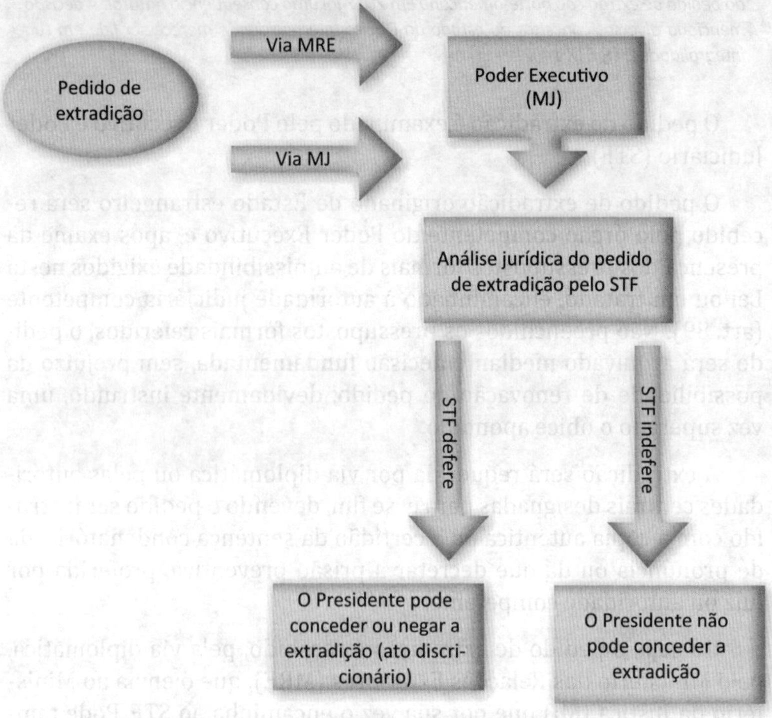

A nova legislação de regência modernizou bastante o procedimento para prisão cautelar em extradição, adequando-a à agilidade que o caso requer.

Em caso de urgência, o Estado interessado na extradição poderá, previamente ou conjuntamente com a formalização do pedido extradicional, requerer, por via diplomática ou por meio de autoridade central do Poder Executivo, **prisão cautelar** com o objetivo de assegurar a executoriedade da medida de extradição que, após exame da presença dos pressupostos formais de admissibilidade exigidos nesta Lei ou em tratado, deverá representar à autoridade judicial competente, ouvido previamente o Ministério Público Federal (art. 84).

O pedido de prisão cautelar deverá conter informação sobre o crime cometido e deverá ser fundamentado, podendo ser apresentado por correio, fax, mensagem eletrônica ou qualquer outro meio que assegure a comunicação por escrito.

O pedido de prisão cautelar poderá ser transmitido à autoridade competente para extradição no Brasil por meio de canal estabelecido com o ponto focal da Organização Internacional de Polícia Criminal (Interpol) no País, devidamente instruído com a documentação comprobatória da existência de ordem de prisão proferida por Estado estrangeiro, e, em caso de ausência de tratado, com a promessa de reciprocidade recebida por via diplomática.

Efetivada a prisão do extraditando, o pedido de extradição será encaminhado à autoridade judiciária competente. Na ausência de disposição específica em tratado, o Estado estrangeiro deverá formalizar o pedido de extradição no prazo de 60 (sessenta) dias, contado da data em que tiver sido cientificado da prisão do extraditando.

Caso o pedido de extradição não seja apresentado nos sessenta dias, o extraditando deverá ser posto em liberdade, não se admitindo novo pedido de prisão cautelar pelo mesmo fato sem que a extradição tenha sido devidamente requerida.

A prisão cautelar poderá ser prorrogada até o julgamento final da autoridade judiciária competente (STF) quanto à legalidade do pedido de extradição.

Quando mais de um Estado requerer a extradição da mesma pessoa, pelo mesmo fato, terá preferência o pedido daquele em cujo território a infração foi cometida (art. 85).

Compete exclusivamente ao STF decidir sobre a legalidade do pedido de extradição (art. 102, I, "g" da CF). O art. 90 da Lei de Migração prevê que nenhuma extradição será concedida sem prévio pronunciamento do Plenário do STF sobre sua legalidade e procedência, não cabendo recurso da decisão. Não sendo deferida a extradição, é vedado novo pedido baseado nos mesmos fatos.

Após o exame pelo STF, a questão volta ao Executivo para ser decidida pelo Presidente da República. Caso o STF tenha indeferido o pedido, o Presidente não pode conceder a extradição. Caso o STF tenha deferido o pedido, caberá ao Presidente da República, em ato discricionário de Governo (submetido às circunstâncias de conveniência e oportunidade), conceder ou não a extradição do estrangeiro, observadas as disposições dos tratados porventura existentes.

Julgada procedente a extradição e autorizada a cessão pelo órgão competente do Poder Executivo, será o ato comunicado por via diplomática ao Estado requerente, que, no prazo de 60 (sessenta) dias da comunicação, deverá retirar o extraditando do território nacional (art. 92).

Se o Estado requerente não retirar o extraditando do território nacional no prazo determinado, será ele posto em liberdade, sem prejuízo de outras medidas aplicáveis (art. 93).

ATENÇÃO

Não se deve confundir o instituto da "extradição" com a figura da "entrega" (ou "surrender"), através da qual um Estado coloca à disposição de Tribunal Internacional um determinado indivíduo, para que nele seja julgado e punido. A entrega não configura extradição, já que o Estado entrega a pessoa a um Tribunal Internacional, e não a outro Estado. Sendo assim, é teoricamente possível que um Estado proceda à "entrega" de seus próprios nacionais.

A lei prevê que não será efetivada a execução da extradição sem que o Estado requerente assuma o compromisso de (art. 96):

I - não submeter o extraditando a prisão ou processo por fato anterior ao pedido de extradição;

II - computar o tempo da prisão que, no Brasil, foi imposta por força da extradição;

III - comutar a pena corporal, perpétua ou de morte em pena privativa de liberdade, respeitado o limite máximo de cumprimento de 30 (trinta) anos;

IV - não entregar o extraditando, sem consentimento do Brasil, a outro Estado que o reclame;

V - não considerar qualquer motivo político para agravar a pena; e

VI - não submeter o extraditando a tortura ou a outros tratamentos ou penas cruéis, desumanos ou degradantes.

Em moderna previsão, a lei também determinou que o extraditando que, depois de entregue ao Estado requerente, escapar à ação da Justiça e homiziar-se no Brasil, ou por ele transitar, será detido mediante pedido feito diretamente por via diplomática ou pela Interpol e novamente entregue, sem outras formalidades (art. 98).

6.2. Transferência de Execução da Pena

Na transferência de execução da pena (também chamada de extradição executória), a autoridade competente requer que determinada pessoa cumpra a pena já imposta por dado Estado em um território diferente daquele no qual foi proferida a sentença condenatória.

Nas hipóteses em que couber solicitação de extradição executória, a autoridade competente poderá solicitar ou autorizar a transferência de execução da pena, desde que observado o princípio do *non bis in idem* (art. 100).

Sem prejuízo do disposto no Código Penal, a transferência de execução da pena para o Brasil será possível quando preenchidos os seguintes requisitos:

I - o condenado em território estrangeiro for nacional ou tiver residência habitual ou vínculo pessoal no Brasil;

II - a sentença tiver transitado em julgado;

III - a duração da condenação a cumprir ou que restar para cumprir for de, pelo menos, 1 (um) ano, na data de apresentação do pedido ao Estado da condenação;

IV - o fato que originou a condenação constituir infração penal perante a lei de ambas as partes; e

V - houver tratado ou promessa de reciprocidade.

O pedido de transferência de execução da pena de Estado estrangeiro será requerido por via diplomática ou por via de autoridades centrais (art. 101).

A partir da publicação do Decreto 8.668 de 11 de fevereiro de 2016, em vigor desde 11 de março de 2016, o trâmite das medidas relativas à extradição e à transferência de pessoas condenadas passou à competência do **Departamento de Recuperação de Ativos**

e Cooperação Jurídica Internacional da Secretaria Nacional de Justiça e Cidadania do Ministério da Justiça e Segurança Pública (DRCI/SNJ). Até então, essas medidas eram responsabilidade do Departamento de Estrangeiros (DEEST/SNJ), atual Departamento de Migrações

O pedido será recebido pelo órgão competente do Poder Executivo e, após exame da presença dos pressupostos formais de admissibilidade exigidos na Lei de Migração ou em tratado, encaminhado ao Superior Tribunal de Justiça para decisão quanto à homologação.

Não preenchidos os pressupostos formais, o pedido será arquivado mediante decisão fundamentada, sem prejuízo da possibilidade de renovação do pedido, devidamente instruído, uma vez superado o óbice apontado.

Nestes casos, independentemente do tipo de infração, a execução penal será de competência da Justiça Federal.

6.3. Transferência de Pessoa Condenada

A transferência de pessoa condenada ocorre quando o condenado no território nacional é transferido para seu país de nacionalidade ou país em que tiver residência habitual ou vínculo pessoal, desde que expresse interesse nesse sentido, a fim de cumprir pena a ele imposta pelo Estado brasileiro por sentença transitada em julgado.

Trata-se de medida de cunho humanitário e ressocializador.

A transferência de pessoa condenada poderá ser concedida quando o pedido se fundamentar em tratado ou houver promessa de reciprocidade.

Caso haja, concomitantemente, hipótese de expulsão, a transferência de pessoa condenada no Brasil pode ser concedida juntamente com a aplicação de medida de impedimento de reingresso em território nacional, na forma a ser definida por regulamento.

A lei prevê os seguintes requisitos para a transferência de pessoa condenada (art. 104):

I - o condenado no território de uma das partes for nacional ou tiver residência habitual ou vínculo pessoal no território da outra parte que justifique a transferência;

II - a sentença tiver transitado em julgado;

III - a duração da condenação a cumprir ou que restar para cumprir for de, pelo menos, 1 (um) ano, na data de apresentação do pedido ao Estado da condenação;

IV - o fato que originou a condenação constituir infração penal perante a lei de ambos os Estados;

V - houver manifestação de vontade do condenado ou, quando for o caso, de seu representante; e

VI - houver concordância de ambos os Estados.

Nestes casos, independentemente do tipo de infração, a execução penal será de competência da Justiça Federal.

Não se procederá à transferência de pessoa condenada quando inadmitida a extradição.

7. ASILO

O asilo consiste numa proteção dada por um Estado a um indivíduo em face de perseguição sofrida em outro Estado. Geralmente é utilizado para a proteção da pessoa humana em situações de **persecução por razões políticas, religiosas e de opinião**, sendo comumente chamado de "asilo político".

O asilo político, que constitui ato discricionário do Estado, poderá ser diplomático ou territorial e será outorgado como instrumento de proteção à pessoa.

Sobre o instituto do asilo, a Lei de Migração reafirma seu caráter discricionário e remete ao regulamento a disposição sobre as condições para sua concessão e manutenção.

A lei prevê ainda que não se concederá asilo a quem tenha cometido crime de genocídio, crime contra a humanidade, crime de guerra ou crime de agressão, nos termos do Estatuto de Roma do Tribunal Penal Internacional, de 1998, promulgado pelo Decreto no 4.388, de 25 de setembro de 2002 (art. 28).

O asilado não poderá sair do território nacional sem prévia comunicação; caso descumpra este dever, haverá renúncia ao asilo (art. 29).

O instituto do asilo tem principal aplicação na América Latina. Além de regulado pela Lei de Migração, é regido por outras normas de Direito Internacional, dentre elas a Convenção sobre Asilo Territorial de Caracas de 1954 e a Resolução 3.212 da Assembleia Geral da ONU, cujas principais diretrizes são:

A concessão do asilo é decisão **discricionária** do Estado concedente;
O asilo deve ser concedido a pessoas que sofrem perseguição;
O ato de concessão do asilo é **constitutivo** da situação de asilado;
Os demais Estados devem respeitar a outorga do asilo e este não será considerado ato inamistoso por parte de nenhuma nação;
As pessoas que requererem o asilo não poderão ser enviadas aos Estados em cujo território sofram perseguição (regra do *non-refoulement*);
Cabe ao Estado asilante a qualificação do ato que motiva a perseguição ao indivíduo como comum ou político.

ATENÇÃO

***Regra do "non-refoulement"** ou **"não-devolução"** é princípio de Direito Internacional Humanitário e significa a proibição de envio do refugiado contra a sua vontade ao território onde sofra perseguições que atentem contra sua dignidade humana, ou a território que o entregará a outro território onde poderá sofrer persecuções.*

A doutrina estabelece duas formas de asilo:

Territorial	Quando o asilado já se encontra no território do Estado asilante
	O indivíduo é acolhido no território do Estado asilante
	Asilo definitivo
Diplomático	Quando o asilado ainda se encontra no Estado em cujo território sofre perseguição
	O indivíduo é acolhido em locais imunes à jurisdição deste Estado, tais quais embaixadas, representações diplomáticas, acampamentos militares, etc. de onde sairá por salvo-conduto ao país asilante
	Asilo temporário e anterior ao asilo territorial

8. REFÚGIO

O **refúgio** é outro instituto de direito internacional de índole humanitária que busca proteger a pessoa humana, individual ou coletivamente. Refugiar-se significa buscar abrigo em lugar seguro. É refugiado, entre outros, todo indivíduo que em razão de **fundados temores** de **perseguições** por **motivo de raça, religião, nacionalidade, grupo social ou opiniões políticas** encontre-se fora de seu país de nacionalidade e não possa ou não queira acolher-se à proteção de tal país.

O refúgio é assunto de preocupação global, regulamentado principalmente pela Convenção Relativa ao Estatuto dos Refugiados de 1951 e seu protocolo de 1967 e pela Declaração da Organização dos Estados Americanos de Cartagena sobre os Refugiados de 1984. A ONU criou um órgão próprio para elaborar e acompanhar as normas que tratam de refúgio: O Alto Comissariado das Nações Unidas para Refugiados (ACNUR). No Brasil, é regulamentado pela Lei nº. 9474/1997 (Lei do Refúgio), que criou o **Comitê Nacional para os Refugiados (CONARE)** e representou um grande avanço na temática.

A concessão de refúgio pressupõe hipóteses objetivamente tipificadas. Pode-se dizer que não é decisão discricionária do Estado, já que, presentes os requisitos, este teria o dever de acolher a pessoa refugiada ou enviá-la a outro território seguro. No Brasil, considera-se refugiado todo indivíduo que:

1) Devido a fundados temores de perseguição por motivos de raça, religião, nacionalidade, grupo social ou opiniões políticas encontre-se fora de seu país de nacionalidade e não possa ou não queira acolher-se à proteção de tal país;

2) Não tendo nacionalidade e estando fora do país onde antes teve sua residência habitual, não possa ou não queira regressar a ele, em função das circunstâncias descritas no inciso anterior;

3) Devido a grave e generalizada violação de direitos humanos, é obrigado a deixar seu país de nacionalidade para buscar refúgio em outro país.

Ademais, o candidato a refugiado no Brasil não pode desfrutar de proteção ou assistência por parte de organismos ou instituição da ONU, não ser residente no território nacional e não ter direitos e obrigações relacionadas com a condição de nacional brasileiro, bem como não ter cometido crime contra a paz, crime de guerra, crime contra a humanidade, crime hediondo, atos terroristas, tráfico de drogas ou ser considerado culpado de atos contrários aos fins e princípios das Nações Unidas.

O estrangeiro poderá solicitar o reconhecimento como refugiado a **qualquer autoridade migratória** que se encontre na fronteira, tendo início o procedimento cabível. O ingresso irregular no território nacional não impede a solicitação e/ou a concessão do refúgio ao estrangeiro. Em hipótese alguma será efetuada sua deportação para fronteira ou território no qual sua vida ou liberdade esteja ameaçada em razão das perseguições.

De acordo com a Lei do refúgio, o reconhecimento da condição de refugiado no Brasil é atribuição do **Comitê Nacional para os Refugiados (CONARE)**, órgão federal colegiado vinculado ao Ministério da Justiça, com segmentos representativos da área governamental, sociedade civil e Nações Unidas. Representando esta última, **o Alto Comissariado das Nações Unidas (ACNUR)** é membro sempre convidado a participar das reuniões do CONARE com direito a voz, mas sem direito a voto.

A atribuição do status de refugiado tem natureza meramente declaratória.

Tendo em vista a proteção do refugiado, a solicitação de refúgio suspenderá, até decisão definitiva, qualquer processo de extradição pendente, em fase administrativa ou judicial, baseado nos fatos que fundamentaram a concessão de refúgio. Para efeitos de cumprimento desta disposição, a solicitação de reconhecimento como refugiado será comunicada ao órgão onde tramitar o processo de extradição.

ATENÇÃO

Também se aplica ao refúgio a regra do "non-refoulement" ou "não-devolução".

9. EMIGRAÇÃO

Como novidade não prevista no anterior "Estatuto do Estrangeiro", a Lei de Migração também se preocupou em reger a situação do brasileiro emigrante, tanto no exterior quanto no território nacional. Assim, trouxe diretrizes a serem aplicadas às políticas públicas para os emigrantes.

Destarte, as políticas públicas para os emigrantes observarão os seguintes princípios e diretrizes (art. 77):

I - proteção e prestação de assistência consular por meio das representações do Brasil no exterior;

II - promoção de condições de vida digna, por meio, entre outros, da facilitação do registro consular e da prestação de serviços consulares relativos às áreas de educação, saúde, trabalho, previdência social e cultura;

III - promoção de estudos e pesquisas sobre os emigrantes e as comunidades de brasileiros no exterior, a fim de subsidiar a formulação de políticas públicas;

IV - atuação diplomática, nos âmbitos bilateral, regional e multilateral, em defesa dos direitos do emigrante brasileiro, conforme o direito internacional;

V - ação governamental integrada, com a participação de órgãos do governo com atuação nas áreas temáticas mencionadas nos incisos I, II, III e IV, visando a assistir as comunidades brasileiras no exterior; e

VI - esforço permanente de desburocratização, atualização e modernização do sistema de atendimento, com o objetivo de aprimorar a assistência ao emigrante.

A legislação ainda previu os seguintes direitos do emigrante no Brasil:

1) Todo emigrante que decida retornar ao Brasil com ânimo de residência poderá introduzir no País, com isenção de direitos de importação e de taxas aduaneiras, os bens novos ou usados que um viajante, em compatibilidade com as circunstâncias de sua viagem, puder destinar para seu uso ou consumo pessoal e profissional, sempre que, por sua quantidade, natureza ou variedade, não permitam presumir importação ou exportação com fins comerciais ou industriais (art. 78);

2) Em caso de ameaça à paz social e à ordem pública por grave ou iminente instabilidade institucional ou de calamidade de grande proporção na natureza, deverá ser prestada especial assistência ao emigrante pelas representações brasileiras no exterior (art. 79);

3) O tripulante brasileiro contratado por embarcação ou armadora estrangeira, de cabotagem ou a longo curso e com sede ou filial no Brasil, que explore economicamente o mar territorial e a costa brasileira terá direito a seguro a cargo do contratante, válido para todo o período da contratação, conforme o disposto no Registro de Embarcações Brasileiras (REB), contra acidente de trabalho, invalidez total ou parcial e morte, sem prejuízo de benefícios de apólice mais favorável vigente no exterior (art. 80).

10. TÓPICO-SÍNTESE

Tópico-síntese: Condição Jurídica do Estrangeiro e Emigração	
Entrada do estrangeiro	– A autorização para entrada e permanência do estrangeiro é ato discricionário de cada Estado; – Geralmente se exige visto e documento oficial de viagem e identificação; – vistos concedidos pelo Brasil: visto de visita; temporário; oficial; diplomático; e de cortesia.
Estadia do estrangeiro	– deve respeitar as leis e a ordem pública, e cuidar para que sua permanência mantenha-se regular, sob pena de deportação ou expulsão. – goza o estrangeiro de todos os direitos fundamentais; não titulariza, entretanto, os direitos políticos, nem direito de adentrar em carreiras públicas estatutárias. – a nova Lei de Migração ampliou consideravelmente o rol de direitos dos migrantes, em prol da igualdade e da dignidade da pessoa humana.
Saída do estrangeiro	**Repatriação:** consiste em medida administrativa de devolução de pessoa, em situação de impedimento, ao país de procedência ou de nacionalidade (art. 49). Poderá ser impedida de ingressar no País, após entrevista individual e mediante ato fundamentado, a pessoa: I – anteriormente expulsa do País, enquanto os efeitos da expulsão vigorarem; II – condenada ou respondendo a processo por ato de terrorismo ou por crime de genocídio, crime contra a humanidade, crime de guerra ou crime de agressão, nos termos definidos pelo Estatuto de Roma do Tribunal Penal Internacional, de 1998, promulgado pelo Decreto no 4.388, de 25 de setembro de 2002;

Tópico-síntese: Condição Jurídica do Estrangeiro e Emigração	
Saída do estrangeiro	III – condenada ou respondendo a processo em outro país por crime doloso passível de extradição segundo a lei brasileira; IV – que tenha o nome incluído em lista de restrições por ordem judicial ou por compromisso assumido pelo Brasil perante organismo internacional; V – que apresente documento de viagem que: a) não seja válido para o Brasil; b) esteja com o prazo de validade vencido; ou c) esteja com rasura ou indício de falsificação; VI – que não apresente documento de viagem ou documento de identidade, quando admitido; VII – cuja razão da viagem não seja condizente com o visto ou com o motivo alegado para a isenção de visto; VIII – que tenha, comprovadamente, fraudado documentação ou prestado informação falsa por ocasião da solicitação de visto; ou IX – que tenha praticado ato contrário aos princípios e objetivos dispostos na Constituição Federal. Parágrafo único. Ninguém será impedido de ingressar no País por motivo de raça, religião, nacionalidade, pertinência a grupo social ou opinião política. **Deportação:** é medida decorrente de procedimento administrativo que consiste na retirada compulsória de pessoa que se encontre em situação migratória irregular em território nacional (art. 50). – competência da Polícia Federal; – o estrangeiro pode retornar ao Brasil; – não tem caráter de sanção; – deve haver contraditório e ampla defesa; – o fato de o estrangeiro ser casado com cônjuge brasileiro ou ter filho brasileiro sob sua guarda e dependência econômica não impede a deportação; – não haverá deportação quando esta configurar extradição inadmitida pela lei brasileira ou quando o estrangeiro puder ser enquadrado como asilado ou refugiado no Brasil. **Expulsão:** medida administrativa de retirada compulsória de migrante ou visitante do território nacional, conjugada com o impedimento de reingresso por prazo determinado. Poderá dar causa à expulsão a condenação com sentença transitada em julgado relativa à prática de:

Tópico-síntese: Condição Jurídica do Estrangeiro e Emigração	
Saída do estrangeiro	I – crime de genocídio, crime contra a humanidade, crime de guerra ou crime de agressão, nos termos definidos pelo Estatuto de Roma do Tribunal Penal Internacional, de 1998, promulgado pelo Decreto no 4.388, de 25 de setembro de 2002; ou II – crime comum doloso passível de pena privativa de liberdade, consideradas a gravidade e as possibilidades de ressocialização em território nacional. – medida administrativa de caráter sancionatório; – Não se procederá à expulsão quando: I – a medida configurar extradição inadmitida pela legislação brasileira; II – o expulsando: a) tiver filho brasileiro que esteja sob sua guarda ou dependência econômica ou socioafetiva ou tiver pessoa brasileira sob sua tutela; b) tiver cônjuge ou companheiro residente no Brasil, sem discriminação alguma, reconhecido judicial ou legalmente; c) tiver ingressado no Brasil até os 12 (doze) anos de idade, residindo desde então no País; d) for pessoa com mais de 70 (setenta) anos que resida no País há mais de 10 (dez) anos, considerados a gravidade e o fundamento da expulsão.
Medidas de Cooperação	**Extradição:** extradição é a medida de cooperação internacional entre o Estado brasileiro e outro Estado pela qual se concede ou solicita a entrega de pessoa sobre quem recaia condenação criminal definitiva ou para fins de instrução de processo penal em curso. – A extradição será requerida por via diplomática ou pelas autoridades centrais designadas para esse fim; – deve haver existência de Tratado entre os dois países ou a promessa de reciprocidade entre eles; – não há extradição de brasileiro nato ou naturalizado, salvo neste último caso, por crime cometido antes da naturalização ou crime de tráfico ilícito de entorpecentes ou drogas afins, cometido a qualquer tempo; – o fato deve ser crime no Estado requerente e no Brasil; – nenhuma extradição será deferida sem prévia manifestação do STF sobre sua legalidade e procedência; – caberá ao Presidente da República, em ato discricionário de Governo, conceder ou não a extradição do estrangeiro, observadas as disposições dos tratados porventura existentes.

<table>
<tr><th colspan="2">Tópico-síntese: Condição Jurídica do Estrangeiro e Emigração</th></tr>
<tr><td>Medidas de Cooperação</td><td>
– Não será efetivada a entrega do extraditando sem que o Estado requerente assuma o compromisso de:

I – não submeter o extraditando a prisão ou processo por fato anterior ao pedido de extradição;

II – computar o tempo da prisão que, no Brasil, foi imposta por força da extradição;

III – comutar a pena corporal, perpétua ou de morte em pena privativa de liberdade, respeitado o limite máximo de cumprimento de 30 (trinta) anos;

IV – não entregar o extraditando, sem consentimento do Brasil, a outro Estado que o reclame;

V – não considerar qualquer motivo político para agravar a pena; e

VI – não submeter o extraditando a tortura ou a outros tratamentos ou penas cruéis, desumanos ou degradantes

Transferência de Execução da Pena: Nas hipóteses em que couber solicitação de extradição executória, a autoridade competente poderá solicitar ou autorizar a transferência de execução da pena, desde que observado o princípio do non bis in idem;

– a transferência de execução da pena será possível quando preenchidos os seguintes requisitos:

I – o condenado em território estrangeiro for nacional ou tiver residência habitual ou vínculo pessoal no Brasil;

II – a sentença tiver transitado em julgado;

III – a duração da condenação a cumprir ou que restar para cumprir for de, pelo menos, 1 (um) ano, na data de apresentação do pedido ao Estado da condenação;

IV – o fato que originou a condenação constituir infração penal perante a lei de ambas as partes; e

V – houver tratado ou promessa de reciprocidade.

– O pedido de transferência de execução da pena de Estado estrangeiro será requerido por via diplomática ou por via de autoridades centrais.

– O pedido será recebido pelo órgão competente do Poder Executivo e, após exame da presença dos pressupostos formais de admissibilidade exigidos nesta Lei ou em tratado, encaminhado ao Superior Tribunal de Justiça para decisão quanto à homologação.

– A execução da pena, independentemente do tipo de infração criminal, será de competência da Justiça Federal.
</td></tr>
</table>

Tópico-síntese: Condição Jurídica do Estrangeiro e Emigração	
Medidas de Cooperação	**Transferência de Pessoa Condenada:** ocorre quando o condenado no território nacional é transferido para seu país de nacionalidade ou país em que tiver residência habitual ou vínculo pessoal, desde que expresse interesse nesse sentido, a fim de cumprir pena a ele imposta pelo Estado brasileiro por sentença transitada em julgado. – pode ser concedida juntamente com a aplicação de medida de impedimento de reingresso em território nacional, na forma de regulamento. – será possível quando preenchidos os seguintes requisitos: I – o condenado no território de uma das partes for nacional ou tiver residência habitual ou vínculo pessoal no território da outra parte que justifique a transferência; II – a sentença tiver transitado em julgado; III – a duração da condenação a cumprir ou que restar para cumprir for de, pelo menos, 1 (um) ano, na data de apresentação do pedido ao Estado da condenação; IV – o fato que originou a condenação constituir infração penal perante a lei de ambos os Estados; V – houver manifestação de vontade do condenado ou, quando for o caso, de seu representante; e VI – houver concordância de ambos os Estados. – A execução da pena, independentemente do tipo de infração criminal, será de competência da Justiça Federal.
Asilo	– É a proteção dada por um Estado a um indivíduo em face de perseguição sofrida em outro Estado, por razões políticas e de opinião; – Pode ser territorial ou diplomático.
Refúgio	– instituto de direito humanitário internacional que busca proteger todo indivíduo que em razão de fundados temores de perseguições por motivo de raça, religião, nacionalidade, grupo social ou opiniões políticas encontre-se fora de seu país de nacionalidade e não possa ou não queira acolher-se à proteção de tal país; – órgão da ONU: ACNUR – órgão do Brasil: CONARE

<table>
<tr><th colspan="2">Tópico-síntese: Condição Jurídica do Estrangeiro e Emigração</th></tr>
<tr><td>Emigração</td><td>
– A nova Lei de Migração não tratou apenas dos imigrantes estrangeiros, mas também dos emigrantes brasileiros no exterior, trazendo diretrizes para políticas públicas voltadas a esta situação, bem como prevendo alguns direitos dos emigrantes no território nacional.
– Diretrizes das políticas públicas:
I – proteção e prestação de assistência consular por meio das representações do Brasil no exterior;
II – promoção de condições de vida digna, por meio, entre outros, da facilitação do registro consular e da prestação de serviços consulares relativos às áreas de educação, saúde, trabalho, previdência social e cultura;
III – promoção de estudos e pesquisas sobre os emigrantes e as comunidades de brasileiros no exterior, a fim de subsidiar a formulação de políticas públicas;
IV – atuação diplomática, nos âmbitos bilateral, regional e multilateral, em defesa dos direitos do emigrante brasileiro, conforme o direito internacional
V – ação governamental integrada, com a participação de órgãos do governo com atuação nas áreas temáticas mencionadas nos incisos I, II, III e IV, visando a assistir as comunidades brasileiras no exterior; e
VI – esforço permanente de desburocratização, atualização e modernização do sistema de atendimento, com o objetivo de aprimorar a assistência ao emigrante.
– Direitos do Emigrante:
– Todo emigrante que decida retornar ao Brasil com ânimo de residência poderá introduzir no País, com isenção de direitos de importação e de taxas aduaneiras, os bens novos ou usados que um viajante, em compatibilidade com as circunstâncias de sua viagem, puder destinar para seu uso ou consumo pessoal e profissional, sempre que, por sua quantidade, natureza ou variedade, não permitam presumir importação ou exportação com fins comerciais ou industriais;
– Em caso de ameaça à paz social e à ordem pública por grave ou iminente instabilidade institucional ou de calamidade de grande proporção na natureza, deverá ser prestada especial assistência ao emigrante pelas representações brasileiras no exterior;
– O tripulante brasileiro contratado por embarcação ou armadora estrangeira, de cabotagem ou a longo curso e com sede ou filial no Brasil, que explore economicamente o mar territorial e a costa brasileira terá direito a seguro a cargo do contratante, válido para todo o período da contratação, conforme o disposto no Registro de Embarcações Brasileiras (REB), contra acidente de trabalho, invalidez total ou parcial e morte, sem prejuízo de benefícios de apólice mais favorável vigente no exterior.
</td></tr>
</table>

Capítulo

4

CONFLITOS DE LEIS

Leia a lei

- *Lei nº 12.376/ 2010 (Lei de Introdução às Normas de Direito Brasileiro - LINDB).*

1. INTRODUÇÃO

Como já visto em capítulos anteriores, regra geral é aplicável o direito nacional aos fatos ocorridos no território de determinado País. Contudo, alguns fatos dizem respeito a mais de um Estado, gerando dúvida sobre qual ordenamento jurídico deveria incidir no caso concreto.

É o caso do contrato celebrado por partes que vivem em países diferentes, o casamento celebrado no exterior com cônjuges de domicílios diversos e a sucessão de bens de um estrangeiro que possua imóveis no Brasil. Tais situações possuem, em comum, um "elemento de estraneidade" ou "elemento estrangeiro" que poderá possibilitar a aplicação de alguma norma estrangeira pelo juiz competente.

Dizemos que nesses casos há o chamado "conflito de leis", ou, em denominação mais adequada, já que existe possibilidade de várias leis serem aplicadas, o **"concurso de leis".**

Quando falamos em "concursos de leis no espaço" tratamos da possibilidade de haver incidência simultânea de dois ou mais ordenamentos jurídicos autônomos sobre um determinado caso que tenha conexão internacional, para resolver uma questão de direito.

Todavia, em face da aplicação das normas indiretas de Direito Internacional Privado essa incidência simultânea não ocorre, porque **somente um ordenamento jurídico restará como adequado para reger a relação**. Nessas situações, é a norma de Direito Internacional Privado que vai definir qual direito (nacional ou estrangeiro) deverá ser aplicado no caso concreto.

2. A NORMA DE DIREITO INTERNACIONAL PRIVADO

A norma de Direito Internacional Privado que resolve os conflitos de leis é aquela que determina, através da indicação do objeto de conexão e elemento de conexão, qual lei será aplicada no fato com conexão internacional (normas indicativas); e também aquela que conceitua e qualifica os institutos jurídicos que perfazem os objetos de conexão (normas conceituais ou qualificadoras).

Por exemplo: para que saibamos qual norma regerá as obrigações (se a norma nacional ou estrangeira), temos que primeiro delimitar o que seriam "obrigações" para depois buscar qual o ordenamento jurídico que, no caso, se aplicará a estas obrigações. A **norma qualificadora** explica qual lei (se a lei interna ou internacional) define o que é "obrigações", e a **norma indicativa** aponta qual ordenamento (brasileiro ou alienígena) regerá as relações nascidas destas obrigações. O quadro explicita:

Norma indicativa	Norma conceitual ou qualificadora
Composta por objeto de conexão + elemento de conexão	Composta por regra indicativa de qualificação do objeto de conexão
Norma típica de DIPr	Norma cuja aplicação é prévia à indicação da lei utilizável no caso
Indica qual lei será aplicada no caso concreto	Conceitua e delimita o instituto jurídico de que trata o objeto de conexão
Exemplo: Art. 7º da LINDB: "**A lei do país em que domiciliada a pessoa** determina as regras sobre o começo e o fim da **personalidade**, o **nome**, a **capacidade** e **os direitos de família**."	Exemplo: Art. 9º da LINDB: "Para **qualificar** e **reger** as obrigações, aplicar-se-á a lei do país em que se constituírem."

A definição da norma indicativa de Direito Internacional Privado está atrelada à identificação dos chamados **"objeto de conexão"** e "**elemento de conexão**", que são aquelas normas que indicam qual direito que deve ser aplicado ao caso para resolver o concurso de leis no espaço.

Exemplos de objeto de conexão: personalidade, direitos de família, invalidade do matrimônio, obrigações, etc.
Exemplos de elemento de conexão: lei do domicílio, da nacionalidade, a lei do local onde foi constituída a obrigação, lei do foro, etc.

Importa ressaltar que a norma de Direito Internacional Privado não resolverá a questão em si, mas apenas indicará qual o ordenamento jurídico que deverá ser aplicado em cada caso.

As normas de Direito Internacional Privado são meramente indicativas, apontando qual preceito (nacional ou estrangeiro) será aplicado na questão que envolve conexão internacional. Por isso, tais regras são denominadas "**normas instrumentais**", "**normas de sobredireito**", "**regras de conexão**", ou mesmo "**normas indiretas**".

3. OBJETOS E ELEMENTOS DE CONEXÃO

Para que se possa identificar qual norma (nacional ou estrangeira) regerá o caso concreto, devem ser identificados o objeto de conexão e o elemento de conexão, o qual apontará o ordenamento que deve incidir.

ATENÇÃO

É a lei do próprio país (lei do foro ou "lex fori") que indica, através do objeto e elemento de conexão, qual a norma que deve incidir no caso concreto (o direito interno ou estrangeiro).

No Brasil, é a **Lei nº 12.376/ 2010 (Lei de Introdução às Normas do Direito Brasileiro - LINDB)**, anteriormente denominada de Lei de Introdução ao Código Civil (LICC), que traz a quase totalidade das normas de Direito Internacional Privado que regulam conflitos de leis no espaço. A LINDB adotou o princípio da territorialidade moderada, significando que na maioria das vezes, aplicam-se, no Brasil, as leis brasileiras; porém, outras vezes será aplicado no Brasil o direito estrangeiro.

Tais normas indicativas, como já ressaltado, são compostas de duas partes: o **objeto de conexão** e o **elemento de conexão**.

Objeto de conexão	Elemento de conexão
Traz a matéria a que se refere a norma	Indica qual norma será aplicada no caso concreto
É a **matéria** da norma	É a **norma** que se aplica
Exemplos: personalidade, direitos de família, invalidade do matrimônio, obrigações, etc.	Exemplos: lei do domicílio, nacionalidade, lei do primeiro domicílio do casal, lei do país em que se constituíram as obrigações, etc.
Na prática: Art. 9º da LINDB: "Para qualificar e reger as **obrigações (objeto de conexão desta regra)**, aplicar-se-á a lei do país em que se constituírem."	Na prática: Art. 9º da LINDB: "Para qualificar e reger as obrigações, aplicar-se-á **a lei do país em que se constituírem (elemento de conexão desta regra).**"

ATENÇÃO

Proibição do reenvio: *O Brasil proíbe o reenvio, ou seja, que a lei estrangeira a qual se remete a resolução do caso concreto indique que outra lei de outro Estado deva ser aplicada. É este o teor do art. 16 da LINDB: "Art. 16. Quando, nos termos dos artigos precedentes, se houver de aplicar a lei estrangeira, ter-se-á em vista a disposição desta, sem considerar-se qualquer remissão por ela feita a outra lei."*

É na LINDB que se encontram os principais objetos e elementos de conexão do Direito Internacional Privado Brasileiro. Trazemos alguns para análise:

Previsão na LINDB	Objeto de conexão	Elemento de conexão	Lei aplicável
Art. 7º, caput: A lei do país em que domiciliada a pessoa determina as regras sobre o começo e o fim da personalidade, o nome, a capacidade e os direitos de família.	Personalidade, nome, capacidade e direitos de família.	Domicílio da pessoa. Princípio do *"lex domicilii"*.	Aplica-se a lei do domicílio da pessoa. Pode ser aplicada no Brasil a lei estrangeira, se a pessoa for domiciliada em outro país.
Art. 7º, §1º: Realizando-se o casamento no Brasil, será aplicada a lei brasileira quanto aos impedimentos dirimentes e às formalidades da celebração.	Impedimentos dirimentes e formalidades da celebração.	Lei do local da celebração do casamento.	Aplica-se a lei brasileira caso o casamento seja realizado no Brasil.
Art. 7º, §3º: Tendo os nubentes domicílios diversos, regerá os casos de invalidade do matrimônio a lei do primeiro domicílio conjugal.	Invalidades do casamento	Lei do primeiro domicílio conjugal, caso tenham os nubentes domicílios diversos. Princípio do *"lex domicilii"*.	Aplica-se a lei do primeiro domicílio conjugal, caso os nubentes tenham domicílios diversos. Pode ser aplicada lei estrangeira no Brasil quanto a invalidades do casamento.
Art. 7º, §4º: O regime de bens, legal ou convencional, obedece à lei do país em que tiverem os nubentes domicílio, e, se este for diverso, a do primeiro domicílio conjugal.	Regime de bens	Lei do país de domicílio dos nubentes ou lei do primeiro domicílio conjugal, caso tenham os nubentes domicílios diversos. Princípio do *"lex domicilii"*.	Aplica-se a lei do domicílio dos nubentes ou a lei do primeiro domicílio conjugal, caso tenham os nubentes domicílios diversos.
Art. 8º, caput: Para qualificar os bens e regular as relações a eles concernentes, aplicar-se-á a lei do país em que estiverem situados.	Qualificação de bens móveis e imóveis e regulamento de relações a eles concernentes.	Lei do país em que os bens estiverem situados. Princípio do *"lex rei sitae"*.	Aplica-se a lei do país em que os bens estiverem situados.

Previsão na LINDB	Objeto de conexão	Elemento de conexão	Lei aplicável
Art. 8º, §1º: Aplicar-se-á a lei do país em que for domiciliado o proprietário, quanto aos bens móveis que ele trouxer ou se destinarem a transporte para outros lugares.	Qualificação de bens móveis trazidos pelo proprietário ou que se destinem ao transporte para outros lugares.	Lei do país do domicílio do proprietário. Princípio do *"lex domicilii"*.	Aplica-se a lei do país do domicílio do proprietário dos bens móveis trazidos pelo proprietário ou que se destinem a outros lugares.
Art. 8º, §2º: O penhor regula-se pela lei do domicílio que tiver a pessoa, em cuja posse se encontre a coisa apenhada.	Penhor	Lei do país do domicílio da pessoa em cuja posse estiver a coisa apenhada. Princípio do *"lex domicilii"*.	Aplica-se a lei do país do domicílio da pessoa em cuja posse estiver a coisa apenhada.
Art. 9º, caput: Para qualificar e reger as obrigações, aplicar-se-á a lei do país em que se constituírem.	Qualificação e regência de obrigações	Lei do país em que se constituírem. Princípio do *"locus regit actum"*.	Aplica-se a lei do país em que foram constituídas as obrigações.
Art. 9º, §1º: Destinando-se a obrigação a ser executada no Brasil e dependendo de forma essencial, será esta observada, admitidas as peculiaridades da lei estrangeira quanto aos requisitos extrínsecos do ato.	Qualificação e regência de obrigações a serem executadas no Brasil que necessitem de forma essencial.	Lei do país em que se constituírem, observadas as formalidades essenciais do ato requeridas pela lei brasileira, admitidas as peculiaridades da lei estrangeira quanto aos requisitos extrínsecos do ato. Princípio do *"Locus regit actum"*.	Aplica-se a lei do país em que se constituírem, observadas as formalidades essenciais do ato requeridas pela lei brasileira, admitidas as peculiaridades da lei estrangeira quanto aos requisitos extrínsecos do ato.

Previsão na LINDB	Objeto de conexão	Elemento de conexão	Lei aplicável
Art. 10, caput: A sucessão por morte ou por ausência obedece à lei do país em que domiciliado o defunto ou o desaparecido, qualquer que seja a natureza e a situação dos bens.	Sucessão por morte ou ausência	Lei do país em que domiciliado o *de cujus* ou o desparecido, qualquer que seja a natureza e situação dos bens. Princípio do *"lex domicilii"*.	Aplica-se a lei do país em que domiciliado o *de cujus* ou o desparecido, qualquer que seja a natureza e situação dos bens.
Art. 10, §1º: A sucessão de bens de estrangeiros, situados no País, será regulada pela lei brasileira em benefício do cônjuge ou dos filhos brasileiros, ou de quem os represente, sempre que não lhes seja mais favorável a lei pessoal do *de cujus*.	Sucessão de bens de estrangeiros, situados no Brasil.	Lei mais favorável ao cônjuge ou filhos brasileiros seja a lei brasileira ou a lei estrangeira – lei pessoal do *de cujus*.	Aplica-se a lei mais favorável aos herdeiros brasileiros, seja a lei brasileira ou a lei estrangeira – lei pessoal do *de cujus*.
Art. 10, §2º: A lei do domicílio do herdeiro ou legatário regula a capacidade para suceder.	Capacidade para suceder	Lei do local do domicílio do herdeiro ou legatário. Princípio do *"lex domicilii"*.	Aplica-se a lei do local do domicílio do herdeiro ou legatário.
Art. 11: As organizações destinadas a fins de interesse coletivo, como as sociedades e as fundações, obedecem à lei do Estado em que se constituírem.	Pessoas jurídicas	Lei do Estado em que se constituírem.	Aplica-se a lei do país em que se constituírem.

4. LIMITES À APLICAÇÃO DO DIREITO ESTRANGEIRO

A aplicação do direito estrangeiro perante o ordenamento jurídico brasileiro é permitida, mas não é absoluta. Encontra alguns **limites** na ordem pública; ou seja, a aplicação do direito externo não pode resultar em afronta à estrutura do ordenamento jurídico do Estado, à ordem pública ou aos bons costumes.

Nesse sentido, o art. 17 da LINDB afirma que "as leis, atos e sentenças de outro país, bem como quaisquer declarações de vontade, não terão eficácia no Brasil, quando **ofenderem** a **soberania nacional**, a **ordem pública** e os **bons costumes**".

O art. 39 do CPC reitera esta mesma ideia, prevendo que "o pedido passivo de cooperação jurídica internacional será recusado se configurar manifesta ofensa à ordem pública".

5. TÓPICO-SÍNTESE

Tópico-síntese: Conflitos de leis	
Conflitos de leis	É a possibilidade de haver incidência simultânea de dois ou mais ordenamentos jurídicos autônomos sobre um determinado caso que tenha conexão internacional, para resolver uma questão de direito.
Norma de Direito Internacional Privado	**Norma indicativa**: aquela que determina, através da indicação do objeto de conexão e elemento de conexão, qual lei será aplicada no fato com conexão internacional.
	Norma qualificadora: aquela que conceitua e qualifica os institutos jurídicos que perfazem os objetos de conexão.
Objeto de conexão	É a matéria a que se refere a norma. Exemplos: personalidade, direitos de família, invalidade do matrimônio, obrigações, etc.
Elemento de conexão	Indica qual é a norma que se aplica ao caso. Exemplos: lei do domicílio, nacionalidade, lei do primeiro domicílio do casal, lei do país em que se constituíram as obrigações, etc.
Limites à aplicação do direito estrangeiro	As leis, atos e sentenças de outro país, bem como quaisquer declarações de vontade, não terão eficácia no Brasil, quando **ofenderem** a **soberania nacional**, a **ordem pública** e os **bons costumes**.

Capítulo

5

DIREITO PROCESSUAL CIVIL INTERNACIONAL

Leia a lei

- *Artigos 105, I, "i" e 109, X da Constituição Federal; Artigos 13, 21 a 41 e 960 a 965 do Código de Processo Civil (Lei nº 13.150/2015); art. 783 do Código de Processo Penal; Lei nº 12.376/2010 (Lei de Introdução às Normas de Direito Brasileiro - LINDB); Resolução nº 9/2005 do STJ.*

1. INTRODUÇÃO

As regras de processo também sofrem influência da crescente globalização que gera maiores relações internacionais entre os países. De fato, é necessário fixar que será do Estado a competência em relação aos casos com conexão internacional, bem como regulamentar a execução no território nacional de atos emanados do poder judiciário de outro país, e ainda estabelecer qual o processamento e os efeitos da homologação de sentenças estrangeiras no Brasil, entre outros assuntos.

Tais temas dizem respeito ao direito processual civil internacional, que são regras de direito interno estabelecidas pelo próprio Estado a fim de reger temas processuais que irradiam efeitos em mais de um ordenamento jurídico. Dentre estes temas, estão: os limites da competência do poder judiciário brasileiro para julgar casos que envolvam ordenamentos jurídicos internacionais, os meios de cooperação jurídica internacional, o sistema de provas de direito e de fatos estrangeiros e a execução no território nacional de atos emanados de outros Estados, entre outros.

2. DOS LIMITES DA JURISDIÇÃO NACIONAL

O artigo 13 do Código de Processo Civil (Lei nº 13.150/2015) inovou ao prever que "a jurisdição civil será regida pelas normas processuais brasileiras, ressalvadas as disposições específicas previstas em tratados, convenções ou acordos internacionais de que o Brasil seja parte".

A matéria acerca dos limites da jurisdição do poder judiciário brasileiro está prevista nos artigos 21 a 25 do Código de Processo Civil brasileiro (Lei nº 13.150/2015), significando que os juízes brasileiros possuem competência para decidir assuntos com conexão internacional.

Tal competência pode ser **concorrente ou cumulativa** (casos em que o Poder Judiciário estrangeiro também pode apreciar a questão) ou **exclusiva** da autoridade judiciária brasileira (casos que só podem ser decididos pelo Poder Judiciário nacional).

2.1. Competência concorrente ou cumulativa

Os artigos 21 e 22 do CPC enumeram as hipóteses de **competência concorrente ou cumulativa** do poder judiciário brasileiro, prevendo os casos em que a demanda com conexão internacional pode ser **ajuizada no Brasil ou no exterior**.

Nestas hipóteses de competência concorrente, caso a ação tenha sido julgada por autoridade estrangeira, esta decisão poderá ter validade no Brasil, desde que seja homologada pelo Superior Tribunal de Justiça (STJ) através do procedimento previsto no artigo 960 e seguintes do Código.

No artigo 21 estão previstas hipóteses de competência concorrente ou cumulativas já existentes, em sua essência, no art. 88 do CPC/73. Determina o art. 21 que é competente a autoridade judiciária brasileira quando:

> I - o réu, qualquer que seja a sua nacionalidade, estiver domiciliado no Brasil;
>
> II - no Brasil tiver de ser cumprida a obrigação;
>
> III - o fundamento seja fato ocorrido ou ato praticado no Brasil.

Para o fim do disposto no nº I, considera-se domiciliada no Brasil a pessoa jurídica estrangeira que aqui tiver agência, filial ou sucursal.

O artigo 22 do CPC, sem correspondente no código anterior, inovou no ordenamento jurídico, trazendo novos casos de competência concorrente.

Prevê o artigo 22 que compete, ainda, à autoridade judiciária brasileira processar e julgar as ações:

I - de alimentos, quando:

a) o credor tiver domicílio ou residência no Brasil;

b) o réu mantiver vínculos no Brasil, tais como posse ou propriedade de bens, recebimento de renda ou obtenção de benefícios econômicos;

II - decorrentes de relações de consumo, quando o consumidor tiver domicílio ou residência no Brasil;

III - em que as partes, expressa ou tacitamente, se submeterem à jurisdição nacional.

A doutrina aponta que a alínea *b* do inciso *I* do art. 22, ao utilizar a expressão "*tais como*", traz um rol meramente exemplificativo de hipóteses que demonstram vínculos do réu no Brasil, não excluindo a utilização de outras vinculações que possam existir.

Nesses casos, se diz que a competência é concorrente ou cumulativa, já que não se exclui a possibilidade de o processo se desenvolver perante o Poder Judiciário de outro país, culminando com uma decisão que poderá ter eficácia no Brasil, caso seja homologada pelo órgão competente (Superior Tribunal de Justiça – STJ).

2.2. Competência exclusiva da autoridade judiciária brasileira

No art. 23 do novo CPC encontram-se os casos de **competência exclusiva** do poder judiciário nacional, significando que apenas a autoridade judiciária brasileira poderá decidir sobre tais matérias. Nesses casos, nenhuma autoridade de outro país poderá proferir decisão com eficácia em nosso território.

O art. 23 afirma que compete à autoridade judiciária brasileira, **com exclusão de qualquer outra**:

I - conhecer de ações relativas a imóveis situados no Brasil;

II - em matéria de sucessão hereditária, proceder à confirmação de testamento particular e ao inventário e à partilha de bens situados no Brasil, ainda que o autor da herança seja de nacionalidade estrangeira ou tenha domicílio fora do território nacional;

III - em divórcio, separação judicial ou dissolução de união estável, proceder à partilha de bens situados no Brasil, ainda que o titular seja de nacionalidade estrangeira ou tenha domicílio fora do território nacional.

Estes são os casos de competência exclusiva do Poder Judiciário nacional, justificada por questões de soberania nacional e pelo princípio da efetividade.

POSIÇÃO DO STF

O STF já decidiu que as ações relativas a imóveis abrangidas pelo inciso I são apenas as ações de natureza real.

Os bens referidos pelo inciso II abrangem bens **móveis e imóveis** situados no Brasil.

Nos casos de competência exclusiva, não há possibilidade de escolha de foro pelas partes, pois a ação deve obrigatoriamente ser julgada pelo poder judiciário nacional. Assim, a previsão de eleição de foro constante do art. 25 do CPC ("Não compete à autoridade judiciária brasileira o processamento e o julgamento da ação quando houver cláusula de eleição de foro exclusivo estrangeiro em contrato internacional, arguida pelo réu na contestação") não se aplica aos casos de competência internacional exclusiva (art. 25, §1º).

Ressalta-se que nesses casos a competência exclusiva do poder judiciário brasileiro independe da nacionalidade ou domicílio das partes do processo.

Como a competência para os casos acima referidos é exclusivamente do poder judiciário brasileiro, a sentença internacional que verse sobre os assuntos referidos não poderá ser homologada pelo Superior Tribunal de Justiça (STJ) e consequentemente não terá eficácia no território brasileiro, conforme previsão do art. 964 do CPC ("Não será homologada a decisão estrangeira na hipótese de competência exclusiva da autoridade judiciária brasileira").

2.3. Litispendência e coisa julgada internacional

Ocorre **litispendência internacional** quando existe outra ação estrangeira com as mesmas partes, pedido e causa de pedir da demanda que foi ajuizada perante o poder judiciário nacional.

Já a **coisa julgada internacional** existe quando o processo estrangeiro idêntico ao brasileiro (com as mesmas partes, pedido e causa de pedir) já transitou em julgado perante o poder judiciário de outro Estado.

A **conexão** com uma causa internacional ocorre quando existe processo em trâmite no poder judiciário nacional cujo pedido ou causa de pedir seja o mesmo da ação estrangeira.

Determina o art. 24:

> "Art. 24. A ação proposta perante tribunal estrangeiro não induz litispendência e não obsta a que a autoridade judiciária brasileira conheça da mesma causa e das que lhe são conexas, ressalvadas as disposições em contrário de tratados internacionais e acordos bilaterais em vigor no Brasil.
>
> Parágrafo único. A pendência de causa perante a jurisdição brasileira não impede a homologação de sentença judicial estrangeira quando exigida para produzir efeitos no Brasil."

O art. 24 do novo código de processo civil, mantendo o raciocínio do art. 90 do CPC/73, prevê que **a ação ajuizada perante tribunal estrangeiro não induzirá litispendência com o processo brasileiro**, nem obstará a que a autoridade judiciária brasileira conheça da mesma causa e das que lhe sejam conexas, salvo disposições em contrário.

A redação do artigo não é das melhores, pois confunde o instituto "litispendência" com os "efeitos da litispendência". De regra, havendo litispendência (demandas com mesmas partes, causa de pedir e pedido), haverá o efeito extintivo da litispendência, qual seja: o processo que foi ajuizado por último deve ser extinto sem resolução de mérito (art. 485, V, CPC). Todavia, a previsão do art. 24 significa que, no caso de existir litispendência entre a causa internacional e a causa nacional idêntica, não ocorrerá o efeito extintivo da litispendência. Ou seja, haverá litispendência, mas não haverá o efeito extintivo do instituto. Observe-se, porém, a restrição feita na parte final do dispositivo, em que são ressalvadas as disposições em contrário de tratados ou acordos internacionais em vigor no Brasil.

No que se refere à **conexão**, este instituto nunca foi óbice para julgamento, tendo como efeito apenas a reunião de processos no juízo prevento. No caso de ações propostas em países diferentes, haverá impedimento para a reunião dos processos, por isto a previsão de que a conexão com causas internacionais não obstará que a autoridade brasileira conheça da ação.

Se já houver decisão e coisa julgada no exterior, o processo brasileiro poderá continuar seu curso. Isso porque a sentença estrangeira só produzirá efeitos no Brasil após decisão do **Superior Tribunal de Justiça (STJ)** no processo de **homologação da sentença estrangeira,** o que será possível mesmo se houver pendência de causa sobre a mesma matéria no judiciário brasileiro (parágrafo único do art. 24).

O mesmo raciocínio é previsto pelo art. 961 do CPC, que determina que "a decisão estrangeira somente terá eficácia no Brasil após a homologação de sentença estrangeira ou a concessão de exequatur às cartas rogatórias, salvo disposição em sentido contrário de lei ou tratado".

Ressalte-se que o parágrafo único do art. 24 inovou ao positivar o entendimento jurisprudencial de que a mera existência de causa idêntica em andamento perante a jurisdição brasileira não impede a homologação de sentença judicial estrangeira quando exigida para produzir efeitos no Brasil.

Nesse caso, transitada em julgado a decisão no processo de homologação da sentença estrangeira, a sentença internacional produzirá eficácia plena no Brasil e o processo nacional deverá ser extinto sem resolução de mérito (art. 458, V, do CPC) para não afrontar o princípio da coisa julgada.

Por outro lado, caso já exista decisão transitada em julgado no processo nacional, o Superior Tribunal de Justiça (STJ) não poderá posteriormente homologar a sentença estrangeira, posto que tal procedimento afrontaria o princípio da coisa julgada e, por conseguinte, a soberania nacional, conforme proibição do art. 963, IV, do CPC.

Por fim, nos casos de **competência exclusiva** da justiça brasileira, ainda que haja coisa julgada estrangeira, esta não poderá ser homologada e não terá efeito algum em relação ao poder judiciário nacional. Entende-se, no caso, que a sentença estrangeira que decidiu questão de competência internacional exclusiva brasileira ofendeu a soberania nacional do Brasil e por isso não merece homologação (v. art. 963, IV, do CPC).

2.4. Eleição de foro

Em dispositivo sem correspondência no CPC/73, o art. 25 do Código de Processo Civil trouxe regra acerca da competência nacional em face de cláusula de eleição de foro estrangeiro em contratos internacionais. Tal dispositivo é bem-vindo, vez que moderniza nossa legislação diante da necessária adaptação ao crescente intercâmbio humano e material entre os países.

O art. 25 do CPC determina que:

> "Art. 25. Não compete à autoridade judiciária brasileira o processamento e o julgamento da ação quando houver cláusula de eleição de foro exclusivo estrangeiro em contrato internacional, arguida pelo réu na contestação.
>
> § 1º Não se aplica o disposto no caput às hipóteses de competência internacional exclusiva previstas neste Capítulo.
>
> § 2º Aplica-se à hipótese do caput o art. 63, §§ 1º a 4º."

Ou seja, em se tratando da competência concorrente ou cumulativa das autoridades judiciárias nacionais, as partes do contrato poderão escolher desde logo que o foro competente em casos de demandas judiciais será exclusivamente o estrangeiro. A previsão privilegia o princípio da autonomia da vontade e traz segurança jurídica aos negócios internacionais.

A citada autonomia, porém, é limitada. A escolha de foro exclusivo estrangeiro em contratos internacionais só poderá ocorrer nos casos de competência concorrente ou cumulativa das autoridades judiciárias nacionais, sendo expressamente proibida para as hipóteses acima estudadas de competência exclusiva da autoridade nacional. De fato, o parágrafo primeiro do art. 25 prevê que "não se aplica o disposto no *caput* às hipóteses de competência internacional exclusiva previstas neste Capítulo". Assim, nas hipóteses em que apenas o juiz nacional possui competência para julgar a ação, as partes do contrato interenacional não poderão eleger foro estrangeiro.

Ressalte-se que as disposições do art. 63, §§ 1º a 4º do CPC aplicam-se à eleição de foro exclusivo estrangeiro, inclusive dispondo sobre a possibilidade de o juiz brasileiro, de ofício, recusar aplicação à cláusula contratual de eleição de foro, se a reputar abusiva. Permite-se também que o réu, citado, alegue a abusividade da cláusula de eleição de foro internacional na contestação, sob pena de preclusão.

3. COOPERAÇÃO JURÍDICA INTERNACIONAL

Em dadas situações com conexão internacional, faz-se necessária a cooperação entre o poder judiciário nacional e o estrangeiro para a execução de alguns atos ou para o reconhecimento do efeito de determinadas decisões. De fato, algumas vezes os atos processuais devem ser executados em outros Estados, e por razões de soberania nacional é preciso colaboração do Poder Judiciário estrangeiro. A cooperação jurídica internacional pode ocorrer através de auxílio direto, cartas rogatórias e homologação de sentenças estrangeiras.

O novo Código de Processo Civil brasileiro (Lei nº 13.150/2015), inovando em relação ao CPC/73, trouxe regras gerais para as situações de cooperação jurídica internacional. Tais regras estão previstas no artigo 26 do Código, abaixo transcrito:

> "Art. 26. A cooperação jurídica internacional será regida por tratado de que o Brasil faz parte e observará:
>
> I - o respeito às garantias do devido processo legal no Estado requerente;
>
> II - a igualdade de tratamento entre nacionais e estrangeiros, residentes ou não no Brasil, em relação ao acesso à justiça e à tramitação dos processos, assegurando-se assistência judiciária aos necessitados;
>
> III - a publicidade processual, exceto nas hipóteses de sigilo previstas na legislação brasileira ou na do Estado requerente;
>
> IV - a existência de autoridade central para recepção e transmissão dos pedidos de cooperação;
>
> V - a espontaneidade na transmissão de informações a autoridades estrangeiras.

> § 1º Na ausência de tratado, a cooperação jurídica internacional poderá realizar-se com base em reciprocidade, manifestada por via diplomática.
>
> § 2º Não se exigirá a reciprocidade referida no § 1º para homologação de sentença estrangeira.
>
> § 3º Na cooperação jurídica internacional não será admitida a prática de atos que contrariem ou que produzam resultados incompatíveis com as normas fundamentais que regem o Estado brasileiro.
>
> § 4º O Ministério da Justiça exercerá as funções de autoridade central na ausência de designação específica."

Ressalta-se que a cooperação jurídica internacional, como regra, será baseada em tratado internacional do qual o Brasil faça parte, e deverá respeitar os preceitos acima. Caso não haja tratado em vigor com o país destinatário ou solicitante da colaboração, a cooperação será realizada com base no princípio da reciprocidade, manifestada por via diplomática.

Para fins de homologação de sentença estrangeira, ainda que não haja tratado internacional, não será exigida reciprocidade.

Caso não haja indicação de autoridade central no tratado internacional, funcionará como tal o Ministro da Justiça.

O art. 27 do Código prevê, de maneira exemplificativa, os atos que podem ser objeto da cooperação jurídica internacional entre dois ou mais Estados.

> "Art. 27. A cooperação jurídica internacional terá por objeto:
>
> I - citação, intimação e notificação judicial e extrajudicial;
>
> II - colheita de provas e obtenção de informações;
>
> III - homologação e cumprimento de decisão;
>
> IV - concessão de medida judicial de urgência;
>
> V - assistência jurídica internacional;
>
> VI - qualquer outra medida judicial ou extrajudicial não proibida pela lei brasileira."

O inciso VI, por ter redação aberta, deixa bem claro que este rol é meramente exemplificativo, ou seja, outros atos e atividades podem também ser objeto de cooperação jurídica internacional.

O artigo 39 do CPC, reiterando o raciocício exposto no § 3º do art. 26, determina que o pedido passivo de cooperação jurídica internacional será recusado se configurar manifesta ofensa à ordem pública.

3.1. Auxílio direto

O auxílio direto é o mais simples dos meios de cooperação judicial. Isto porque, no auxílio direto, não é necessário que o ato judicial estrangeiro seja submetido a um juízo de delibação no Brasil. Assim, ao contrário da homologação de sentença estrangeira (que necessita de processo e sentença judicial de homologação no Superior Tribunal de Justiça – STJ) e da carta rogatória (que necessita do procedimento de *exequatur* perante o Superior Tribunal de Justiça – STJ), o pedido de auxílio direto é encaminhado diretamente para a Autoridade Central, responsável pela execução do ato ou postulação em juízo. Cada tratado ou acordo deve trazer a previsão da Autoridade Central brasileira para os pedidos de cooperação jurídica internacional. Na falta desta indicação, funcionará como Autoridade Central o Ministro da Justiça (geralmente representado pelo DRCI – Departamento de Recuperação de Ativos e Cooperação Jurídica Internacional).

Por ter o trâmite mais célere e menos formal que as demais formas de cooperação jurídica internacional, o pedido de auxílio direto vem sendo bastante utilizado no Direito Internacional.

A solicitação de auxílio direto será encaminhada pelo Estado requerente diretamente à Autoridade Central indicada, cabendo ao solicitante assegurar a autenticidade e clareza do pedido. A autoridade central brasileira (geralmente o Ministério da Justiça/Departamento de Recuperação de Ativos e Cooperação Jurídica Internacional – DRCI ou Ministério Público Federa- MPF) é a responsável pelo recebimento, encaminhamento e execução do pedido de cooperação internacional.

Segundo o art. 30 do CPC, além dos casos previstos em tratados de que o Brasil faz parte, o auxílio direto terá os seguintes objetos:

I - obtenção e prestação de informações sobre o ordenamento jurídico e sobre processos administrativos ou jurisdicionais findos ou em curso;

II - colheita de provas, salvo se a medida for adotada em processo, em curso no estrangeiro, de competência exclusiva de autoridade judiciária brasileira;

III - qualquer outra medida judicial ou extrajudicial não proibida pela lei brasileira.

Como evidenciado anteriormente, no auxílio direto não é necessário que o ato estrangeiro seja submetido a um juízo de delibação no Superior Tribunal de Justiça – STJ. Assim, todo ato que depender de homologação do STJ (sentenças judiciais estrangeiras) ou de análise das suas formalidades pelo STJ (cartas rogatórias) para ter efeitos no Brasil não pode ser objeto de auxílio direto.

Em regra, toda decisão judicial estrangeira deve passar pelo juízo de delibação do STJ. Porém, alguns tratados dos quais o Brasil faz parte trazem exceções a essa regra, e nesse caso podem ser executadas no Brasil através de pedido de auxílio direto. Na maior parte das vezes, as solicitações de cooperação internacional via auxílio direto tem por objeto informações sobre processos judiciais findos ou em curso, dados sobre bens e ativos de determinadas pessoas, notificações judiciais ou extrajudiciais, indisponibilidade de bens, etc.

O auxílio direto ocorre diretamente entre as autoridades centrais e suas congêneres, dispensando a intermediação governamental ou diplomática. Nessa toada, o art. 31 do CPC prevê que "a autoridade central brasileira comunicar-se-á diretamente com suas congêneres e, se necessário, com outros órgãos estrangeiros responsáveis pela tramitação e pela execução de pedidos de cooperação enviados e recebidos pelo Estado brasileiro, respeitadas disposições específicas constantes de tratado".

O cumprimento do pedido de auxílio direto passivo pode exigir ou não a prática de atos judiciais no Brasil, segundo o ordenamento jurídico nacional. Caso não seja necessária a prática de atos judiciais para a obtenção do que foi solicitado, a própria autoridade central adotará as providências necessárias para seu cumprimento, e posteriormente transmitirá ao Estado requerente o resultado de sua atuação. Isso ocorre, por exemplo, quando o objeto do pedido de auxílio direto são informações processuais, dados públicos ou notificações extrajudiciais.

Por outro lado, caso seja necessária a prática de atos jurisdicionais para a satisfação do pedido de auxílio direto, a autoridade central (Ministério da Justiça/Departamento de Recuperação de Ativos e Cooperação Jurídica Internacional – DRCI ou Ministério Público Federal – MPF) requererá em juízo a medida solicitada, para posteriormente transmitir ao Estado requerente o resultado de sua atuação. Tal medida será necessária, por exemplo, nos casos de pedido de auxílio direto para a realização de citação, atos de constrição patrimonial, quebra de sigilo de dados bancários ou telefônicos, entre outras diligências que necessitam de pronunciamento ou autorização judicial. Se a autoridade central brasileira constante do tratado for órgão da União (em regra, o Ministério da Justiça/Departamento de Recuperação de Ativos e Cooperação Jurídica Internacional – DRCI), encaminhará o pedido de auxílio direto à Advocacia-Geral da União (AGU), que requererá em juízo a medida solicitada. Já se a autoridade central do tratado for o Ministério Público, este diretamente requererá em juízo a medida solicitada.

No caso de ser necessária a atuação jurisdicional para a satisfação do pedido de auxílio direto, será competente para análise da demanda o juízo federal do lugar em que deva ser executada a medida requestada (art. 34 do CPC e art. 109, I ou III da CF).

3.1.1. Auxílio direto ativo

O auxílio direto é chamado de **ativo** quando é oriundo da autoridade brasileira competente, que encaminhará o pedido à autoridade central brasileira prevista no tratado (ou, na falta desta, pelo Ministério da Justiça), que enviará o pedido ao Estado requerido (art. 37 do CPC). O pedido de cooperação oriundo de autoridade brasileira competente e os documentos anexos serão encaminhados à autoridade central brasileira, acompanhados de tradução para a língua oficial do país requerido (Art. 38 do CPC), para que sejam então encaminhados ao Estado estrangeiro.

3.1.2. Auxílio direto passivo

O auxílio direto é chamado de **passivo** quando é solicitado pela autoridade central estrangeira diretamente à autoridade central brasileira indicada no tratado, ou, na falta de indicação, ao Ministério da Justiça (geralmente representado pelo Departamento de Recuperação de Ativos e Cooperação Jurídica Internacional – DRCI).

3.2. Cartas rogatórias

As cartas rogatórias são o exemplo clássico de cooperação jurídica internacional, consistindo no pedido feito pelo juiz de um país em relação ao Poder Judiciário de outra nação, a fim de obter a cooperação deste para a execução de alguns atos processuais. Têm por finalidade o cumprimento decisões interlocutórias, atos e diligências judiciais no exterior.

O admissão ou não do procedimento de carta rogatória é previsto no ordenamento interno de cada país, já que nenhum Estado, a princípio, é obrigado a cooperar juridicamente com outro, por questões de soberania nacional.

No Brasil, as cartas rogatórias estrangeiras serão utilizadas quando não houver tratado prevendo a utilização do auxílio direto, ou quando existir a previsão em tratado para a utilização da carta rogatória para determinados atos ou ainda quando houver a promessa expressa de aplicação do princípio da reciprocidade pelo Estado rogante.

A carta rogatória pode ter por objeto qualquer ato processual a se realizar no Brasil, incluindo aqueles com conteúdo decisório (art. 7º da Resolução 9/2005 e artigos 27 e 960 §1º do CPC).

O art. 960 do CPC, em seu parágrafo 1º, prevê que **a decisão interlocutória estrangeira** poderá ser executada no Brasil por meio de **carta rogatória,** posteriormente à concessão do ***exequatur.***

O art. 961 do CPC é claro em prever a **necessidade do processo de homologação ou do *exequatur* pelo STJ para a obtenção de eficácia da decisão estrangeira.** Sem passar por este procedimento, a decisão estrangeira (seja sentença ou decisão interlocutória) não terá qualquer efeito perante o ordenamento jurídico nacional, salvo disposição em contrário de lei ou tratado internacional. O dispositivo determina: "a decisão estrangeira somente terá eficácia no Brasil após a homologação de sentença estrangeira ou a concessão do *exequatur* às cartas rogatórias, salvo disposição em sentido contrário de lei ou tratado".

O art. 40 do CPC prevê que a cooperação jurídica internacional para execução de **decisão judicial** estrangeira dar-se-á por meio de carta rogatória ou de ação de homologação de sentença estrangeira, de acordo com o art. 960 do CPC.

Os principais tratados acerca de cartas rogatórias dos quais o Brasil faz parte são: A Convenção Interamericana sobre Cartas Rogatórias de

1975 e o Protocolo Adicional de 1979, a Convenção Interamericana sobre Prova e Informação acerca do Direito Estrangeiro de 1979 e o Protocolo de Cooperação e Assistência Jurisdicional em Matéria Civil, Comercial, Trabalhista e Administrativa de 1992 (Protocolo de Las Leñas).

Vale ressaltar que o juízo de delibação feito pelo STJ no procedimento da carta rogatória é de jurisdição contenciosa, devendo ser assegurado às partes o devido processo legal. Nesse procedimento, observar-se-ão apenas os aspectos formais da decisão. A **defesa** do réu é **limitada**, pois **restringir-se-á à discussão quanto ao atendimento dos requisitos para que o pronunciamento judicial estrangeiro produza efeitos no Brasil**. Assim, este juízo de delibação não permite, em qualquer hipótese, a revisão do pronunciamento de mérito da decisão judicial estrangeira pela autoridade judiciária brasileira (art. 36 do CPC).

O cumprimento das cartas rogatórias é competência dos juízes federais de 1º grau (art. 109, X, da CF), após a concessão da homologação (*"exequatur")* pelo Superior Tribunal de Justiça – STJ, de acordo com o procedimento previsto nos artigos 960 e segintes do CPC. O *"exequatur"* é a ordem dada pelo Presidente do STJ, em juízo de delibação, que permite que a medida processual rogada seja cumprida no Brasil. Após o cumprimento, a carta é enviada ao STJ que a devolverá ao Estado requerente.

O procedimento de carta rogatória no STJ é regulamentado pela Resolução 9/2005 do STJ e pelos artigos 36 a 41 e 960 a 965 do CPC.

As cartas rogatórias podem ser ativas ou passivas.

3.2.1. Cartas rogatórias ativas

As cartas rogatórias ativas são confeccionas por tribunal brasileiro solicitando cooperação de autoridade estrangeira.

Existem dois procedimentos para as cartas rogatórias ativas: o procedimento baseado em tratados e o procedimento por via diplomática.

Se houver tratado, a autoridade judiciária brasileira que solicitar cooperação deverá encaminhar o pedido à autoridade central brasileira prevista no dispositivo, e esta a encaminhará para a autoridade central do Estado solicitado. Quando devolvida, a documentação diligenciada, cumprida ou não, é recebida pela autoridade central brasileira que a remeterá à autoridade requerente (art. 37 e 38 do CPC).

O parágrafo 4º do art. 26 do Código de Processo Civil determina que o Ministério da Justiça exercerá as funções de autoridade central, na ausência de indicação específica do tratado internacional.

Quando não há tratado internacional dispondo sobre o assunto, este trâmite é feito pela via diplomática. Sendo assim, a autoridade judiciária brasileira requerente deverá enviar a rogatória ao Ministério das Relações Exteriores, que a encaminhará, via diplomática, ao Estado estrangeiro solicitado. Após a diligência internacional, a documentação é recebida pelo Ministério das Relações Exteriores e posteriormente encaminhada à autoridade judiciária requerente.

As cartas rogatórias enviadas por autoridade judiciária nacional devem ser traduzidas para a língua do país solicitado e obedecer aos seguintes requisitos previstos no art. 260 do CPC:

1) Indicação dos juízes de origem e de cumprimento do ato;

2) O inteiro teor da petição, do despacho judicial e do instrumento do mandato conferido ao advogado;

3) A menção do ato processual, que lhe constitui o objeto;

4) O encerramento com a assinatura do juiz.

Acerca da matéria, o art. 37 do CPC determina que o pedido de cooperação jurídica internacional oriundo da autoridade brasileira competente será encaminhado à autoridade central para posterior envio ao Estado requerido para lhe dar andamento.

O art. 38, por sua vez, prevê que o pedido de cooperação oriundo de autoridade brasileira competente e os documentos anexos que o instruem serão encaminhados à autoridade central, acompanhados de tradução para a língua oficial do Estado requerido.

Sobre a necessidade de tradução, o art. 41 do CPC dispõe que considera-se autêntico o documento que instruir pedido de cooperação jurídica internacional, inclusive tradução para a língua portuguesa, quando encaminhado ao Estado brasileiro por meio de autoridade central ou por via diplomática, dispensando-se ajuramentação, autenticação ou qualquer procedimento de legalização. Esta disposição não impede, quando necessária, a aplicação pelo Estado brasileiro do princípio da reciprocidade de tratamento (art. 41, §1º).

O cumprimento da diligência no exterior obedecerá às leis processuais do Estado rogado, salvo quando houver previsão em contrário em tratado ou for aceito o pedido de exceção brasileiro.

3.2.2. Cartas rogatórias passivas

São aquelas solicitadas por autoridade judiciária estrangeira com a finalidade de serem executadas pelo Poder Judiciário no Brasil. As cartas rogatórias são executadas pela Justiça Federal de 1º grau (art. 109, X, da CF), após o juízo de delibação e concessão do *exequatur* pelo STJ, nos termos do art. 105, I, "i" da CF, artigo 960 do CPC e Resolução nº 09/2005 do STJ.

Há dois procedimentos para as cartas rogatórias passivas: o procedimento baseado em tratados e o procedimento por via diplomática.

Quando baseado em tratados, a solicitação é recebida pela autoridade central brasileira prevista no citado dispositivo, que a analisa e a encaminha ao STJ para delibação e concessão do *exequatur*, caso preenchidas as condições legais. Após a execução pela Justiça Federal de 1º grau competente, a carta é devolvida ao STJ, que a envia à autoridade central brasileira, que a encaminha à autoridade central do Estado requerente. O parágrafo 4º do art. 26 do Código de Processo Civil determina que o Ministério da Justiça exercerá as funções de autoridade central, na ausência de indicação específica do tratado internacional.

Caso não haja tratado, a rogatória é recebida por via diplomática, pelo Ministério das Relações Exteriores, que a encaminhará ao STJ para delibação e concessão do *exequatur*, se preenchidas as condições legais. Após a execução pela Justiça Federal de 1º grau competente, a carta é devolvida ao STJ, que a envia ao Ministério das Relações Exteriores, que a encaminha para o Estado requerente pelas vias diplomáticas.

O Código de Processo Civil de 2016 inovou ao trazer diversas disposições legais sobre o processamento da carta rogatória e da homologação de sentença estrangeira perante o STJ. Os artigos 960 e seguintes do novo código de processo civil regulamentam o procedimento de homologação de sentença estrangeira e de concessão do *exequatur* às cartas rogatórias, ambos perante o STJ. A nova lei incorporou a inteligência da jurisprudência do STJ e as disposições da Resolução 9/2005, também do STJ.

O art. 36 do CPC prevê que o procedimento da carta rogatória perante o STJ é de jurisdição contenciosa e deve assegurar às partes as garantias do devido processo legal.

Para que sejam executadas, as cartas rogatórias enviadas por autoridade estrangeira devem estar traduzidas para a língua portuguesa e obedecer aos seguintes requisitos previstos no art. 260 do CPC:

1) Indicação dos juízes de origem e de cumprimento do ato;

2) O inteiro teor da petição, do despacho judicial e do instrumento do mandato conferido ao advogado;

3) A menção do ato processual, que lhe constitui o objeto;

4) O encerramento com a assinatura do juiz;

Sobre a necessidade de tradução, o art. 41 do CPC dispõe que considera-se autêntico o documento que instruir pedido de cooperação jurídica internacional, inclusive tradução para a língua portuguesa, quando encaminhado ao Estado brasileiro por meio de autoridade central ou por via diplomática, dispensando-se ajuramentação, autenticação ou qualquer procedimento de legalização. Esta disposição não impede, quando necessária, a aplicação pelo Estado brasileiro do princípio da reciprocidade de tratamento (art. 41, §1º).

O art. 963 do CPC dispõe que constituem requisitos indispensáveis à homologação da decisão e para a concessão do *exequatur* às cartas rogatórias:

I - ser proferida por autoridade competente;

II - ser precedida de citação regular, ainda que verificada a revelia;

III - ser eficaz no país em que foi proferida;

IV - não ofender a coisa julgada brasileira;

V - estar acompanhada de tradução oficial, salvo disposição que a dispense prevista em tratado;

VI - não conter manifesta ofensa à ordem pública.

O parágrafo único prevê que para a concessão do *exequatur* às cartas rogatórias, observar-se-ão os pressupostos previstos no caput deste artigo e no art. 962, § 2º ("a medida de urgência concedida sem audiência do réu poderá ser executada, desde que garantido o contraditório em momento posterior").

O artigo 962 permite que seja executada no Brasil a decisão estrangeira concessiva de **medida de urgência**. Nesse caso, a execução da decisão internacional dar-se-á por **carta rogatória**.

A medida de urgência pode até mesmo ser executada sem a prévia audiência do réu, desde que seja garantido o contraditório em momento posterior (art. 962, §2º). O juízo sobre a urgência da medida compete exclusivamente à autoridade estrangeira prolatora da decisão (art. 962, §3º). Não cabe à autoridade brasileira analisar o mérito da tutela de urgência.

O parágrafo 4º determina que quando dispensada a homologação para que a sentença estrangeira produza efeitos no Brasil, a decisão concessiva de medida de urgência dependerá, para produzir efeitos, de ter sua validade expressamente reconhecida pelo juiz competente para dar-lhe cumprimento, dispensada a homologação pelo Superior Tribunal de Justiça. A disposição significa que caso haja previsão em lei ou tratado internacional dispensando a homologação de sentença para que a decisão tenha efeitos no Brasil, a medida de urgência também dispensará o juízo de delibação do STJ. Todavia, caberá ao juiz brasileiro competente para cumprir a decisão a análise sobre a validade da dispensa da homologação e posteriormente o exame sobre a existência de ofensa à ordem pública, antes de proceder à efetivação da decisão.

Em complemento aos requisitos supracitados, o art. 6º da resolução nº 09/2005 do STJ prevê que não será homologada sentença estrangeira ou concedido *exequatur* à carta rogatória que ofenda a soberania ou a ordem pública. O art. 39 do CPC, já mencionado anteriormente, reitera esta mesma ideia, prevendo que "o pedido passivo de cooperação jurídica internacional será recusado se configurar manifesta ofensa à ordem pública".

Como consequência, não serão cumpridas cartas rogatórias cuja matéria esteja inserida nas hipóteses de competência exclusiva do Poder Judiciário brasileiro. Essa é a previsão do art. 964 do CPC:

> "Art. 964. Não será homologada a decisão estrangeira na hipótese de competência exclusiva da autoridade judiciária brasileira.
>
> Parágrafo único. O dispositivo também se aplica à concessão do exequatur à carta rogatória."

Vale ressaltar que, segundo o STF, a carta rogatória não é o meio adequado para o pedido de extradição (CR 9771/CB, j. 29.05.2001) ou prisão (CR 11353/BE, j. 13.10.2004), nem para cumprimento de diligências que culminem em ato executório.

3.3. Homologação de decisão estrangeira

A homologação de decisão estrangeira é o ato do Poder Judiciário nacional que permite que uma decisão com força de sentença proferida no exterior possa gerar efeitos no Brasil. Trata-se de questão de eficácia. Cada Estado edita suas próprias regras acerca da homologação de sentença estrangeira, sendo também expressão da soberania nacional, já que nenhum país está obrigado a reconhecer sentenças estrangeiras em seu território.

O Código de Processo Civil de 2016 inovou ao trazer diversas disposições legais sobre o processamento da carta rogatória e da homologação de sentença estrangeira perante o Superior Tribunal de Justiça - STJ. Os artigos 960 e seguintes do novo código de processo civil regulamentam o procedimento de homologação de sentença estrangeira e de concessão do *exequatur* às cartas rogatórias, ambos perante o STJ. A nova lei incorporou a inteligência da jurisprudência do STJ e as disposições da Resolução 9/2005, também do STJ.

No STJ ocorrerá a **delibação** acerca da homologação da sentença estrangeira, significando, de acordo com a jurisprudência pacífica deste tribunal (5590 EX 2010/0212631-0, j. 09.06.2011), que **não se adentrará no mérito da decisão jurídica externa**, avaliando-se apenas seus aspectos formais e seu respeito à ordem pública nacional. Apesar dessa cognição limitada, é certo que nenhum direito estrangeiro poderá ser reconhecido no Brasil caso viole a soberania nacional, a ordem pública e os bons costumes.

O art. 39 do CPC, acima estudado, confirma este raciocício, determinando que "o pedido passivo de cooperação jurídica internacional será recusado se configurar manifesta ofensa à ordem pública".

No Brasil, os artigos 960 a 965 do CPC trazem as pricipais regras sobre a homologação de decisões estrangeiras e concessão de *exequatur* à carta rogatória.

O artigo 960 determina que a homologação de decisão estrangeira será requerida por meio de **ação de homologação de decisão estrangeira**, salvo disposição especial em sentido contrário prevista em tratado. A homologação obedecerá ao que dispuserem os artigos 960 a 965 do CPC, os tratados em vigor no Brasil e o Regimento Interno do Superior Tribunal de Justiça. No que se refere à decisão arbitral estrangeira, a homologação obedecerá ao disposto em tratado e em lei, aplicando-se, subsidiariamente, as disposições do CPC.

A decisão estrangeira somente terá eficácia no Brasil após a homologação de sentença estrangeira ou a concessão do *exequatur* às cartas rogatórias, salvo disposição em sentido contrário de lei ou tratado (art. 961).

ATENÇÃO

Até a EC nº 45/2004, a homologação de sentença estrangeira era competência do Supremo Tribunal Federal. Após a edição da citada Emenda, o procedimento de homologação é de competência do Superior Tribunal de Justiça – STJ.

O parágrafo 1º do artigo 961 dispõe que é passível de homologação a decisão judicial definitiva, bem como **a decisão não judicial que, pela lei brasileira, teria natureza jurisdicional**. Assim, ainda que a decisão estrangeira seja oriunda de instância não judicial (como por exemplo, órgão administrativo) poderá ser homologada com o fim de produzir efeitos no Brasil, desde que tenha a mesma força que se reconhece às decisões judiciais nacionais transitadas em julgado. Nesse sentido, deve ter sido produzida por órgão judicante competente e ter força de definitiva, dela não cabendo mais recurso. Tal previsão já existia no art. 216-A, §1º do Regimento Interno do STJ.

POSIÇÃO DO STF

Súmula 420. *"Não se homologa sentença proferida no estrangeiro sem prova do trânsito em julgado".*

O parágrafo 2º do art. 961 do CPC admite que a decisão estrangeira possa ser homologada apenas parcialmente. A possibilidade já era prevista na Resolução nº 9/2005 do STJ, no Regimento Interno do STJ e igualmente na jurisprudência daquele tribunal, permitindo que as sentenças estrangeiras possam ser homologadas parcialmente.

O parágrafo 3º do citado artigo prevê que a autoridade judiciária brasileira poderá deferir **pedidos de urgência** e realizar **atos de**

execução provisória no processo de **homologação de decisão estrangeira.** Essa determinação também já estava prevista no regramento sobre a homologação de decisão estrangeira, visto que tanto a Resolução nº 9/2005 do STJ quanto a jurisprudência do STJ sempre admitiram a tutela de urgência concedida pelo STJ no procedimento de homologação de julgados de outros países, mesmo enquanto não decidida a discussão acerca do direito à homologação, quando demonstradas as circunstâncias legais que autorizam sua concessão (SE 5717/NO, 2010/0082535-3, j. 12.08.2010). As diligências necessárias à execução da tutela de urgência concedida pelo STJ serão executadas pela Justiça Federal de 1º grau.

Também será possível a homologação de decisão judicial estrangeira para fins de execução fiscal, quando prevista em tratado ou em promessa de reciprocidade apresentada à autoridade brasileira (art. 961, §4º). Assim, para fins de satisfação do crédito fiscal de outro Estado, a decisão estrangeira pode ser homologada no Brasil, desde que haja previsão em tratado internacional ou mesmo através de mera promessa de reciprocidade entre os países.

Em regra, todas as sentenças - condenatórias, mandamentais, executivas, constitutivas e declaratórias - devem ser homologadas perante o STJ para que produzam eficácia no Brasil. A regra também é válida para as sentenças estrangeiras sobre o estado da pessoa (filiação, casamento, divórcio, etc). A exceção vem prevista no art. 961, §5º do CPC, que dispõe que **a sentença estrangeira de divórcio consensual** produz efeitos no Brasil, independentemente de homologação pelo Superior Tribunal de Justiça. Isso ocorre porque também no ordenamento jurídico nacional o divórcio consensual extrajudicial tem plena eficácia independentemente de decisão judicial. Nessa situação, competirá a qualquer juiz nacional examinar a validade da decisão estrangeira consensual, em caráter principal ou incidental, quando essa questão for suscitada em processo de sua competência (art. 961, §6º). Caso não haja demanda judicial acerca da validade da decisão, o divórcio consensual estrangeiro poderá ser imediatamente levado para qualquer cartório a fim de ser registrado.

A homologação será requerida pela parte interessada, devendo a petição inicial conter as indicações constantes da lei processual (art. 963 do CPC e artigos 5º e 6º da Resolução nº 09/2005 do STJ) e ser instruída com a certidão ou cópia autêntica do texto integral da sentença estrangeira e com outros documentos indispensáveis, devidamente traduzidos e autenticados.

Para que a sentença estrangeira seja homologada no Superior Tribunal de Justiça (STJ) esta deve, cumulativamente:

1) ser proferida por autoridade competente;
2) ser precedida de citação regular, ainda que verificada a revelia;
3) ser eficaz no país em que foi proferida;
4) não ofender a coisa julgada brasileira;
5) estar acompanhada de tradução oficial e autenticação consular, salvo disposição que a dispense prevista em tratado;
6) não conter manifesta ofensa à ordem pública;
7) não versar sobre matéria de competência exclusiva da autoridade judiciária brasileira.

Vale ressaltar que no juízo de delibação feito pelo STJ não é permitida a análise do mérito da decisão externa. Assim, atendidos os requisitos elencados acima, a homologação da decisão estrangeira é medida que se impõe.

O artigo 964 (que se aplica tanto à homologação de decisão quanto à concessão de *exequatur* às cartas rogatórias) proíbe a homologação de decisão estrangeira que verse sobre matéria cuja apreciação é de competência exclusiva da autoridade judiciária brasileira (previstas no art. 23 do CPC). Nesse sentido, mesmo que haja decisão estrangeira sobre tais matérias com o trânsito em julgado e pedido de homologação dessa decisão no Brasil, este pedido não poderá ser deferido.

Por último, o art. 965 determina qual será o juízo competente para, de fato, proceder à execução da decisão estrangeira que foi homologada pelo STJ. Assim, dispõe o artigo que **o cumprimento de decisão estrangeira far-se-á perante o juízo federal competente**, a requerimento da parte, conforme as normas estabelecidas para o cumprimento de decisão nacional. Caso a decisão homologada seja do tipo constitutiva ou declaratória, não será necessária a fase executiva da sentença, visto que não constituem título executivo extrajudicial. Porém caso a sentença seja do tipo mandamental, executiva ou condenatória, far-se-á indispensável a fase do cumprimento de sentença, para a devida execução do título. Tal cumprimento será efetivado perante a Justiça Federal (art. 109, X, da CF), no juízo federal de 1º grau competente de acordo com o tipo de pretensão buscada pela parte (artigos 42 e seguintes do CPC) e de acordo com o procedimento previsto para o cumprimento de decisão nacional (artigos 536 e seguintes do CPC).

O pedido de execução perante o juízo federal de 1º grau deverá ser instruído com cópia autenticada da decisão homologatória ou do *exequatur*, conforme o caso.

4. REGIME DE PROVA DE DIREITO E FATOS INTERNACIONAIS

Tendo em vista a incidência das normas de Direito Internacional Privado, é possível que haja a necessidade de aplicação de direito estrangeiro para solucionar conflito submetido ao Poder Judiciário brasileiro. Caso seja indispensável aplicar a lei estrangeira no processo, a parte que a invoca tem o ônus de demonstrar seu conteúdo e validade, uma vez que o juiz brasileiro não tem obrigação de conhecer o ordenamento jurídico estrangeiro.

> O CPC (art. 376) e a LINDB (art. 14) possibilitam que o juiz exija da parte a comprovação do **teor** e da **vigência** do **direito estrangeiro**. Sendo assim, quando a parte alegar direito estrangeiro no processo judicial, deverá provar seu teor e vigência.
>
> CPC Art. 376. A parte que alegar direito municipal, estadual, estrangeiro ou consuetudinário provar-lhe-á o teor e a vigência, se assim o juiz determinar.
>
> LINDB Art. 14. Não conhecendo a lei estrangeira, poderá o juiz exigir de quem a invoca prova do texto e da vigência.

POSIÇÃO DO STJ

O STJ já decidiu que caso o direito estrangeiro não tenha sido alegado pela parte, todavia seja necessário para a solução do litígio, não é ônus da parte demonstrá-lo, cabendo ao juiz fazê-lo de ofício. Se a produção da prova não for possível, então deve o juiz aplicar o direito nacional (Resp. nº. 254.544, j. 18.05.2000).

POSIÇÃO DO STF

Súmula 692. "Não se conhece de "habeas corpus" contra omissão de relator de extradição, se fundado em fato ou direito estrangeiro cuja prova não constava dos autos, nem foi ele provocado a respeito".

No Brasil, quando for necessário provar fatos ocorridos no estrangeiro, somente serão analisados pelo juiz os meios de prova que a lei brasileira reconheça. Quanto à prova dos fatos, o art. 13 da LINDB afirma que "a prova dos fatos ocorridos em país estrangeiro rege-se pela lei que nele vigorar, quanto ao ônus e aos meios de produzir-se, não admitindo os tribunais brasileiros provas que a lei brasileira desconheça".

5. TÓPICO-SÍNTESE

<table>
<tr><th colspan="2">Tópico-síntese: Direito Processual Civil Internacional</th></tr>
<tr><td rowspan="2">Competência Internacional Brasileira</td><td>Concorrente (art. 21 e 22 CPC)
Art. 21:
I - o réu, qualquer que seja a sua nacionalidade, estiver domiciliado no Brasil;
II - no Brasil tiver de ser cumprida a obrigação;
III - o fundamento seja fato ocorrido ou ato praticado no Brasil.
Art. 22:
I - de alimentos, quando:
a) o credor tiver domicílio ou residência no Brasil;
b) o réu mantiver vínculos no Brasil, tais como posse ou propriedade de bens, recebimento de renda ou obtenção de benefícios econômicos;
II - decorrentes de relações de consumo, quando o consumidor tiver domicílio ou residência no Brasil;
III - em que as partes, expressa ou tacitamente, se submeterem à jurisdição nacional.</td></tr>
<tr><td>Exclusiva (art. 23 CPC)
I - conhecer de ações relativas a imóveis situados no Brasil;
II - em matéria de sucessão hereditária, proceder à confirmação de testamento particular e ao inventário e à partilha de bens situados no Brasil, ainda que o autor da herança seja de nacionalidade estrangeira ou tenha domicílio fora do território nacional;
III - em divórcio, separação judicial ou dissolução de união estável, proceder à partilha de bens situados no Brasil, ainda que o titular seja de nacionalidade estrangeira ou tenha domicílio fora do território nacional.</td></tr>
</table>

Litispendência Internacional	– É a existência de outro processo estrangeiro com as mesmas partes, pedido e causa de pedir da ação que corre no Judiciário nacional. – A ação proposta perante tribunal estrangeiro não induz litispendência e não obsta a que a autoridade judiciária brasileira conheça da mesma causa e das que lhe são conexas, ressalvadas as disposições em contrário de tratados internacionais e acordos bilaterais em vigor no Brasil. – A pendência de causa perante a jurisdição brasileira não impede a homologação de sentença judicial estrangeira quando exigida para produzir efeitos no Brasil.
Coisa julgada internacional	– É o processo estrangeiro idêntico ao brasileiro (com as mesmas partes, pedido e causa de pedir) que já transitou em julgado perante o poder judiciário de Estado estrangeiro; – em caso de competência brasileira concorrente, a sentença poderá ter efeitos no Brasil, somente após ser homologada pelo STJ; – em caso de competência brasileira exclusiva, a coisa julgada não terá efeitos perante o Poder Judiciário brasileiro nem poderá ser objeto de homologação pelo STJ.
Auxílio direto	– é meio de cooperação jurídica internacional para atos que não exijam juízo de delibação pelo STJ; – prevista em tratado ou mediante reciprocidade; – o pedido de auxílio direto é encaminhado diretamente para a autoridade central, responsável pela execução do ato ou postulação em juízo; – na falta desta indicação, funcionará como Autoridade Central o Ministro da Justiça (geralmente representado pelo DRCI – Departamento de Recuperação de Ativos e Cooperação Jurídica Internacional; – Além dos casos previstos em tratados de que o Brasil faz parte, o auxílio direto terá os seguintes objetos: I - obtenção e prestação de informações sobre o ordenamento jurídico e sobre processos administrativos ou jurisdicionais findos ou em curso; II - colheita de provas, salvo se a medida for adotada em processo, em curso no estrangeiro, de competência exclusiva de autoridade judiciária brasileira; III - qualquer outra medida judicial ou extrajudicial não proibida pela lei brasileira. – caso seja necessária atuação jurisdicional para a satisfação do pedido de auxílio direto, será competente para análise da demanda o juízo federal do lugar em que deva ser executada a medida requestada.

Cartas Rogatórias	– é o pedido feito pelo juiz de um país em relação ao Poder Judiciário de outra nação, a fim de obter a cooperação deste para a execução de alguns atos processuais; – previstas em tratados ou mediante promessa de reciprocidade; – dependem de delibação e "exequatur" do STJ; – é passível de execução a decisão estrangeira concessiva de medida de urgência através de carta rogatória; – a decisão interlocutória estrangeira poderá ser executada no país por meio de carta rogatória; – as diligências são cumpridas pela Justiça Federal de 1º grau; – devem estar traduzidas, cumprir os requisitos dos artigos 260 e 963 do CPC e Resolução 9/2005 do STJ e não ofender a soberania nacional e ordem pública;
Homologação de decisão estrangeira	– É o ato do Poder Judiciário nacional (STJ) que permite que uma sentença proferida no exterior possa gerar efeitos no Brasil; – competência do STJ, que fará o juízo de delibação, ou seja, analisará somente os aspectos formais da decisão, não podendo adentrar no mérito do julgado; – deve obedecer aos requisitos do art. 963 do CPC e da Resolução 9/2005 do STJ; – é possível a homologação parcial da decisão; – a autoridade judiciária brasileira poderá deferir pedidos de urgência e realizar atos de execução provisória, caso presentes os pressupostos; – é possível a homologação de decisão estrangeira para fins de execução fiscal; – a sentença estrangeira de divórcio consensual produz efeitos no Brasil independentemente de homologação pelo STJ; – não será homologada se violar a soberania nacional, a ordem pública e os bons costumes., ou ainda se dispuser sobre matéria de competência exclusiva da autoridade judiciária brasileira (art. 23 do CPC)
Regime de prova de direito e fatos internacionais	– a prova dos fatos ocorridos em país estrangeiro rege-se pela lei que nele vigorar, quanto ao ônus e aos meios de produzir-se, não admitindo os tribunais brasileiros provas que a lei brasileira desconheça; – Não conhecendo a lei estrangeira, poderá o juiz exigir de quem a invoca prova do texto e da vigência.

Bibliografia

MAZZUOLI, Valério de Oliveira. Direito internacional público: parte geral. 6. ed. São Paulo: Editora Revista dos Tribunais, 2012. (p. 24)

MAZZUOLI, Valério de Oliveira. Curso de Direito internacional público. 6. Ed. Rev. Atual. Ampl. São Paulo: Editora Revista dos Tribunais, 2012. (p. 335)

PORTELA, Paulo Henrique Gonçalves. Coleção OAB n° 11: Direito Internacional e Direitos Humanos. 1ª Ed. Salvador: Editora Juspodivm, 2012.

MARINONI, Luiz Guilherme. Novo Código de Processo Civil Comentado. Luiz Guilherme Marinoni, Sérgio Cruz Arenhart, Daniel Mitidiero. 2 ed. rev., atual. e ampl. São Paulo: Editora Revista dos Tribunais, 2016.

MELLO, Celso D. de Albuquerque Mello. Curso de Direito Internacional público, 11ª Ed. rev. e aum. Rio de Janeiro, Renovar, 1997, v. 1, p. 300.

MIRANDA, Jorge, Curso de direito internacional público. 3ª ed. Estoril: Principia, 2006.

NEVES, Daniel Amorim Assumpção. Novo Código de Processo Civil Comentado. Salvador: Ed. JusPodivm, 2016.

REZEK, José Francisco. Direito Internacional Público: curso elementar. 10ª Ed. São Paulo: Saraiva, 2005.

CANÇADO TRINDADE, Antônio Augusto. A humanização do direito internacional. Belo Horizonte: Del Rey, 2006.

BRAGA, Marcelo Pupe. Direito Internacional Público e Privado. 2. ed. São Paulo: Método, 2010.

EDITORA
JusPODIVM
www.editorajuspodivm.com.br